JN156259

〈焼跡〉の戦後空間論

逆井聡人
Sakasai Akito

青弓社

〈焼跡〉の戦後空間論　目次

第1部　焼跡・闇市のイメージ編成

第2部　戦後日本から冷戦期日本へ——国民的地景と異郷

第9章　「おかみさんたち（アジモニドゥル）」のたたかい——民族教育と濁酒　291

装丁――神田昇和

はじめに

長かった「戦後」から、既に隔世の感がある。

日本はアメリカの冷戦戦略のなかで「戦後」を享受してきた。しかし、朝鮮半島で冷戦時代からの最後の対立が解消されようとしているいま、その自己充足的な「戦後」はもはや成立しえなくなっている。「北朝鮮の非核化」が焦点なのではない。国際政治の条件が、いや、私たちが生きる社会の条件が変化しているのだ。この変化をどのような観点から見ればいいのか。使い古された「戦後」のフィルターでは、見えないものがあまりに多すぎる。

一九四五年の八月から七十三年が過ぎ去った。その間、「戦後」という言葉は長らく日本という国家を覆う半透明の薄膜として機能してきた。見たいものだけを見て、見たくないものを見ない便利な「戦後」という薄膜が「主権国家日本」を成り立たせてきた。が、それもどうやら限界を迎えて、あちこちに破れ穴が見え始めてきている。「平和国家日本」「唯一の被爆国」「戦争が七十年間ない国」「一億総中流」。これらの「戦後日本」を彩るフレーズは、実は誰もがとっくの昔に嘘っぱちだと知っていた。それでもなんとか、これまでそのていで装ってきた。しかし、二〇一一年三月十一日を境に、それも踏ん張りがきかなくなってしまった。

当初日本の「良心的」知識層は、三・一一をそれまでの欺瞞的な原子力の「安全神話」の実態が暴露される機会だと考えた。これまで見て見ぬふりをしてきた人々が立ち上がり「反原発」を訴え始め、二〇〇八年の政権交代で見た民主的熱狂から久しく隔たっていた「何かが変わるかもしれない」という感覚が、再び人々の胸にともしたかのように見えた。しかし暴露されたのは、「安全神話」だけではなかった。「戦後日本」と核の問題は、単に国内経済の利権問題では収まらず、冷戦構造を前提とした大国の核戦略と密接に結び付いていて、「持たず、作らず、持ち込ませず」の非核三原則はまったく守られていなかったことが明らかになった。冷戦を通してずっと日本は核の防波堤だったのだ。核兵器の問題だけではない。原子力発電所の誘致は地方格差是正の起爆剤とされたが、発電所の事故は地方経済の危機と原発村のゴーストタウン化、そして避難者への差別をもたらした。

結局、「戦後日本」は「平和を希求する核の被害者」ではなく、戦争の当事者であり続けた。そして戦争の本当の被害者たちに、「戦後」は一度も訪れることはなかったのだ。「一億総中流」は幻想で、人々は格差と貧困と差別を無意識下に肯定し続けてきた。高度経済成長は沖縄を犠牲にして参入したアメリカの核の下で、地方を搾取して、周辺国に経済進出することで達成された。日本はいつだって、相も変わらず、帝国的な傲慢さを持ち続けたのだ。

そんな「戦後」という欺瞞のベールが、いま、ずり落ちている。地金が見えたからにはもう装う必要もなく、嫌悪的レイシズムと攻撃的ナショナリズムが、「グローバル」を冠したコロニアリズムが、現在の日本では大手を振って行進している。

「戦後日本」は焼跡からの復興だったと言われている。焼跡での辛酸をなめる苦労を乗り越えてわれわれ日本人は不死鳥のように蘇ったのだ、と。その復興の象徴が一九六四年の東京オリンピックだった。五五年の「もう戦後ではない」の「経済白書」からちょうど九年後にオリンピックは開催された。

二〇一七年八月八日に開催された第十九回復興推進会議で安倍晋三首相は「復興の総仕上げ」への決意を表明し、「東北の復興なくして、日本の再生なし」[1]と述べた。くしくも、一一年から九年後に開催予定の二〇年東京オリンピックは、その「日本の再生」を象徴する国家的祝祭となるだろう。だとすれば、三・一一は第二の焼跡だったのだろうか。三・一一で辛苦をなめたのは「われわれ日本人」だったか。多くの人々はテレビで見ていたにもかかわらず。

これから「戦後」に代わって、どのような新たなベールが用意されるのだろうか。願わくば「戦前」であってほしくないのだが、雲行きは怪しくなるばかりだ。「Jアラート」で電車が止まるたびに、乗客の舌打ちが聞こえてくる。近所の「アジア人」がゴミの出し方を間違ったからといって、「国の品格」が話題になる。その日常的な憎悪はどこに向かっていくのか。新たなベールに包み込まれる前に、そのときに少しでも息ができるように、いまから空気穴を開ける用意をしなければならない。

注

（1）首相官邸「第十九回復興推進会議」（http://www.kantei.go.jp/jp/97_abe/actions/201708/08fukkou.html）［二〇一七年九月十九日アクセス］

序章

〈焼跡〉・〈闇市〉を問い直す

1　戦略爆撃と記号としての〈焼跡〉

アジア太平洋戦争の末期、日本本土の主要都市のほとんどが空襲を受けることになった。この空からの侵攻は当初軍事施設を目標とした精密爆撃だったが、一九四五年二月以降、焼夷弾を用いた住民までをもターゲットとする市街爆撃にかわっていく。空襲は日本の都市部に住む人々の生命と生活に深刻な被害をもたらし、そしてまた本土が直接攻撃されるということ自体が日本に住む人々にとって精神的な衝撃となった。

近代日本は、その出発点から侵略と戦争に密接に結び付いていたにもかかわらず、ついぞこの本土爆撃に至るまで、戦争が「内地」の生活者に物理的に被害を与えるものとしては認識されずにきた。しかしこの本土空襲は、日本の都市空間と人々の戦争観に劇的な変化をもたらし、そして一九四五年四月からの沖縄戦、八月の広島・長崎への原爆投下はそこに生きる人々の生活を文字どおり一掃した。こうして日本の敗戦を迎えた人々は喪失と欠乏のなかで、焼け野原と化した都市空間とあらためて向き合うことになったのだ。

空襲で破壊された建物の残骸がポツポツと瓦礫の荒野に立つ光景は、人々に日本という帝国の崩壊をまざまざと思い知らせた。しかしその空間を俯瞰的に――爆撃機の操縦席から見下ろしてみれば、その焼夷弾による火災の跡は都市空間に均等に配分されているわけではなかったことがわかってくる。軍事施設をピンポイントでねらう精密爆撃と違って、焼夷弾による爆撃は人口が密集した区域や火災が広がりやすいような場所を対象におこなわれた[1]。東京の場合でいえば、それは隅田川沿いの労働者や職人が居住する浅草や本所、深川周辺のいわゆる下町であり、その地域はほぼ完全に焼失し、文字どおりの焼け野原になった。ジョン・ダワーは『敗北を抱きしめて』でこの都市被害の様子を皮肉交じりに次のように述べている。

首都のなかでも貧民層の住居や小規模な商店街や町工場は徹底的に破壊されていたのに、高級住宅街の金持ちたちの家は多くが焼けずに残っており、占領軍将校たちを収容するのにおあつらえむきになっていた。東京の金融街はほとんど被害を受けておらず、ほどなくそこが「リトル・アメリカ」つまりマッカーサーの司令部の本拠地となった[2]。

近年のアメリカ陸軍航空軍（USAAF）の爆撃戦略に関する研究でも、作戦立案者たちが働き手の集住するエリアを攻撃することで労働力を減少させ、それが総力戦体制を弱体化させると考えていたことを明らかにしている。[3] つまり、日本社会内部での貧富の格差がそのまま空襲で被災する確率に結び付いていたということである。

別の言い方をするならば、農村部に疎開できるだけの余裕と社会的つながりを持っていた家族は、都市部にとどまらざるをえなかった家族よりも戦災に見舞われる可能性はずっと低かった。多くの政財界の有力者や文化人たちが家族とともに戦時中に疎開していたことを（そしてそこでの苦労話を）、私たちは多くの手記を読んで知ることができる。また、こうした層が敗戦後の社会を主導していく人々だったことを、まさに彼らのその手記が出版されて私たちの手に渡っているという事実をもって確認することができるだろう。

では、もし実際に被害を受けた人たちの多くがその被害を語る言葉を持っていなかったのであれば、つまり誰か別の、言葉をより流布できる力を持った人によってその被害が代弁されていたのだとすれば、敗戦後に空念仏のように唱えられた「焼跡からの復興」とは何のことだったのか。それは誰が、どの立場から言っていたのか。そしてその「焼跡」のイメージは何を包含していて、何を除外していたのか、と様々な疑問が頭に浮かんでくる。そのイメージのなかに東京大空襲は入っているかもしれないが、はたして北海道や東北その他の地方での空襲は、あるいは広島や長崎の後遺症も含めた原爆被害は、そして沖縄の「鉄の暴風」と呼ばれた圧倒的な集中砲火は、その「焼跡」のイメージのなかに入っているのか。被害者は日本人だけなのか、被害を受けた人々の声はちゃんと聞き取られてきたのか。

日本が敗戦したということを知ったその瞬間に、都市の焼跡のまっただなかで茫然自失と立ちすくんでいた人々と、その焼跡の様子を隣町から見ていた、あるいは疎開先から帰ってきて見た人々とでは、その経験に絶望的な断絶があったはずである。焼跡はすべての日本に住む人々の眼前に等しく広がっていたわけではなかったのだ。その焼跡が意味するところは、一人一人が立たされたその状況によってまったく違うものだったはずである。

しかしこの焼跡の光景は、ずいぶんと長い間「日本人」が被った戦争の惨禍を象徴するものとして記憶されてきたように思える。毎年三月に開かれる東京大空襲追悼式典や八月の「終戦の日」が近づくたびに、マス・メディアには「焼(け)跡」という言葉や敗戦当時の焼け野原の写真が頻出する。二〇一一年の東日本大震災の直後にも、新聞への「被災地見て空襲を思い出す」[4]という投書が相次ぎ、当時首相だった菅直人も震災から二日後の声明で「私たち日本人」が直面する「戦後六十五年間経過した中で、ある意味でこの間で最も厳しい危機」[5]と述べている。このときの首相の脳裏にも、戦後の焼跡の白黒写真と東北の被災地が二重写しになっていたのだろう。戦後生まれの彼は、おそらくその光景を直接見ていないにもかかわらず。

「未曾有の国難」といったときに、「日本人」として想定される人々の原体験として「焼跡」のイメージが召喚される。だからこそ、焼跡という言葉によって言い表されたこの光景は、単に延焼地区という意味での都市の被害部分だけを指すのではなく、「焼跡世代」や「焼跡からの出発」のように、戦後日本社会や文化一般を表すより広い意味としても使われるのだ。あたかも「日本人」の誰もがこの焼跡を経験したかのように。

なぜこうした言説が、当然のように繰り返されてきたのか。そのようなイメージの再生産にはどのような共同体の欲望があったのか。もしかすると「焼跡」と聞けば、被害の当事者でもないのに、自身の被害者性が拡充されていくような陶酔があるのではないか。そもそも、「焼跡」とはかつてあった強大なものの遺跡（monument）というニュアンスがある。実際、敗戦直後の新聞・雑誌の見出しを調べてみると、「焼け野原」や「被／罹災地」といった被害の具体的な現場性が指示されるような表現よりも、「焼跡」や「廃墟」のような過去を遠望するようなロマン主義的イメージを喚起する語の使用頻度が高い。[6] このことを合わせて考えてみれば、帝国という過去の残影が醸し出す悲壮感こそが、「日本人」の精神的な復興の下地としてあるのではないか。

しかも皮肉なことに、このアメリカ軍による都市破壊を総力戦体制からの解放として歓迎する言説も現れた。新しい日本社会をもたらすための基礎として、新しい歴史が書き記される空白の一ページとして、焼跡という空間が解釈されたということだ。まさに焼跡の光景は、「灰燼から生まれ出る不死鳥のイメージを予兆する」ものとして、日本の再生までをも先取りしている。[7]「焼跡からの出発」という際、その説話的な力点は「からの出発」に置かれ、「焼跡」という言葉のシニフィエは常に空白として、戦後日本の「グラウンド・ゼロ」に定められてきた。[8] つまり、焼跡という言葉は〈焼跡〉という空白の記号として、荒廃した都市のイメージを媒介に被害者としての日本人と戦後日本の起源を意味するものとして機能してきたように思える。

しかし、そのような言説上の復興のレトリックが整備されていく間にも、この現実を人々は生きていかなければならなかった。いつまでも焼け野原にたたずんで、新しい国家像なぞを待っている余裕などなく、そんなことより明日の空腹を満たすものを探すほうが先決だった人々は、何に頼ればよかったのか。そこに目を向けてみると、焼跡とはまた違う空間が見えてくる――。それが、闇市という空間である。

2　焼跡に立つ闇市

これまで闇市といえば、敗戦後の混乱期の民衆の自発的で自律的な、国家に対する反権力的な空間として論じられる傾向があった。しかし、実際はそこまで反権力でもなければ、戦後突如として現れた新しい空間というわけでもない。そのために本書では闇市という空間の基盤は、あくまで一九三〇年代の総力戦体制の延長線上にあるものとして捉えている。

一九三九年に始まる統制経済は既存の「公定価格」による商品価格のコントロールを全面的に強化し、さらに主要な食材や生活用品を中心に配給制度を敷いていった。しかし、アジア太平洋戦争も末期になるにつれて物資は急速に欠乏し、自由経済であれば高騰するはずの価格は公定価格によって上限を抑えられていたために、生産者たちは物資を配給には流さずに自然と利益が出る闇ルートに流していくことになった。

つまり統制経済とそれに伴う配給制度は、民衆の私的空間にまで国家が介入するというコーポラティズム的構造を確立させる。そうした表向きの官民の協力体制の背後で、闇市の前提となる闇取り引きがおこなわれたのだ。そうなってしまうと統制経済が機能不全に陥り、帝国の屋台骨である国内経済は崩壊の危機に瀕することになった。新聞はこぞって闇取り引きが横行していることを取り上げ、政府機関も闇市の自粛を民衆に呼びかけるようになったが、実際には不足していた資材が戦争遂行のために軍や軍需工場に集中したために、それらの管理にあたる軍や政府関係者が横流しに関わることが多く、また誰もがそのような実態を認知していた[9]。

さらに戦争末期には空襲によって都市機能が混乱したために配給も絶望的な状況となり、内緒の取り引きだった闇が、なりふりかまわず市中に出現するようになった。そして日本敗戦を機に列島の各都市に物理的な市場としての闇市が増殖し、配給では賄いきれない日々の糧を非合法ながらも人々に供給する一種のセイフティーネットとして機能するようになった。ただし、このセイフティーネットも民衆の自発的な社会福祉制度などではないことは、あらためて強調しなくてはならない。なぜならそこにこそ、帝国日本の残滓とも呼べる植民地主義が存続し、さらに統制経済の機能不全という状況を背景とした新たな抑圧の関係が現れるからである。闇市を反権力の場として肯定したいがあまり、そこを超歴史的なアジールの場として見なしてしまうと、闇市の歴史的連続性を隠蔽してしまうことになるのだ。

闇市に現れる抑圧の構造についてはこのあと具体的に見ていく。だがここではひとまず、例として都市と農村部の経済状況の変化を挙げておこう。まず、大都市に現れた闇市は特に駅前に形成されることが多かった。郊外の農村部から集まってきた農作物のターミナルになる場合が多かったこと、また空襲による延焼を避けるために設けられた駅周辺の建物疎開地が、露店を開く格好の場所として確保されていたためだった。この農作物のターミナルとしての闇市の存在は、従来の都会と田舎の関係性を刷新する大きな要素となった。

戦時中に都会に住む人々の疎開先として目された農村部は、このように闇物資の供給元として都市住民との新たな関係を結ぶことになった。農村部が作物の配給への供出を渋ることで闇物資の需要はますます高まり、また闇に流す際も、出し惜しみすることで闇値をつり上げることができた。

もちろん、なかには親切な農家も多くいただろう。だが作物価格を胸三寸でもって人々の台所事情を決めてしまうような権力を、この時期の農村部は持つことになる。この関係性のうえに、闇市の登場で流通と集積のネットワークが強化され、闇市が経済的インフラとして確立する。そして当然、農村部に買い出しに行き、闇市の流通を担っていくのが、都市の焼跡に置き去りにされた人々なのである。

この都会と農村の新しいねじれた権力関係は、敗戦後の日本の都市空間が一義的な中心―周縁の構図には収まりきらないことを示唆する。この関係性は、敗戦直後の様々な物語に登場するテーマでもある。本書でもあらためて扱うが、ひとまずここでは、記号ではない現実の焼け野原に立った人々が、闇市を媒介に、既に存在した社会的抑圧に、さらに新たな抑圧の関係性のなかに重層的に組み込まれていったことを指摘しておきたい。

しかもそれは、東アジアに広がった帝国の瓦解に伴って再構成された社会構造のために、現在考えられる以上に日本列島の外の社会情勢と密接に結び付いていた。このような歴史的連続のなかで形成された闇市という空間が、善悪はともかく、敗戦後を生きる人々の生活に深く関わっていたということだ。

しかしながら、闇市は長らく戦後民衆生活の特殊性を代表する現象として語られてきた。そしてその混沌こそが、「日本人」の再生へのエネルギーの発露として逆説的に評価される傾向にあった。特に一九八〇年代には闇市自体に対する学問的関心も高まり、闇市を圧迫されてきた民衆のエネルギーが噴出した「解放区」として、その場が「希望に満ちていた」空間であり、かつ「戦後日本の原風景」だった、という肯定的な認識が示された。[10]つまり闇市という空間は「敗戦後の混沌」のなかの「民衆のエネルギー」の象徴として位置づけられ、そしてそれもまた「戦後日本」を生み出す土壌＝〈闇市〉として記号化されてきたとも言えるだろう。

3　〈焼跡〉と〈闇市〉

まとめると、〈焼跡〉は被害者性を、〈闇市〉は混沌のなかのエネルギーを、それぞれ含意しながら、ともに「戦後日本」の始まりを刻印する記号として認識されてきたと言えるだろう。そして敗戦直後の社会を論じる際には、「焼跡闇市時代」といったように焼跡と闇市という語は往々にして対になって語られてきた。「敗戦直後の混沌と無秩序という〝祝祭的空間〟[11]」とこの時期の文学的イメージが持つ共通の空間認識を言い表したのは川村湊だが、まさにこのような認識こそが「戦後日本の誕生」という神話的物語を仮構するための下地になったと言えるだろう。

しかし、実際に人間が生きた生活空間が、はたしてそのような「戦後日本」という歴史認識を支える一面的なイメージに収斂されうるものなのだろうか。現実の都市空間がある種の象徴性を獲得して記号化される過程で、何らかの枠組みを召喚し、そしてなにがしかを切り捨てているのではないだろうか。

結論を先取りしてしまえば、その枠とは国家である。つまり、現実に人々が生活して、日々もがいていたその現場に「日本の」「日本人の」という型を押し付け、そこからはみ出した部分をちぎり捨てていくような暴力性をこの記号化の過程に見る――それが本書の基本的な視点である。この国家の枠に収まった記号的空間を国家的地景（ナショナル・ランドスケープ）と本書では呼ぶことにする。[12] この国家的地景（ナショナル・ランドスケープ）から排除された日本ならざるものを拾っていくことが、本書が主として取り組む作業である。

先に進む前に、もう少し〈焼跡〉と〈闇市〉の射程について敷衍してみたい。キャロル・グラックは戦後日本のナショナル・ヒストリーを構成する物語（ナラティブ）に次の三要素を見いだす。すなわち「歴史の断絶・切り離された過去・新たなはじまり」という三つの要素が「戦後」という歴史認識を仮構した、と論じた。[13] これら三要素に照らし合わせてみると、なるほど〈焼跡〉が示す被害者性というのは、植民地支配／侵略戦争という加害者としての過去を「断絶」し「切り離す」ことによって成立する。そのことによって「新しい日本」を仮構するのだから、まさに「戦後」という物語の構成要素は、そのまま〈焼跡〉という記号のなかに集約されると言えるだろう。

一方で〈闇市〉はどうだろうか。〈闇市〉という記号に含意されたのは、民衆のエネルギーである。それは既成の秩序に対して、具体的には敗戦まで長らく上から押し付けられてきた道徳観や国家観に対する人々のカウンター・カルチャーである。これまでの闇市観から考えれば、そのように言うことができるだろう。この場合、前提になるのは「抑圧されてきた民衆」という過去から継続した存在であり、それは歴史の連続性を強調する。これは、断絶を必要とする〈焼跡〉とは正反対の志向を持つ。

自らを「焼跡闇市派」と名指した作家・野坂昭如は、一九六九年に「いまは第二の焼跡・闇市時代だ」という文章を発表するが、これは日米安全保障条約の自動延長に反対する文脈で書かれたものだった。野坂は「ひどい生活環境の中で生きることを強制された時代」である現代もまた「焼跡」であるとし、一方でその「精神的な飢え」から「人間性を返せ」と訴える若者の運動を「ゲバルト闇市」[14]と呼んでいる。このように、野坂にとって焼跡と闇市は単に一時代を表すインデックスではなく、国家権力の暴力（焼跡）とそれへの反抗の拠点（闇市）というそれぞれが対立するものなのである。

一九八〇年代の闇市再評価の際に用いられた「解放区」というレトリックも、その前提として民衆を圧迫してきた国家という存在が措定されていた。そのような言辞を考慮するならば、仮に〈焼跡〉と〈闇市〉という記号をいったん受け入れたとしても、そもそも〈焼跡〉が国家的な物語の土壌であり、〈闇市〉は本来的にそれに対立する空間概念だったはずである。しかしながら、〈闇市〉という記号もまた、「戦後」という歴史認識の一場面として記憶されていることは先に見たとおりである。民衆のエネルギーはそのまま日本人のものとして国籍を与えられ、「戦後日本」復興のエネルギー源として語られてきた。「国家権力対民衆」という対立の構図は、日本再興のための弁証法としてナショナルな枠に囲い込まれる。それは、なぜか。どのようにして〈闇市〉という「抵抗の拠点」がナショナル・ヒストリーの起源の舞台、すなわち国民的地景(ナショナル・ランドスケープ)に取り込まれることになるのか。

4 中心―周縁構造と都市論

その問いに理論的に迫っていくのであれば、おそらく主権国家と民主主義を成立させる近代性に対する根源的な挑戦をする必要があるだろうが、本書ではあくまで議論を「戦後日本」という個別性に収めていきたいために、ここではより具体的な文脈――一九七〇年代後半から八〇年代を通して隆盛した、いわゆる都市論と呼ばれるものの影響を考えてみる。この時期の都市論は、社会科学的な実態調査に基づく都市の研究というよりは、むしろ記号としての都市、さらに言えばテクストとしての都市をどのように読み解くかということに焦点があった。[15] その起源を探れば、六〇年代・七〇年代のフランス構造主義の流入があり、その代表格だったロラン・バルトが『表徴の帝国』(宗左近訳、新潮社、一九七四年。原書は七〇年に出版)のなかで東京論を書いたことが当時の大きな衝撃であった。さらに同時期の色川大吉や安丸良夫らによる民衆史の盛り上がりと、柳田民俗学の再評価や網野善彦による中世の民衆世界の問い直しなどが重なり、都市と民衆文化に対して強い関心が集まった。このなかでも特に山口昌男が『文化と両義性』で提出した中心―周縁理論は、その後、日本で出てくる空間論を規定したといってもいいだろう。

山口の中心―周縁理論は、神話（物語）生成のメカニズムを中心（秩序概念）と周縁（混沌（カオス））の対の運動として捉える。すなわち中心の秩序は常に混沌の存在を必要とし、そしてその境界の空間は両義的性格を持つ（そしてそれはしばしば再度周縁化される空間でもある）。この両義性にこそ秩序の物語発生の契機がある。[16]文学的都市論の決定版である『都市空間のなかの文学』に収録された「空間のテクスト　テクストの空間」で前田愛は、難解な論理構築をしたうえで文学における空間論を展開するが、この位相空間論の「近傍」の概念を用いた議論は読書行為による空間認知を理論化したものであって、空間自体の意味づけは基本的に山口の中心―周縁理論を援用している。[17]

こうした初期都市論の影響を受けて、一九八〇年代以降に闇市を論じる際は、「祝祭的」という、日常（中心）に対する非日常（周縁）的空間として、いわば国家が敷く秩序への価値転倒が起こるアジールのような特殊な空間[18]として語られてきたのだ。野坂が言う「抵抗の拠点」としての闇市という考え方は八〇年代都市論に先行するが、基本的には同じようなものとして理解できるだろう。

しかし、山口が提唱した中心―周縁理論は、単に周縁の価値転倒性を褒めそやすだけに終わっていない。山口理論の重要な点は、その周縁性も最終的には中心の権力を物語の発生によって再強化するということにあるのだった。[19]にもかかわらず、都市論の多くが周縁に生まれるアジールに過度なユートピア／ディストピアを求める傾向にあり、このようなロマン主義は、究極的な権力の再強化という都合が悪い事態に対して目をつぶるか、気がつかないナイーブさをさらすことになる。[20]

まとめると、一九八〇年代以降の闇市評価はこうした中心―周縁理論を牽強付会に援用した都市論の影響下にあった。〈闇市〉という記号に周縁性を付与し、その祝祭性・非日常性・価値転倒性をことほいで、それがもたらすロマンティシズムに浸ることは、その背後に展開する権力に無感覚でいることになる。〈闇市〉という語が醸し出す雰囲気をめでてアウトローを気取るのは個人の裁量だろうが、学術研究ではその構造的な権力への統合が明示されなければならない。その視点が、これまでの闇市をめぐる言説に欠けていたと言わざるをえない。

闇市が登場する文学や映画作品に対するこれまでの解釈の大多数もまた、この罠にはまり込んできた。[21] 闇市を評価することで、戦後社会の「多様性」や「異種混交性」を見いだそうとする議論は、結局のところ中心の権力に取り込まれて、「戦後日本」という概念を補強する読解にしかならなかったのだ。[22]

そのために本書では、そうしたユートピア／ディストピアとしての〈闇市〉というイメージからは距離を置く。闇市を過度に象徴化して記号としての可能性を探るよりも、むしろその象徴化の過程に介入する国家主義をあぶり出し、「戦後日本」の枠にとらわれない空間像を提示することを目指す。そのためにあえて、占領期日本の都市空間を論じる際に頻繁に参照されてきた、いわゆるカノンとして見なされる映画や文学作品を扱い、これまでの批評が陥ってきた〈焼跡〉の論理、あるいは国民的地景（ナショナル・ランドスケープ）の軛から外れた物語の解釈を試みる。

5 「日本ならざるもの」の生活空間

国民的地景（ナショナル・ランドスケープ）の軛から外れたときに何を見いだすのか。それは、帝国の崩壊後、日本ならざるものとして「戦後日本」の空間の内部で排除され、あるいは放置されてきた人々の物語である。本書でとりわけ重要視する在日朝鮮人文学やその背景にある民族運動は、まさにそのような物語を提供してくれる。占領期日本の朝鮮人作家の作品は、これまで在日朝鮮人文学あるいは在日朝鮮人研究という枠組みのなかで半ば孤立して論じられてきた。そして在日朝鮮人文学を下位分類としてそのまま「戦後文学」という枠組みのなかに投げ込み、日本文学の「収穫」（多様性・異種混交性）として語ってきた。中根隆行がこの状況を「植民地主義における支配・被支配という枠組みを無意識的に踏襲してしまう[23]」と指摘するとおり、日本文学における「継続する植民地主義[24]」の例と言えるだろう。

近年、日本人作家や評論家と特に親交が多くあった金達寿に関しては、占領期日本の言説空間のなかであらためて位置づける論考が提出されている[25]。このような試みは、周縁性の収奪の構造から在日文学を引きずり出し、それ自体が持っている「戦後」という物語に対する在日文学の破壊力を評価する新たな議論の場を作り出したと言える。本書が共同したいのはそのような議論のあり方である。そのために本書の後半では、占領期日本を描いた金達寿の小説を同時代の日本人の小説と同じ土俵に置き、作品を分析する。そこで試みることは、日本民族中心の〈焼跡〉の物語には回収されない要素を拾い上げることであり、それらから紡ぎ出される物語空間を「戦後日本」の国民的地景(ナショナル・ランドスケープ)の軛から解放することにある。

はたしてここでも、闇市という空間が重要になる。在日朝鮮人と闇市は長い間、結び付けて認識されてきた。それは「第三国人」という蔑称で闇市の暴力沙汰のすべてを旧植民地出身者に押し付けようとする言説がはたらいたことに大きな原因がある。しかし同時に、在日朝鮮人が(他の職を失った日本人同様に)闇市に頼らざるをえなかったのもまた事実であった。なぜそのような状況に追い込まれたのか。そして「第三国人」という差別が在日朝鮮人と闇市の関係性の何を隠そうとしていたのか。それを明らかにすることで、〈焼跡〉の物語には回収されない要素の実態がわかってくる。それをつまびらかにする作業は実際のテクスト分析とともにおこなっていくが、ここではひとまず「冷戦」という語を出すにとどめておこう。

6 敗戦後の日本社会を冷戦空間に置き直す

闇市という空間は、これまで日本国内の社会現象として語られてきた。だが、実のところ闇市という空間の存在を規定する要素は戦後日本の領域内に収まるものではない。詳しくはのちの章(第3章「闇市とレイシズム――闇市の構造と取り締まりにおける対象変遷」)に譲るが、闇市とは帝国日本が崩壊した際に流動し始めた人々や物資、そして政策や思想の流れが再び冷戦構造のなかに再編成されていくその折衝の過程に現れた空間である。

近年、ポストコロニアル批評や社会学の見地から移動という様態への関心が高まっており、従来の定住を日常／移動を非日常と捉えるあり方から、移動状態こそが世界の日常であるとする観点が提出されている。[26] こうした議論を参照してみれば、第二次世界大戦後の日本列島は、人や物資だけでなく言説、政策、イデオロギーまでもが目まぐるしく移動する東アジアの渦中にあることがわかり、安定した国土など想定する術もない。もちろん、こうした東アジア観は既に二〇〇〇年前後の歴史学で提出されていたが、[27] 映画や文学を含めた戦後文化論の分野でこのような視野で論を展開するのは一握りの研究者たちにとどまっていると言わざるをえない。それでも近年は、「外地」からの「引き揚げ」の経験を持つ作家を扱った論考のなかにも移動という観点から作品を捉え直す動きが始まっている。[28] 例えばセイジ・リピットは、堀田善衛の「記念碑」（一九五五年）や「奇妙な青春」（一九五六年）を扱いながら、そこに描かれる占領期日本の都市空間、特に闇市が帝国の名残とその責任の忘却を許さない空間として表象されていると論じる。[29]

これらの知見を合わせて考えてみれば、闇市という空間は必ずしも「戦後日本」の周縁ではないことがわかってくる。〈焼跡〉という国民的地景（ナショナル・ランドスケープ）が闇市を中心―周縁の関係性に囲い込もうとすることは既に述べたが、実のところ闇市という空間にとっては〈焼跡〉が唯一の中心ではない。日本の右派と左派、占領軍のリベラル派と反共主義者、ワシントンとモスクワ、朝鮮半島の北と南、そして在日朝鮮人団体と「祖国」、というようにいくつもの対立の論理とそれが作用する磁場が闇市にはある。さらにそれらの内部での分派・分裂があり、またそうした集団のどこにも属さない人々の生活がある。こうした様々な思惑が絡み合い、多極的であり、また複層的である社会空間が、冷戦構造を確立していくアメリカによっておこなわれた日本占領の実態である。その実態をうすうす感じさせてしまうからこそ、闇市は「戦後日本」の「破れ穴」であると言えるのだ。[30]本書はそのような闇市像をあらためて提示し、冷戦期東アジアという領域の一部として占領期日本を捉える。

このような問題設定のうえで本書では、敗戦直後の日本の空間を解釈するために用いられてきた単一民族主義かつ一国主義的な〈焼跡〉の論理を国民的地景（ナショナル・ランドスケープ）として捉え、この国民的地景（ナショナル・ランドスケープ）による闇市の囲い込みの力学を映画や文学作品から読み取っていく。一方で、闇市の表象をより綿密に検討することで「戦後」という一国史的な歴史認識を支える空間イメージを解体し、朝鮮半島や中国大陸の旧植民地との結び付きのなかで「戦後日本」に代替する空間として「冷戦期日本」という枠組みを提示することを目指す。

7　本書の構成

本書は、二部構成の全九章によって成り立っている。

まず第1部は、「焼跡・闇市のイメージ編成」と題し、敗戦直後の批評言説や現代までの闇市を扱った文学作品を概括的に検討することで、焼跡・闇市イメージの全体像を状況論的に提示する。

第1章「語られない焼跡――戦後日本映画批評と焼跡表象」と第2章「過去が憑依する場――『二十年後の東京』と『野良犬』に見る戦災復興」では、変則的に映画作品と映画批評を扱う。これは、実際の焼跡と闇市の映像を映し出した映画作品に対して「新しい日本」を読み取ろうとする批評的言説が解釈不全を起こしてしまう様子を示すためである。そもそも焼跡と闇市は物質的な空間でもある。そこに〈焼跡〉と〈闇市〉という「新しい日本」の土壌となるような記号的解釈を施そうとするとき、その実際の映像が明らかに示してしまう敗戦の諸要素が障害となる。この事態に直面するとき、批評はそこに映されている焼跡と闇市という現実を語らないこと、否定することを選択する。

第3章「闇市とレイシズム――闇市の構造と取り締まりにおける対象変遷」は、闇市とは何か、という問いに答えるために、「闇市」という言葉が持つイメージが戦時期から占領期を通してどのように変遷していったかを、闇市の構造に触れながら検討していく。帝国が崩壊し、「戦後日本」へと国の形が変わっていくなかで、闇市という空間がどのようにその転換に関わっていくかを、行政や占領軍の闇市取り締まりの推移とともに歴史的に考察する。

第4章「物語のなかの闇市」では、敗戦直後の都市空間を描いた現代までの文学作品を、闇市の描かれ方に焦点を当てながら概括的に検討する。特に「道徳」「検閲」「戦争の記憶」などの諸要素が作品の提出された同時代の出来事と連動しながらどのような闇市像を形成していくかを考える。

第2部「戦後日本から冷戦期日本へ――国民的地景（ナショナル・ランドスケープ）と異郷」では、第1部で得た知見をもとに文学テクストの分析を試みる。第5章「田村泰次郎「肉体の門」論――「新生」の物語と残余としての身体」と第6章「〈焼跡〉が闇市を周縁化する――石川淳「焼跡のイエス」論」では、田村泰次郎の「肉体の門」、石川淳の「焼跡のイエス」という、敗戦直後の混乱を描いた作品としてよく言及されるこの二作を扱う。戦後の始まりを描いたものとして解釈され、カノン化した作品を、〈焼跡〉という空間認識のベールをはぎ取ったうえで再解釈するとどのような空間が見えてくるのかを検討する。

第7章「「居たたまれなさ」を越えて――宮本百合子「播州平野」をめぐる「戦後」の陥穽」では宮本百合子の「播州平野」を扱う。この作品もまた戦後民主主義文学の代表作とも言えるものだが、この作品に描かれる主人公ひろ子の移動の表象が敗戦後日本の何をさらけ出すのか、そしてまたひろ子自身がそれにどのような解釈を加えていくのかを問題にして考察する。出会った人、見た事柄が、「新しい日本」に向かうひろ子の現状認識からこぼれ落ちていく過程そのものが描かれたテクストとして――「戦後」の「落とし穴」を描いた作品としてこの作品を位置づけ直す。

第8章「「異郷」の空間性――金達寿「八・一五以後」」と第9章「「おかみさんたち(アジモニドゥル)」のたたかい――民族教育と濁酒」では、在日朝鮮人作家・金達寿が「解放」直後の日本に在住していた朝鮮人の状況を描いた初期小説「八・一五以後」「四斗樽の婆さん」「前夜の章」を論じる。朝鮮戦争への緊張感が醸成されるなか、日本のなかで朝鮮人という民族への圧力はますます高まっていった。そのような「異郷」のなかでどう生きるのか、生活し続けるための闘争をどう展開するのか、という現実的な問題に向き合うこれらの小説を、日本の外につながる闇市という空間の特性とともに考えていく。

注

（1）Kenneth Hewitt, "Place Annihilation: Area Bombing and the Fate of Urban Places," *Annals of the Association of American Geographers*, 73(2), 1983.

（2）ジョン・ダワー『敗北を抱きしめて――第二次大戦後の日本人 増補版』上、三浦陽一／高杉忠明訳、岩波書店、二〇〇四年、三七―三八ページ。原書は John W. Dower, *Embracing Defeat: Japan in the Wake of World War II*, W. W. Norton & Company, 1999.

（3）David Fedman and Cary Karacas, "A cartographic fade to black: mapping the destruction of urban Japan during World War II," *Journal of Historical Geography*, 38(3) , 2012. または、John W. Dower, *Cultures of War: Pearl Harbor: Hiroshima: 9-11: Iraq*, W. W. Norton & Company, 2010, pp.178-179.

（4）例えば「朝日新聞」には、「(声) 郷土の焼け野原と重なる被災地」（二〇一一年四月四日付）、「(声) 語りつぐ戦争　被災地見て空襲を思い出す」（二〇一二年七月十七日付）などの投書が寄せられている。

（5）首相官邸ウェブサイト「菅総理からの国民の皆様へのメッセージ　平成23年3月13日」(http://www.kantei.go.jp/jp/kan/statement/201103/13message.html)〔二〇一七年十二月十日アクセス〕

（6）例えば「20世紀メディア情報データベース」（[http://20thdb.jp/]〔二〇一七年十二月十日アクセス〕）によると、一九四五年から四九年の五年間で「焼跡」という言葉がタイトルに冠された記事は百三十三件、「廃墟」という言葉は百六件に対して、「焼野原」という語は三件しかない。「焼跡」のロマン主義的イメージに関しては注（9）を参照。

（7）Roman Rosenbaum, "Legacies of the Asia-Pacific War: The yakeato (the burnt-out ruins) "generation," in Roman Rosenbaum and Yasuko Claremont eds. *Legacies of the Asia-Pacific War: The Yakeato Generation*. Routledge, 2011, pp.3-4. "In this vivid metaphor of the devastation the yakeato quite literally comes to life and heralds the later image of the phoenix rising from the ashes."

（8）ダワーによると、本来の"ground zero"と呼ばれる地点は、アメリカ・ニューメキシコ州でおこなわれた世界最初の核実験の現場のことだった。しかし原爆投下以降、この言葉はヒロシマへと付されるようになる。いずれにせよ「グラウンド・ゼロ」は〝核時代の幕開け〟を含意したわけであり、戦後日本がアメリカの核の傘の下で構築されたことを考えれば〈焼跡〉という記号の別称として「グラウンド・ゼロ」を使うことは、そうとっぴな考えではないだろう。Dower, *op.cit.*, p.157.

（9）戦時期の軍・政府関係者の闇取り引きの関与に関しては多くの論考が指摘しているが、Owens Griffiths, "Need, Greed, and Protest in Japan's Black Market, 1938-1949," *The Journal of Social History*, 35(4), 2002 は特にこの問題を取り上げて、戦後の闇市と戦時体制の連続性を論じている。

（10）東京焼け跡ヤミ市を記録する会、猪野健治編『東京闇市興亡史』（草風社、一九七八年、三九ページ）や松平誠『ヤミ市――東京池袋』（〔生活学選書〕、ドメス出版、一九八五年、七一―七二ページ）などにその典型を見ることができる。

（11）川村湊『戦後文学を問う――その体験と理念』（岩波新書）、岩波書店、一九九五年、一〇ページ

（12）"National Landscape"という語の用法は Anne F. Janovitz, *England's Ruins: Poetic Purpose and the National Landscape*, Blackwell Publishing, 1990 を参考にしている。Janovits は、十八世紀のイギリス詩が描く廃墟（Ruins）の表象が、イギリスの帝国主義を底支えする"Englishness"というアイデンティティ形成に大きく寄与したことを明らかにしている。ジャン＝ジャック・ルソー、フリードリヒ・フォン・シラー、ウィリアム・ワーズワースなどのロマン主義詩が称揚するギリシャ・ローマの

廃墟（Paul de Man, *The Rhetoric of Romanticism*, Columbia University Press, 1984）は、十八世紀イギリスでは、国内の遺跡と重ねられることで国家の起源として再認識される。そうした遺跡が、イギリスの田園風景とともに描かれることで過去から継承される国家の一貫した土地のありさまとして位置づけられる。そのような“Ruins”を内包した“Landscape”が、帝国主義を拡張していく言説の根拠として繰り返し使用され、また芸術作品のうちに再生産された。ヨーロッパでの廃墟の観念については、他に谷川渥『廃墟の美学』（〔集英社新書〕、集英社、二〇〇三年）が、日本と海外の近年までの議論をまとめている。

　本書で扱う〈焼跡〉は、しばしば“Ruins”と英訳されてきた（例として、石川淳の小説「焼跡のイエス」はWilliam J. Tylerによって“Jesus of the Ruins,” *The Legend of Gold and Other Stories*, University of Hawaii Press, 1998として英訳されている）。また、この〈焼跡〉と“Ruins”の相似性は、建築家の磯崎新も指摘している（磯崎新「廃墟論」『見立ての手法――日本的空間の読解』鹿島出版会、一九九〇年）。このような結び付けは示唆に富んでいるものの、〈焼跡〉を“Ruins”と同様のものとしてしまうことで、〈焼跡〉が持つ歴史性・政治性が隠蔽されてしまう。また日本の〈焼跡〉は過去との連続性よりも、断絶性が強調されることも“Ruins”との相違点である。そのため、本書では“National Landscape”という語の用法だけを参考とし、“Ruins”という語については使用しない。

　さらに付言すれば、ロマン主義的“Ruins”へのアンチテーゼとしてのT. S. Eliot, *The Waste Land* があり、それを範とする鮎川信夫ら戦後詩人グループ「荒地派」へ、というロマン主義から（日本浪漫派を経由して）戦後日本へとつながるもう一本の回路があるが、本書ではそれに触れる機会がないため、ここで言及だけしておく。

（13）キャロル・グラック「現在のなかの過去」、アンドルー・ゴードン編『歴史としての戦後日本』上所収、中村政則監訳、みすず書房、二〇〇一年、一五九ページ。原書は Andrew Gordon ed., *Postwar Japan as History*, University of California Press, 1993. キャロル・グラック『歴史で考える』梅崎透訳、岩波書店、二〇〇七年、二八五ページ

(14) 野坂昭如「いまは第二の焼跡・闇市時代だ」、野坂昭如、大庭萱朗編『野坂昭如エッセイ・コレクション2 焼跡闇市派』所収、筑摩書房、二〇〇四年、一一五ページ。出典は野坂昭如『卑怯者の思想』(〔「野坂昭如エッセイ集」第二巻〕、中央公論社、一九六九年)。

(15) 例えば、陣内秀信『東京の空間人類学』(筑摩書房、一九八五年)は、「山の手／下町」という東京の二重構造について論じた一九八〇年代都市論の代表的な著作として位置づけられる。戦後東京のなかに江戸の名残を見いだし、江戸の空間から近代を問い直すという趣旨である。江戸期の空間が持っていた「両義性」をややロマンティックに語る傾向がある。また、近代都市建設に関しても考察は二〇年代にとどまり、日中戦争から占領期にかけての都市構造についての言及はほとんどない。吉見俊哉『都市のドラマトゥルギー――東京・盛り場の社会史』(弘文堂、一九八七年)もまた、三〇年代から七〇年代に議論が移り、占領期については七〇年代新宿文化の下地として闇市があったことを指摘するだけである。エドワード・サイデンステッカー『立ちあがる東京――廃墟、復興、そして喧騒の都市へ』(安西徹雄訳、早川書房、一九九二年)は、敗戦後の都市状況を論じているが、アメリカ人以外の外国人に対する言及で「第三国人」神話を無批判に事実として記載しているところに、当時の東アジアの政治状況に対する無頓着さを垣間見ることができる。

(16) 山口昌男『文化と両義性』(哲学叢書)、岩波書店、一九七五年(文庫版:『文化と両義性』〔岩波現代文庫〕、岩波書店、二〇〇〇年)の「第三章 記号と境界」を参照。

(17) 山口昌男自身も「私のこの理論は冷ややかな目で迎えられたが、唯一文学史研究者で前田愛教授の

みが都市空間の文学の記号論的分析の手法の中で生かしてくれた」と書いている（山口昌男「解説　前田愛の記号論」、前田愛『都市空間のなかの文学』〔「前田愛著作集」第五巻〕所収、筑摩書房、一九八九年、五三二ページ）。

(18) ここに網野善彦が提示した〈無縁〉の原理がはたらく「市」の空間を当てはめることもできるだろう。現に網野は「市の立つ場所」という論考のなかで、「第二次大戦後、駅前に簇生した闇市に、われわれはむしろそうした〔市の：引用者注〕原理の最も端的な現れを見出す」と述べている（網野善彦「市の立つ場所」『無縁・公界・楽――日本中世の自由と平和　増補』〔平凡社ライブラリー〕、平凡社、一九九六年、三五六ページ〔初出：原題「平和と自治」、平凡社編「太陽」一九八四年十一月号、平凡社〕）。

(19) 「〔カーニバルの祝祭を例にとりながら：引用者注〕しかしこうした過渡的状態は、その過剰性の故に、人間の通常の経験の中に統合され難い。それゆえ、こうした過剰性はあえて禁忌（タブー）の領域に放置されることが多い」。そして、「混沌」は放置されたまま、「秩序」の活性化のために使役されることになり「秩序」による「混沌」の「封じ込め」がおこなわれる。前掲『文化と両義性』（岩波現代文庫）九二―九六ページ。傍点は引用者。

(20) その点、前田愛は同じ論考の最後で、中野重治の小説『交番前』（一九二七年）を取り上げながら、その権力の介入による刹那的アジールの崩壊を捉えているように、周縁性自体が中心を支える物語に収奪されるような排除と囲い込みの構図に自覚的であり、山口の理論をあますところなく引き継いだと言える。

(21) 奥野健男『文学における原風景――原っぱ・洞窟の幻想』集英社、一九七二年、磯田光一『思想としての東京――近代文学史論ノート』国文社、一九七八年、前掲『都市空間のなかの文学』。他に各作家を対象とした重要な研究があるが、それらの提示は第5章以降の作品分析を中心とする章でおこなう。

(22) 近年再び闇市の表象を問い直す研究が出てきている。著者も参加した橋本健二/初田香成編著『盛り場はヤミ市から生まれた』(青弓社、二〇一三年)や井川充雄/石川巧/中村秀之編『〈ヤミ市〉文化論』(ひつじ書房、二〇一七年)がある。中村秀之は、「ヤミ市表象」がこれまで言われてきたような「解放感」とだけ結び付けるのではなく、「絶望と暴力」といった「政治的無意識」に対する考察の重要性を指摘している(中村秀之「敗戦後日本のヘテロトピア」、前掲『〈ヤミ市〉文化論』所収)。

(23) 中根隆行『〈朝鮮〉表象の文化誌——近代日本と他者をめぐる知の植民地化』新曜社、二〇〇四年、二六五ページ

(24) 冷戦を意識化したうえで、「戦後」を問い直し、そこに近代日本の植民地主義の連続性を見いだすという本書の視座は、中野敏男「〈戦後〉を問うということ——「責任」への問い、「主体」への問い」(「現代思想」二〇〇一年九月号、青土社)や、岩崎稔/大川正彦/中野敏男/李孝徳編著『継続する植民地主義——ジェンダー/民族/人種/階級』(青弓社、二〇〇五年)から多大な影響を受けていることを記しておく。

(25) 佐藤泉『戦後批評のメタヒストリー——近代を記憶する場』(岩波書店、二〇〇五年)や高榮蘭『「戦後」というイデオロギー——歴史/記憶/文化』(藤原書店、二〇一〇年)、廣瀬陽一『金達寿とその時代——文学・古代史・国家』(クレイン、二〇一六年)、Christina Yi, *Colonizing Language: Cultural Production and Language Politics in Modern Japan and Korea*, (Columbia Univ Press, New York, 2018) を例として挙げることができる。

(26) 移動を文化生成の要素として捉えたポストコロニアル理論の嚆矢としてホミ・バーバの『文化の場

所――ポストコロニアリズムの位相』（本橋哲也／正木恒夫／外岡尚美／阪元留美訳〔叢書・ウニベルシタス〕、法政大学出版局、二〇〇五年。原書は Homi K. Bhabha. *The Location of Culture*, Routledge, 1994）を挙げることができるが、より移動の表象をポストコロニアルの観点から捉え直す書としてカレン・カプランの『移動の時代――旅からディアスポラへ』（村山淳彦訳〔ポイエーシス叢書〕、未来社、二〇〇三年）がある。また、社会学における移動理論の代表作としてジョン・アーリ『社会を越える社会学――移動・環境・シチズンシップ』（吉原直樹監訳〔叢書・ウニベルシタス〕、法政大学出版局、二〇〇六年）がある。

（27）前掲『歴史としての戦後』上・下や中村政則／天川晃／尹健次／五十嵐武士編『戦後日本 占領と戦後改革』全六巻（岩波書店、一九九五年）からはじまり、道場親信『占領と平和――〈戦後〉という経験』（青土社、二〇〇五年）や前掲『歴史で考える』によって「戦後」という時代認識が持つ意味の具体な検討がおこなわれたと言える。また岩崎稔／上野千鶴子／北田暁大／小森陽一／成田龍一編著『「40・50」年代』（「戦後日本スタディーズ」第一巻）、紀伊國屋書店、二〇〇九年）で論点の整理がおこなわれた。

（28）伊豫谷登士翁／平田由美編『「帰郷」の物語／「移動」の語り――戦後日本におけるポストコロニアルの想像力』平凡社、二〇一四年、榊原理智「移動と翻訳――占領期小説の諸相」、紅野謙介／高榮蘭／鄭根植／韓基亨／李惠鈴編『検閲の帝国――文化の統制と再生産』所収、新曜社、二〇一四年、朴裕河『引揚げ文学論序説――新たなポストコロニアルへ』人文書院、二〇一六年

（29）Seiji M. Lippit, "Spaces of Occupation in the Postwar Fiction of Hotta Yoshie" *The Journal of Japanese Studies*, 36(2), 2010. 帝国の内部崩壊（implosion）とその影響を闇市に見るリピットの議論は、本書が目指すものと重なることが多い。一方で、本書が闇市に見るのは帝国の過去だけでなく

「戦後」という膜に包まれた占領空間を冷戦空間へさらすような「破れ穴」としての役割である。知識人の戦争と植民地支配の責任を認識しながらも、国家としての戦後日本に自らの居場所を探し求めていく姿勢に論者は堀田の限界性があると考えている。

(30) 石川淳「焼跡のイエス」のなかで闇市を説明する文章に出てくる文言。「劣情旺盛、取引多端の一事は旧に依つて前世紀からの引継ぎらしく、旧にもまして今いそがしい最中に、それほど大切な今日といふものがじつはつい亡ぶべき此世の時間であつたと、うつかり気がつくやうな間抜けな破れ穴はどこにもあいてゐないのだらう」(『石川淳全集』第二巻、筑摩書房、一九八九年、四七一ページ)

第1部　焼跡・闇市のイメージ編成

第1章 語られない焼跡——戦後日本映画批評と焼跡表象

1 戦略爆撃と焼跡

アジア太平洋戦争の末期、一九四四年六月十五日、中国・成都周辺から飛び立ったアメリカのB29型爆撃機の編隊は日本の八幡製鉄所への戦略爆撃をおこなった。それ以降、日本本土の主要都市のほとんどが西（成都）と東（サイパン島）からの空襲を受けることになる。[1] 繰り返される空襲のなか、延焼を防ぐための強制疎開空地の確保と建物の瓦礫によって都市空間は劇的に変化した。四五年八月、日本の敗戦を迎えた人々は欠乏と騒乱のなかで、焦土と化した都市空間とあらためて向き合うことになった。

本章では、戦略爆撃で破壊された建物の残骸が瓦礫の荒野に立つ光景、つまり焼跡が実際に日本の都市空間を構成する主要素だった敗戦直後に公開された映画作品を取り扱い、それらの映画のなかに映される都市空間が同時代の批評家たちにどのように受け止められたか、そして戦後から現在までの間に批評の言葉が焼跡を映した作品をどのように語ってきたかを検討する。批評言説を概括する一方で、映画作品自体の物語と舞台としての焼跡がどのような関係を結んでいるかを実際のテクストを分析することを通して考察する。そのうえで、焼跡をめぐる批評の言葉と作品の意味の相違を確認し、なぜそのような相違があるのかを追求することで敗戦直後の焼跡表象の意義を考えたい。

2　戦後映画と「戦争の惨禍」としての焼跡

映画監督の山本嘉次郎は、占領期に映画に課せられたＧＨＱ／ＳＣＡＰ（連合国軍総司令部）の検閲を回想する記事で次のような証言をしている。

焼跡を撮影することは、絶対まかりならぬと来た。占領政策の妨害になるというのである。自分で焼いておきながら、随分、勝手な理屈だと思ったが、しょうがない。

（略）

要するに「日本が負けたこと」「日本をアメリカが占領していること」の事実を、画面に現れることを禁じられたのである。[2]

確かに日本の都市部の焼跡を映すことは、日本の敗戦とアメリカによる占領の現実を克明に知らせることでもある。占領軍が敷いたプレスコード、具体的には第四項にあたる「連合国占領軍に対し破壊的な批判を加え、又は占領軍に対し不信若くは怨恨を招来するような事項を掲載してはならぬ」という文言がそれを禁じていた。「怨恨の招来」を防ぐという規制のために、ニュース映画などではある程度焼跡が映し出されたものの、劇映画では数えるほどしかなかった。

しかし、実のところ焼跡を撮影することを禁じたのは何もGHQだけではなかった。佐藤忠男は「瓦礫の東京――焼け跡からの出発」という論考のなかで「戦争中には映画は戦意高揚かあるいは純粋に娯楽のためのものとされて、国民の士気を挫く恐れのある焼け跡をわざわざ見せることははばかられた」[3]と述べている。そもそも戦時期の内務省による検閲の際も、焼跡を見せることは都合が悪いことと考えられていたのだ。そしてこの焼跡を映し出すことを忌避する映画界の慣習は、敗戦後も残ることになる。のちに詳しく見るように、占領期の映画評論のなかにも焼跡が映されることに対して嫌悪感を示す批評が提出される。それは、占領軍に配慮したというよりも、むしろ焼跡が示してしまう日本の惨状と、そこから連想される責任に目を背けようとする欲望があったのではないだろうか。

佐藤は同じ論考のなかで、このように戦時中の日本映画界で抵抗運動がなかったこと、また映画人たちが戦争責任から逃れようとすることによって、街頭にある「戦争の惨禍」に直面するようなリアリズムが生まれなかった、と主張した。[4] そして、「日本の映画人たちが考えたのは、まず現実逃避の甘い娯楽映画であり、つぎに占領軍の命令でしぶしぶ作った観念的な民主主義啓蒙映画だった」と痛烈に非難するのだ。しかしながら「どんな映画にも多かれ少なかれロケーション撮影の部分」があり、「撮影所の外へ一歩出れば、そこには敗戦の現実が一面に広がって」おり、「それがフィルムの内部にまで浸透してこないわけはない」と言い、当時ロケーションが主体で撮られた斎藤寅次郎監督の『東京五人男』（東宝、一九四六年）や小津安二郎監督の『長屋紳士録』（松竹、一九四七年）、黒澤明の『素晴しき日曜日』（東宝、一九四七年）などの映画を評価した。[5]

都市形成史が専門の佐藤洋一は、前述の佐藤忠男と同様に「戦後最初期の映画」には「リアリスティックに当時の都市空間の実景を作品のなかに組み込みながら、世界観を構築しようとしているもの」はない、と述べる。しかし、『東京五人男』や『長屋紳士録』『素晴しき日曜日』にはロケ撮影が多かったことを取り上げて、「戦時中のカメラアイには、当局の意向／検閲等の条件により、結果的に敗色濃厚な現実を伝えたり、表現したりすることができなかったという悔恨があった。屋外でのロケ撮影は、現実から目を背けず、廃墟となり混沌とした都市の雑踏を作品の基底に据えて制作をしようとする姿勢から必然的に出された方法論であったのではないか[6]」という一定の評価を示している。

両論考に共通するのは、敗戦直後の映画は「戦争の惨禍」としての焼跡と、そこから読み取られるべき戦争責任に対して正面から向き合っていないという批判的な前提のうえで、それでも『東京五人男』や『長屋紳士録』などのロケ撮影を用いて現実の焼跡を撮った作品に価値を見いだしていることである。

それでは、当時の日本映画批評は焼け野原となった東京の都市空間に対して実際どのような言葉を投げかけていたのだろうか。

3 戦後日本映画批評のなかの『東京五人男』

『東京五人男』への批判

『東京五人男』は敗戦後初の正月映画として公開され、戦前期から活躍していたコメディアン古川ロッパや漫才師のエンタツ・アチャコ、石田一松、落語家の柳家権太楼といった当時の喜劇スターが、地方から東京へ帰還した五人の徴用工を演じている。配給物資や軍用品の横流し、メチルアルコール酒にキャバレー建設のための地揚げ、農村への買い出しなど、敗戦直後の厳しい世相のなかで、懸命に生きる人々をスラップスティック調の喜劇としてユーモラスに描き出した作品だ。

図1からもわかるように、映像のほとんどがロケーション撮影でおこなわれ、一九四五年撮影時の秋頃の東京・渋谷周辺の様子を生々しく映し出している。しかしこの作品は喜劇映画監督としては有名だった斎藤寅次郎の作品にもかかわらず、佐藤忠男が『日本映画史』で「戦争を生きのびた人々の喜びの表現」[7]として再評価するまでは特に注目されてこなかった。近年の評価では、敗戦後の階級社会を示す好例として取り上げられたり、[8]東京国際映画祭[9]やNHKの映画特集番組[10]で扱った

りするように、「焼跡の東京」を描いた「歴史的資料」としての価値が見いだされる傾向にある。
　それでは日本映画の本格的な復活を記念すべく[11]大スターたちを配役した『東京五人男』は、なぜ公開当時には評価されなかったのだろうか。例えば、批評家の今村太平は敗戦後の「劇映画の白痴化」の代表例として『東京五人男』を挙げている。『東京五人男』は世相をただドタバタ劇として描いただけの映画であり、「日本民主革命」に奔走すべきときに「大衆の頭を革命の圏外におこうとしている」[12]として非難している。また他の批評家からも、詐欺や強欲、不親切や不寛容が敗戦直後の世相として物語のなかで羅列されることに対して痛烈な批判があった。次の引用は、キネマ旬報の編集委員で当時有力な映画批評家だった水町青磁が『東京五人男』公開直後に書いた批評文である。

図1
（出典：『東京五人男』監督：斎藤寅次郎、東宝、1946年）

　内容から受けるものは、敗戦の醜悪な一面であって、焼野原をそのまま見せつけられている様であった。五人の徴用工たちが善人揃いであり、その反対にかれらを迎えた社会は、悪徳そのものであったことは、ますます喜劇から遠ざかって、拙劣な悲劇を見るような逆効果となっていた。権力や不正な社会悪にこの五人は抗議しているのだろうか。それとも「これが敗戦だ」と肯定しているのだろうか。戦時中に云われた「建設面」という言葉は決して死語となったのではない。かかる五人の見た社会には、最も重大なテーマとして取り上げらるべき言葉でなくてはなるまい。（略）少なくとも五人が、焼跡に立って、大東京を眺める一場面に、この五人の生活の決意を、何等かの形式で設定すべきであった。[13]（傍点は引用者）

また、水町青磁とは違う人物の評でも非常に似通った批判があることを確認したい。伊庭肇は「世知辛い世情」だけを現実として「馬鹿馬鹿しい事件を描くのに汲々としている」とし、「明日の楽土を築き上げようとする情熱も幻想的な美しさも全然感じられない[14]」と非難している（傍点は引用者）。

今村の評とその他二つの評価は同じく『東京五人男』を批判するものだが、実のところその論理は相反している。今村は、闇物資の横行や飢餓といった現実を喜劇の道具とすることで、焼跡自体がはらむ「戦争の惨禍」の問題に正面から相対しないことを「劇映画の白痴化」と非難しているのだ。マルクス主義思想犯としての検挙歴を持つ今村は、焼跡の生活を「記録映画」として写し、革命的問題とすることを訴えている。[15]『東京五人男』の是非の判断は異なるものの、今村の視点は佐藤忠男や佐藤洋一が論じる焼跡の問題系を共有していると言えるだろう。

一方で、水町らの批評は「焼野原をそのまま見せつける」ことを非難している。そうしたものを見せるのではなく「大東京」の「建設面」を強調して、「楽土」を築き上げる「決意」を求めているのである。水町が使った「建設面」という言葉は、戦時中に頻繁に用いられた「大東亜の文化建設」といった標語のことを示しており、それが敗戦後も「死語」にはならないと主張しているのだ。このことの問題性についてはのちに詳述する。

図2
（出典：前掲『東京五人男』）

このように、『東京五人男』は、暗い現実をそのまま反映した後ろ向きの映画として批判されたのだった。しかしながら、このような批評とは裏腹に、物語の内容はむしろ「民主主義啓蒙映画」と呼ばれるにふさわしい快活な雰囲気に満ちている。五人の男たちが焼跡を眺めるシーン（図1）では石田一松が「みんなで協力して、この街を復興させようじゃないか」という「決意」を述べているし、さらに物語の最後に起きる女性を中心とした市民集会やデモ行進（図2）は、まさに占領軍CIE映画・演劇課長デビッド・コンデが占領初期に日本映画に求めた「民衆教育」「組合組織の促進」「女性の社会的地位の向上」という意向に忠実に従った、模範的映画の特徴として挙げることができるのだ。[16]

ではなぜ、このような民衆の結び付きと民主主義を掲揚する解放感に満ちたエンディングを持つ映画が批評家たちにこうまで嫌われてしまったのだろうか。

格差への憎悪と焼跡への忌避

橋本健二は、敗戦直後の社会に経済的な「格差が大きかったというイメージ」が定着していることに対して、「経済指標から観察される格差」に関してはむしろ「比較的小さい」と論じている。それは都市部の各階級層や都市生活者層と農民層が、農地改革や家族制度の廃止、物資の慢性的欠乏による闇経済などを経由することによって階級間の移動が増加したためである、としている。橋本は、この「社会移動」によって全体的な格差は縮小したのだが、「飢餓水準すれすれ」の都市生活の状況で、「数百円程度の差であったとしても」「強い不公平感」を生み出したのだろうと論じている。(17) こうした「強い不公平感」の経験や感情が、「戦後思想のかたちをとって噴出することになる」と論じたのは小熊英二であり、当時の都市生活者、特に知識層が持つ農民や一部の資本家たちに対する憎悪が非常に強かったことを述べている。(18)

『東京五人男』で、こうした感情は印象的なシーンとして現れる。一つは、五人の元徴用工たちが働いていた軍需産業の会社である「中野島航空会社」の社長が工場の軍需物資を隠匿する場面である。「中野島航空会社」から連想されるものは、アジア最大の航空機製造会社だった中島飛行機だろう。この中島飛行機によって、零戦や爆撃機も含めた軍事航空機の大半が敗戦までに製造された。(19) 物語は、敗戦後の様々な情景を描きながら、この社長が自らの権益を守るために隠匿した物資を強奪し、バラックに生きる人々へ配給することをメイン・プロットとする。まさにここに、既得権益を保守しようとする資本家に対する憎悪が現れている。

もう一つは、農村への買い出しのシーンである。古川ロッパが演じる元徴用工が一張羅の背広や妻の形見の着物まで差し出して農作物をもらおうとするも、強欲な農民は既に腐るほどの物品を他の買い出し人から得ており、モーニング姿で畑仕事をやる始末である。物語ではその後、心優しい他の農家から運べないほどの作物をもらい受けることになるが、これは当時の都市生活者の夢を映像にしたものだろう。いずれのシーンにせよ、都市生活者で、おそらくある程度の教養人だろう五人の元徴用工たちは、自分たちよりも利益を得ている者たちからはないがしろにされている。こうした「不公平感」を打ち倒して、街頭デモ行進に至るシーンを経て大団円となる。

水町青磁やその他の同時代評が過剰な嫌悪感を示したのは、明らかに物語のプロットに対してではない。なぜなら、先にも述べたように物語自体は民主主義的な「情熱も幻想的な美しさも」描いているからだ。それにもかかわらず、同時代評はこの作品が「敗戦の年の秋の東京の本当の風景」[20]をそのままに映したことを拒否している。おそらく物資隠匿の社長や食べ物を出し惜しみする農家に打ちのめされる徴用工たちの姿が現実的すぎて「笑うに笑えない」というのが、批評家たちの言わんとするところなのだろう。しかしそれが言いたいのであるならば、わざわざ「建設面」や「楽土」などという戦時期のプロパガンダ標語まで持ち出して非難する必要があるだろうか。その過剰な言葉に、焼け焦げた都市の残骸に対するより根源的な忌避感を見いだせるのではないか。

結論を先取りすれば、その忌避感は今村や佐藤らが論じた戦争責任という問題と結び付く。しかし、次節では結論へと急がずに、まず背景としての焼跡が露骨にではなく物語と巧妙に対置されながらも提示された映画、小津安二郎の『長屋紳士録』を見る。この作品で提示される空間構成に着目しながら、焼跡の役割を明らかにし、焼跡表象と戦争責任の関係性を考えるうえでの布石としたい。

4　箱庭的ユートピアと敗戦のリアリズム――小津安二郎『長屋紳士録』

『長屋紳士録』の位置

『長屋紳士録』は監督の小津安二郎がシンガポールのイギリス軍捕虜収容所から帰還した後の戦後第一作として注目された作品である。一九四三年から小津はシンガポールに駐屯し、その間日本国内では禁じられていたアメリカ映画を大量に鑑賞する機会を得た。その情報を知った批評家たちは、戦後の小津第一作がそれまでにないものになるだろうと期待していた。しかし、批評家たちの目に『長屋紳士録』は二〇年代末期から小津が得意としてきた「庶民的な人情劇」[21]と代わり映えしないようなものに映った。『長屋紳士録』公開当時の評価は、従来どおりの下町人情劇に落胆しながらも、その物語や配役が「おなじみの」ものだったことで安定感があり、そのために「大人の共感」を呼ぶ映画であるとして一定の評価がなされた。[22]ただし、一連の小津の下町人情劇と並べてみるといま一つの作品として位置づけられ、「作品の出来ばえを厳密に吟味してみると、これは素晴しい出来とはいい切れない[23]」という評価に終わった。

それ以後、この作品をめぐる評価は「人情味」の是非について問われることが中心になった。特にドナルド・リチーが「占領下時代の短期間に人気のあった外国から持ち込まれた理想、市民としての責務を果たすことに小津が賛同しているのが見いだせる、最初で最後の作品」として、「中年の女は、自分の子供のように愛するようになった孤児が去ったあと、戦災孤児のために施設を開く決心をする[24]」という解釈が代表的なものである。リチーは、この結末のあり方が占領軍におもねったものであり、「ほとんど非日本的とも言える、ありそうもない解決」であると否定的に捉えている。ただしこのリチーの「孤児院の開設」という読解は、作品の内部にその根拠を見つけることが難しく、それ以後の論者たちから短絡的な誤解として批判されることになった。

また、もう一つの代表的な解釈としては佐藤忠男『小津安二郎の芸術』に収められた『長屋紳士録』に関する論考がある。佐藤は『長屋紳士録』を、「東京という故郷を失って大挙して地方に流民として四散していった人々」の「昔を今に帰したいという願望」を汲み取った映画であり、小津が「敗戦の最中で考えた最初のモラルは、地縁の回復、あるいは地縁の創造ということだった[25]」と結論している。

以上のような「人情味」を評価の中心点に置く評論から距離をとっているのが、一九八一年六月に小津の特集号として出た「ユリイカ」に収められた四方田犬彦の論考「死者たちの招喚」である。四方田は「小津において真に不吉な時間が到来し、作品の表面に薄気味悪い痕跡を残して須臾にして過ぎ去ったのも、この『長屋紳士録』においてなのだ」と従来の「人情もの」としての受容とは正反対の読みをおこなう。[26] 四方田は物語末尾の写真撮影のシークエンスが「小津の文体として知られた諸要素が凝縮されて登場している」とし、『長屋紳士録』の人情劇というプロットではなく、映画詩学的側面を取り上げて評価した。

四方田と同様に、小津の映画詩学に焦点を置いたデイヴィッド・ボードウェル『小津安二郎 映画の詩学』は、『長屋紳士録』を「整然とした文体上のヴァリエーション」を効果的に用いた作品であるとして取り上げ、「もし小津がこの七十二分の作品しか作っていなかったとしても、彼は世界の偉大な監督の一人だと見なさなければならないだろう」[27] とまで言うほど、高く評価している。

『長屋紳士録』をめぐる評価の流れを概観するならば、公開当初には敗戦後の小津の新境地を期待していたにもかかわらず、以前から引き続く「人情劇」が繰り返されたことによる批評家たちの失望があり、一方でその「人情劇」が評価の対象となった。時代が下ると、敗戦直後の時代と物語を結び付けて評価する立場が現れるが、戦災孤児、また共同体の喪失といった社会問題に取り組む小津の姿勢は認めながら、作品としてうまくその問題を取り込めていないという低評価が下される。さらに近年では、小津の映画作家としての詩学が強調されることによって、映画テクストとしての再評価がなされることになる。

長屋と焼跡

『長屋紳士録』の初期の評価軸となった「人情味」とは、一九二〇年代後半の小津初期作品から四二年の『父ありき』に至るまでの小津と松竹が得意とした「下町の人情物」[28] のことを言う。落語に例をとるまでもなく、『長屋紳士録』での長屋はそうした人情あふれる人々が集まる空間であり、小津や松竹を経由して戦前からの連続性が示唆される。

一方で作品のなかで何度も映し出される焼跡は、戦争を契機とした市民生活の明らかな断絶を否応なく提示するものである。前述の論考のなかで佐藤忠男は、「焼け跡の外景の惨たる現実によって、作り物のセットの下町がまるでユートピアのような印象に変わる」[29]とも指摘している。この長屋と焼跡との違和をもたらす「印象」は、実のところ映画の空間構成を見てみることでその原因が明らかになる。

図3・4は、映画のなかで長屋の外周部、つまり外景としての焼跡と長屋の境界が示されるカットである。そこには常に反物や布団が干されており、それらを長屋と焼跡の空間を分ける膜のような存在として見ることができる。図3の画面右端には寝小便を乾かすために干された布団の一部が映り、干し竿に枠取られた内部に寝小便をした「幸平」を叱る「おたね」が配置される。小津特有の枠取りの構図のなかに、「寝小便」という誰にでも覚えがあるいかにも身近な子どものドラマが収まっていることになり、長屋の人情劇が外景と切断された空間に閉じ込められていることが読み取れる。図5もまた、図3・4と反対側の長屋側（内）から焼跡（外）を映した切り返しのカットであり、反物や洗濯物が長屋を一回り囲んでいることを示す。こうして、長屋と焼跡の境界は布状の膜として顕在化させられている。

また、この長屋と焼跡の風景とは反対に、おたねが幸平の親を捜しに出向く際の茅ヶ崎の風景は、海の水平線と砂浜（図6）や土手の平行線（図7）によって開放的な空間として示されている。図

図3
（出典：『長屋紳士録』監督：小津安二郎、松竹、1947年）

図4
（出典：同映画）

図5
（出典：同映画）

図6
（出典：同映画）

図7
（出典：同映画）

3・4のように、電柱や電線、焼け野原に立つ廃ビルや焼けた木々によって寸断され枠取られるような東京の長屋と焼跡の空間構成とはまったく異質のものとして現れる。

この構図の対照性からも、都市の長屋と焼跡はそれぞれに対する空間上の関係性が強調された、つまり内部（長屋）と外部（焼跡）が見る者によって常に意識されるような構図で意図的に提示していることがわかる。そしてその内部で展開されるドラマは、戦前の松竹映画、そして小津映画に代表されるような人情劇が繰り返される。戦前から変わらない「人情味」あふれる長屋が、布上の膜で覆われた箱庭のように敗戦後の焼跡に現れるのだ。まさに「昔を今に帰したいという願望」を形にしたような、ありもしない「ユートピア」として長屋を読むことができる。しかし、はたして昔と今の間にある戦争はこの囲われた箱庭に一切の影響を与えなかったのだろうか。次項では、物語の内容について具体的に検討してみる。

迷子と戦災孤児

現実の焼跡と箱庭のユートピアとしての長屋は、この物語の主旋律である子どもの描き分けにも作用している。長屋の面々は幸平が親に捨てられた孤児であると思っていたのだが、物語の最後に幸平の父親が現れることで彼は孤児ではなく、単に迷子だったことが判明する。幸平との別離に悲しむおたねに、街頭占い師の「田代」は未亡人のおたねの養子候補として上野の西郷像周辺にたむろする戦災孤児を挙げる。おたねの「西郷さんねえ」という台詞の後、画面が転換して実際の戦災孤児たちの映像が挿入される（図8）。その映像のなかで孤児たちは田代が言うように西郷像の周辺にたむろしているのだが、（驚くことに）そのうちのまだ十歳前後に見える一人は、近くを歩いていた大人が捨てたタバコの吸い殻を拾って吸い始める。

この場面で、長屋で繰り広げられた迷子をめぐる人情劇と焼跡に生活する戦災孤児という現実が、決して調和しない対立を生み出す。幸平も吸い殻や屑釘を拾ってポケットにためているのだが、それはあくまで大工である父親のために集めており、自らがタバコを吸うことはない。長屋のなかでも、迷子の幸平はあくまで親がいる子として振る舞っている。佐藤忠男は「この迷い子が、もし当時の盛り場にいくらでもいた戦争孤児、浮浪児であったならば、この映画は敗戦の現実を探求した映画ということになったであろうが、小津はそんな風にしてナマの現実を映画に持ち込むことは慎重に避けていた[30]」と解説する。

確かに、幸平が浮浪の戦災孤児ではないことに関しては佐藤の言うとおりだろう。しかし小津は、この最後のシーンだけは意図的に「ナマの現実」を持ち込んでいたことが、当時の彼の発言を見るとはっきりする。作家の志賀直哉と小津が「映画と文学」という題の対談をおこなった際、志賀は小津に『長屋紳士録』での子どもたちの配役について尋ねる。そこで小津は以下のように答える。

最後の上野公園のは都の無料宿泊所の子供に出て貰いました。無料宿泊所の子供は戦災者外地からの引揚者で、服装もさっぱりと言葉使いもよく、もっと汚い子が欲しくあの近所を捜しまして、十円やって出て貰い切干を食べてもらいました[31]。（傍点は引用者）

この発言からわかるように、最後のシーンの配役は小津があえて「汚い子」を選んだ結果だった。実のところ、最後のシーン以前にも戦災孤児の役だろうとおぼしき子どもたちは登場していた。おたねが長屋に帰ってこない幸平を心配して探し回るシーンのなかに現れる、背景に築地本願寺の建物とその周囲の焼跡を背負って整然と並んで釣りをする子どもたちがそれである（図9）。その孤

図8
（出典：同映画）

図9
（出典：同映画）

児たちを演じている数人の子役は、実際には「国民学校の子」であり「文化部長の先生の好意で借りて出て貰った」生徒たちだったことを対談の同じ箇所で小津は明らかにしている。

他の映画にも出演経験があるれっきとした子役が演じる幸平と上野の子どもたちの違いが、物語で迷子と戦災孤児として明らかに提示されるのは当然だろう。しかし物語上では同じ戦災孤児であるにもかかわらず、橋の上の微動だにしない孤児と上野公園で西郷像の周囲をさまよい喫煙する孤児たちは映像上の印象で別の存在である。こうした最後のシークエンスの映像と物語の不調和性[32]は、『長屋紳士録』の「長屋」が敗戦直後の社会の凄惨な状況を排除したところに成立する箱庭のユートピアであることにつながる。

薄気味悪い長屋

四方田犬彦は、『長屋紳士録』が持つ「薄気味悪い痕跡」を幸平とおたねの記念撮影に求めている。それは小津作品のなかで繰り返される集合と離散の暗示であり、ゆえに記念撮影は二人の離別の儀式である[33]、と論じる。四方田の論考は、小津の作品群を徹底的にテクストとして扱っており、当時の映画業界も含めた社会的背景を一切排除して、作家の詩学だけに焦点を当てることで日本映画界に存在するしがらみある解釈から作品を解放する試みがあった。だからこそ、従来人情物とされていた数多くの小津作品に非人情的なものを読み取ったのである。

この論考以後の『長屋紳士録』に対する作品論が人情味に注目する評価の枠組みから距離を置いていることに鑑みると、四方田の試みは、『長屋紳士録』を一連の下町人情物の一作品という評価から切り離すことに成功したと言えるだろう。しかしながら、四方田が感じた「薄気味悪い痕跡」ははたして詩学的な操作だけによるものだろうか。四方田が意図的に無視した社会的背景、すなわち敗戦の現実と物語のすれ違いが生み出す不調和こそが、結果的にその「薄気味悪い痕跡」を生み出していると考える。

ボードウェルは『小津安二郎 映画の詩学』の『長屋紳士録』の項で、非常に重要な指摘をしている。それは「西郷像にたむろする浮浪児」のイメージが「戦後の文脈の中では間違いなくアイロニカルである」[34]と論じている点である。すなわち、明治期に征韓論を唱えた西郷隆盛が英雄視されていることの証左である上野の銅像の周囲で、まさにそこから半世紀以上にわたる帝国主義と戦争の結果として生まれた戦災孤児たちが、浮浪の生活を余儀なくされている描写の強烈な皮肉にボードウェルは気づいている。

ボードウェルはこの指摘を「一九四七年当時の観客を、劇場の外で彼らを待っている世界に戻すことによって、この作品は、おたねによる親切心の教訓を試すための実際的な素材を提供している」と締めくくっている。だが、これは少々楽観的な解釈と言わざるをえないだろう。現実には、同時代評に見たように「長屋下町人情物」という枠で解釈され、戦災孤児と迷子は特に区別されることもなく、混同されたまま忘却されるだけであった。しかし、ボードウェルが指摘する「西郷像にたむろする浮浪児」というイメージの皮肉さが、日本近代のアジアへの侵略を想起すべき記号であることは間違いない。

そしてまた、『長屋紳士録』で子どもがいる場所自体が直近の過去の拡大主義を暗示する部分は、上野の西郷隆盛の銅像のシーンだけではない。迷子である幸平が、占い師の田代に出会った場所、また幸平が父親を探してさまよっていた場所こそが「九段」の「神社の前」、すなわち「英霊」が祀られている靖国神社であることを看過してはならないだろう。[35] まさに幸平が境界である布状の膜を越えて長屋の空間から一歩外に出ると、近代日本の帝国主義の残滓がそこかしこに残る焼跡が広がっている。

真の「薄気味悪さ」とは、焼跡を描くことによって喚起される敗戦のリアリズムを、長屋という昔ながらの人情空間に閉じこもって忘却することだろう。しかし、『長屋紳士録』という作品はその忘却を促しているわけではない。むしろ、その作品内の空間構成として焼跡を取り込んでいるのだ。人情劇という内部の物語とは直接的には絡まなくても、その長屋という箱庭を取り囲む外景としての焼跡は、この作品の欠かすことができない要素でもある。これまでの多くの批評家が物語と現実のギャップを指摘したのも、その作品中にそれを示唆する空間構成があったためである。布状の膜の外側から否応なくじわりと浸透してくる現実が作品に顕在化するからこそ、『長屋紳士録』は単なる人情劇ですまされない、読み取るべき奥行きを持っている。

5　焼跡がはらむ加害責任

「文化国家」の「建設」

それでは現実の焼跡――敗戦のリアリズムと向き合うことにどんな意味を見いだすことができるのだろうか。とりわけ敗戦直後という空間を七十年隔たる現在で再考するとき、当時の都市空間を構成していた主要素としての焼跡にどんな意義を見いだすことができるのか。その探求のため、ここでいま一度、敗戦直後の批評の言葉に注目してみたい。

『キネマ旬報』の再刊第一号には「キネマ旬報再建の辞」を最初のページに掲載し、『東京五人男』の批評を書いた水町青磁は編集委員として名を連ねている。そこでは次のような文言がある。

終戦と同時に、われわれの反省は、此〔「キネマ旬報の精神」：引用者註〕の伝統へのそれであった。戦争責任より、まず、「映画文化の責任」への反省であった。そして、われわれはその責任を自己への反省とした次の思惟において、われわれがわずかも、往年の熱情を、文化への正しい情熱を失っていないことを確かめた。[36]

この文言では、戦争責任よりも「自由を尊ぶキネマ旬報の伝統」と「映画文化」への反省を語っている。また、『東京五人男』に対する批評で水町が使った日本の「建設」という言葉は、「文化国家再建」という東久邇宮稔彦首相の一九四五年八月二十九日のインタビュー、いわゆる「一億総懺悔論」のなかにも見いだせる言葉であり、[37]戦時中のスローガン「文化国家建設」を再利用したものである。それは何よりも、玉音放送で天皇裕仁が読み上げた「大東亜戦争終結に関する詔書」の「総力ヲ将来ノ建設ニ傾ケ」という文言に呼応するものでもあった。[38]

ジョン・ダワーが言うように、「文化」や「建設」は戦時中の典型的な「スローガン用語[39]」であり、その用語は戦後民主主義という新しい装いをまとって敗戦後の言語空間を満たした。しかしその内容は敗戦を迎えても引き続き、帝国主義的・植民地主義的な骨組みを失ったわけではなかった。つまり「文化」や「建設」が死語ではないというのは、「大東亜共栄圏」的な「文化国家建設」という題目がいまだ存命ということである。そうした帝国主義的な視線は、瓦礫の街をして「大東京」と言わしめる水町青磁の言語感覚からも読み取ることができるだろう。

戦時中と連続する「文化国家建設」に「楽土」を見て現実の焼跡の生活を見ないという姿勢は、『長屋紳士録』での箱庭ユートピア的長屋の「人情味」を持ち上げる評価のあり方と非常に近接している。『長屋紳士録』の長屋の背景には、現実の焼跡があった。そして『東京五人男』では、占領軍主導の民主主義啓蒙の物語の枠組みを保ちながらも、現実の焼跡の生活を描いていた。しかしながら、そうした両義性を持つ二作品が、同時代では一面的にしか解釈されなかったことに、当時の日本映画周辺の限界が見える。焼跡を描いた映画にもかかわらず、焼跡は見えないもの、拒むべきものとして解釈されたのであった。

それでは、焼跡を撮ることの意義とは何か。冒頭で紹介した佐藤洋一が自身の論考「廃墟の都市空間とカメラアイ」で「この「窓」〔焼跡の映像：引用者注〕からは不可視の事柄があったことを示して」おり、「その裏側には、戦時期との関わり」のような「まだ我々が見せられていない光景があることを示している[40]」というように、焼跡を直視することは「戦時期との関わり」、つまり過去からの連続性が見いだされる。佐藤は、具体的にどんな過去との連続性を描いているかまでを掘り下げて論じていないが、ここではそこへさらに踏み込んで、都市の焼跡それ自体が暗に提示してしまう過去との連続性の実体を、戦略爆撃という破壊活動の検討を経由して紡ぎ出しておきたい。

戦略爆撃

本章の冒頭でも述べたように、戦争末期から日本の都市空間に現れた焼跡は、アメリカ空軍を中心とする連合国軍の戦略爆撃によって形成されたものである。しかし、そもそも戦略爆撃という軍事行動の形式は、アメリカ軍が初めておこなったわけではない。航空機と火炎兵器の組み合わせは第一次世界大戦期から始まり、一九三七年のドイツ軍によるスペイン・ゲルニカ爆撃、イタリアによるエチオピア爆撃という歴史を持つ。軍事史研究家の前田哲男は、規模と戦略性、および無差別性の強度は日本軍航空隊の重慶爆撃をもって「空からの進攻」の形式としての「重大な飛躍」であると指摘する。「戦略爆撃」を世界史上「組織的、反復的、持続的戦法として確立・定着」させたのは、実のところ日本軍によってであった。[41]

第二次世界大戦中のヨーロッパの航空戦でアメリカ空軍は軍関係施設を目標とする「精密戦略爆撃」を掲げたが、一九四四年からの日本本土に対する戦略爆撃は「無差別都市爆撃」の原則が導入された。その選択の一因として「人種差別の影」が見えるものの、公式の理由に「中国における日本海軍航空隊の先例が影響している[42]」と前田は論じる。先に述べたように、日本本土に対する西側からの爆撃は、中国・成都の飛行場から出発したB29によるものが主であった。そして成都は、そもそも三八年から四一年にかけて、対日抗戦首都・重慶とともに日本航空戦力による無差別爆撃を受けてきた地区である。つまり日本による重慶爆撃の戦略思想はそのまま主体を変更して、日本本土爆撃へと返ってくることになる。

強制疎開空地と都市防火対策

日本の都市空間の焼跡を構成する要素としてもう一つ挙げなければならないのは、都市部に作られた疎開空地の存在である。疎開空地とは、都市部の主要施設、すなわち官庁や駅などの交通施設、そして工場などの周囲に、他の区域に発生した火災からの延焼を防ぐために強制的に設けられた空地である。一九四三年九月の都市防衛に関する閣議決定を受けて、同年十二月に都市疎開実地要項が閣議決定される。翌年一月には東京、大阪、名古屋で防空法による疎開空地の指定が開始されたという経緯がある。[43]

しかし、この時点では日本本土の空襲はいまだおこなわれていなかった。つまり、疎開空地の設置は、日本軍自らがおこなった重慶爆撃と同様の戦略爆撃が日本本土の都市にもおこなわれることを予想したうえでの動きである。越澤明は、『東京都市計画物語』のなかで「一九三七〜一九四三年に次々と実施された火災実験は木造家屋の科学的測定としては世界初のものであった」と書いている。この時期がちょうど中国大陸における「世界初の」戦略爆撃実行の時期であることを考えると、それはこの「火災実験」のうちに重慶の被害がデータとして使われただろうことを物語る。日本の都市疎開と防火対策のあり方は、その犠牲を実験と称したところから生まれる。そしてそれは「戦後の建築基準法の防火に関する規定の根拠となる」[44]。一面の焼け野原にランドマークのような鉄骨のビルや駅庁舎がポツポツと立っているという現実の焼跡の風景は、疎開空地による周囲の小建築を犠牲にした重要施設の延焼防止策によって生み出された都市空間だったのである。

以上のように、日本本土の都市空間に現れた焼跡という光景の、そこに至るまでの経緯をたどることは、アメリカ空軍による戦略爆撃の、その内奥に、日本による重慶爆撃という下敷きが存在する、ということに向き合うことでもある。この「不可視の事柄」としての戦略爆撃の歴史を読み取ることが、〈焼跡〉という戦後の空間認識を、被害者意識に根ざした閉鎖性から解き放つ端緒となるのではないだろうか。

〈焼跡〉が示す被害者性の内奥に「加害」を読み取るという試みは、決してとっぴな発想ではない。その発想は、戦後を通して日本人の加害者としての意識の希薄化に警鐘を鳴らす際に繰り返し論じられてきたことでもある。例えば小田実は、ベトナム戦争で日本がアメリカ軍の爆撃機の発着地となった事実から、あらためて日本の加害者としての歴史を掘り起こした。そしてそれを、『「難死」の思想』で次のように論じている。

> 一九四五年の「敗戦」に終わる日本の近代の歴史は、つまるところ、侵し、焼き、奪った果ての、侵され、焼かれ、奪われた歴史だった。その歴史の展開のなかで、日本人はただ被害者であったのではなかった。明らかに加害者としてもあった。被害者でありながら加害者であった、と言うのでは、それはむしろなかった。被害者であることによって、加害者になっていた。[15]

小田は、爆撃による人々の死を「散華」と称して英雄視することがどのように日本の戦争を後押ししていたかを自らの体験をもとに明らかにし、それらの死が無意味だったことを受け入れる「難死」という概念を提示する。この概念で、日本の都市空間に現れた焼跡を被害の記号としてではなく、加害の証しとしても認識する下地が作り上げられる。そしてこの認識は、過去を断絶して被害者として再起しようとする「戦後」のあり方を突き崩す視座となる。

本章でことさらに焼け野原の都市空間から加害を読み取ることに意味を見いだすのは、「戦後日本」の歴史観を成り立たせてきた批評の言葉の閉鎖性をあらわにするためでもある。焼跡を映し出すことによって否応なく生じる敗戦のリアリズムは、「敗戦」という出来事が日本一国の内部で起こったのではなく、他国との関係のなかで起こったことであるというあまりに当然の事実を提示する。

都市の荒廃は「戦後日本」の始まりに突然現れたのではなく、そこに至るまでの道筋——侵略的拡張主義の結果としてそこに形成されたものである。記号ではない、現実の焼跡を映す映画作品は、その表象によって既に敗戦直後の日本の時空間をより立体的に捉える可能性に開かれている。

6 小結

戦後の批評空間で〈焼跡〉という語は、「戦後日本」のゼロ地点として、出発点としての存在だけを確認できれば、その内実は問われないままに現在まで作用している。それは、一九四五年八月十五日正午の玉音放送を境に、それ以前の日本のありさまから「戦後日本」を断絶する歴史認識の基幹をなす思考の一つである[46]。こうした歴史認識の枠内では、銃後も含めた日本の侵略の責任は見えにくくなってしまう。それは占領者としてのアメリカと、被占領者としての日本という構図が前景化することによって日本人一般の被害者意識（victimized consciousness）[47]が醸成されるためだ。記号としての〈焼跡〉は、まさにそうした被害者としての日本を内在化させたうえでのゼロ地点として抽象化される。

本章は、こうした〈焼跡〉のイメージを、現実の焼跡を映した映画をめぐる同時代言説と、それに続く批評を『東京五人男』を例として検討した。そしてまた、現実の焼跡を映した映画は、たとえその物語が空間の提示する戦争の惨禍という問題に対して正面から向かい合っていなかったとしても、否応なく敗戦という現実を露呈させてしまうことを、『長屋紳士録』を分析することで提示した。

象徴的な記号としてしか取り上げられなかった〈焼跡〉という言葉を現実の焼跡に引き下ろすこと。そしてそれを扱った作品の時空間的な奥行き、つまり敗戦直後の都市空間の過去との連続性を読み取ることで、「戦後日本」という時代認識から抜け出す新たな読みあるいは「読解」の可能性にアプローチすることができると考える。この延長として、次章ではさらに東京の復興計画と都市空間を映像を通して考えてみたい。そこで焼跡としばしば並列して取り上げられる闇市という空間が映像化される際にはたらく記号的力学に注目する。

注

(1) 前田哲男『戦略爆撃の思想——ゲルニカ、重慶、広島 新訂版』凱風社、二〇〇六年、四八九ページ

(2) 山本嘉次郎「カツドオヤ微憤録——アメリカによる映画検閲滑稽譚」「文藝春秋」一九五二年六月号、文藝春秋新社

(3) 佐藤忠男『映画の中の東京』(平凡社ライブラリー)、平凡社、二〇〇二年、一一六ページ(初版の書名は『東京という主役——映画のなかの江戸・東京』講談社、一九八八年)

(4) 佐藤は、そのような日本映画に対してイタリアにおけるロベルト・ロッセリーニの『無防備都市』(一九四五年)やヴィットリオ・デ・シーカの『自転車泥棒』(一九四八年)のようなネオレアリズモ映画が隆盛したことを取り上げ、「自国のファシズムの罪の結果としての荒廃した母国を描くために、そしてなによりも、そんな悲惨にもかかわらずたくましく生きぬこうとする同胞たちへの民族的な共感を表明するために、積極的にカメラを廃墟の街頭に持ち出したのである」と理解する(同書一二八ページ)。

(5) 同書一三〇—一三一ページ

(6) 佐藤洋一「廃墟の都市空間とカメラアイ」、岩本健治編『占領下の映画——解放と検閲』(「日本映画史叢書」第十一巻)所収、森話社、二〇〇九年、三〇二—三〇三ページ

(7) 佐藤忠男『日本映画史2 1941—1959』岩波書店、一九九五年、一七一ページ(増補版は二〇〇六年刊)

(8) 橋本健二『「格差」の戦後史——階級社会 日本の履歴書』(河出ブックス)、河出書房新社、二〇〇

九年、七一―七二ページ

(9) 第二十回東京国際映画祭「特別企画 映画が見た東京」出品作品評、二〇〇七年

(10) 渡辺俊雄「渡辺支配人のおしゃべりシネマ館「斎藤寅次郎監督〝東京五人男〟」」「BSコラム」NHK－BSオンライン（http://www.nhk.or.jp/bs-blog/200/126253.html）［二〇一三年七月二日アクセス］、二〇一二年。『東京五人男』は「山田洋次監督が選んだ喜劇映画50本」の特集で、二〇一二年七月三十日に放映された。

(11) 戦後に初めて公開された映画は、「リンゴの唄」で有名な並木路子主演の『そよかぜ』（松竹、一九四五年十月）だが、「キネマ旬報」や「映画芸術」（編集プロダクション映芸）などの映画雑誌の稼働は翌年からである。批評も含めた映画業界としての本格的な再起動は、一九四六年一月以降と見ていいだろう。

(12) 今村太平「日本映画の新出発」、キネマ旬報社／黒甕社編「キネマ旬報」一九四六年四月号、キネマ旬報社

(13) 水町青磁「日本映画欄――東京五人男」、キネマ旬報社／黒甕社編「キネマ旬報」一九四六年三月号、キネマ旬報社

(14) 伊庭肇「映画短評」「オアシス」一九四六年二月号、映画と演劇同好会

(15) 前掲「日本映画の新出発」

(16) 民主主義映画に関しては、平野共余子「第十二章 民主主義と接吻」『天皇と接吻――アメリカ占領下の日本映画検閲』（草思社、一九九八年）の議論を参照。

(17) 橋本健二「第三章 貧しさからの出発――敗戦から1950年まで」、前掲『「格差」の戦後史』六一―九五ページ

(18) 小熊英二『〈民主〉と〈愛国〉――戦後日本のナショナリズムと公共性』新曜社、二〇〇二年、四三ページ
(19) 桂木洋二『歴史のなかの中島飛行機』グランプリ出版、二〇〇二年
(20) 前掲『映画の中の東京』一二七ページ
(21) 前掲『日本映画史2 1941―1959』三五八ページ
(22) 大黒東洋士「今月の話題の映画 長屋紳士録――五年の沈黙を破る巨匠小津の新作。裏長屋の生活ににじむ心暖まる映画！ 松竹大船映画」「映画ファン」第七巻第四号、映画世界社、一九四七年
(23) 飯田心美「日本映画批評 長屋紳士録」、キネマ旬報社／黒甕社編「キネマ旬報」一九四七年五月号、キネマ旬報社。しかし、ここで批評家の飯田は単に作品を切り捨てるのではなく、「巻末ちかくの飯田蝶子のおたねを通じて語られる言葉とその次のカットに示された上野公園の浮浪児とのつながりの中に小津が示したものこそは、この作品の焦点であり、作者の意図であると受け取れる」と鋭く指摘している。
(24) ドナルド・リチー『小津安二郎の美学――映画のなかの日本』山本喜久男訳、フィルムアート社、一九七八年、三二九ページ
(25) 佐藤忠男『小津安二郎の芸術』下（朝日選書）、朝日新聞社、一九七九年、五二ページ
(26) 四方田犬彦「死者たちの招喚」「ユリイカ」一九八一年六月号、青土社
(27) デヴィッド・ボードウェル『小津安二郎 映画の詩学』杉山昭夫訳、青土社、一九九二年、四八六ページ
(28) 前掲「日本映画批評 長屋紳士録」
(29) 前掲『映画の中の東京』一三六―一三七ページ

(30) 同書一三六ページ
(31) 志賀直哉／小津安二郎／飯島正／飯田心美／如月敏「映画と文学」「映画春秋」第六号、映画春秋社、一九四七年
(32) 江藤茂博「小津安二郎『長屋紳士録』論——隠蔽を忌避する視線」、十文字学園女子大学社会情報学部編「社会情報論叢」第四号、十文字学園女子大学社会情報学部、二〇〇〇年。江藤はこの不調和性を次のように説明する。「子供はいいもんだというおたねの気持ちが、この上野公園の「現実」の映像によって突き放されてしまうのだ。この映像は、いうまでもなく、物語の語り手による引用であり、それによって物語性が支えていたおたねの情感を解体してしまったのである」
(33) 前掲「死者たちの招喚」
(34) 前掲『小津安二郎』四八九ページ
(35) さらに言うなれば、『長屋紳士録』の宴会のシークエンスで田代が歌う「覗きからくり」は徳富蘆花の『不如帰』（一八九八年）の口上であり、海軍少尉・川島武男と片岡陸軍中将の娘・浪子の離別の箇所が歌われる。この「離別」のテーマが幸平とおたねの離別を暗示しているというのは前掲「小津安二郎『長屋紳士録』論」が指摘するところだが、それは同時に近代国家日本初の対外侵略戦争である日清戦争へ、武男が送り出されるシーンを引き寄せている。
(36)「キネマ旬報再建の辞」、前掲「キネマ旬報」一九四六年三月号
(37)「朝日新聞」一九四五年八月三十日付
(38) 詔書の文言は小森陽一『天皇の玉音放送』（〔朝日文庫〕、朝日新聞出版、二〇〇八年）の「〈資料1〉大東亜戦争終結に関する詔書（いわゆる終戦の詔書）」から引用。
(39) 前掲『敗北を抱きしめて』上、二一〇—二一二ページ

（40）前掲「廃墟の都市空間とカメラアイ」三一一ページ。傍点は引用者による。
（41）前掲『戦略爆撃の思想』四三四―四三五ページ
（42）同書四七九―四八〇ページ
（43）越澤明『東京都市計画物語』（ちくま学芸文庫）、筑摩書房、二〇〇一年、二五四ページ
（44）同書二五二ページ
（45）小田実『「難死」の思想』（同時代ライブラリー）、岩波書店、一九九一年、ⅳページ
（46）キャロル・グラックが提起する「長い戦後」問題がまさにこの「焼跡」表象をめぐる問題系と直接的にリンクする（前掲『歴史で考える』）。
（47）Rosenbaum, op.cit., pp.3-4.

第2章

過去が憑依する場――『二十年後の東京』と『野良犬』に見る戦災復興

アジア太平洋戦争末期の連合国軍の戦略爆撃で、日本の都市部は甚大な被害を受けた。特にかつての「帝都」だった東京は、その区部の焼失面積だけでも約一万五千八百六十七ヘクタールに及んだ。こうした広大な焦土をどのようにして復興させるか、どのような都市像をそのうえに立ち上げていくかということが、敗戦を見据えた都市計画者たちの喫緊の課題となった。灰燼が舞う旧帝国の首都を再建することは、すなわち「新しい日本」の建設と国家としての再出発を端的に象徴する事業であり、最重要の課題として認識された。そのために、復興計画は「新しさ」の装いを持たなくてはならず、また同時に占領軍に認可されるような翼賛体制からの決別を表現したものでなくてはならなかった。

それでも彼らが復興計画を考えるにあたって参照せざるをえなかったのは、かつて立案され、または実行された近代日本の都市計画だった。そしてその青写真の束のなかには、帝国の「内地」でおこなわれたものだけではなく、「外地」、つまりかつての植民地や占領地で採用された都市計画も含まれていた。このような都市計画の歴史的連続性と「新しさ」の装いという二つの相反する要素が、東京の戦災復興計画には存在していた。そして戦災復興計画を社会に宣伝する際、この計画が持つ矛盾を隠蔽するために様々なレトリックが用いられる。

本章では、東京の復興計画にある矛盾やジレンマを言説で繕おうとする際に、どのような論理を用い、何を覆い隠していたかを考えるために、アジア太平洋戦争直後の東京を描いた二本の映画を扱う。そして、そのなかで描かれた復興のありようを計画に残存する帝国主義的な側面と、復興の障害として語られた敗戦後の闇市という二つの要素から考察してみたい。

1 『二十年後の東京』と戦災復興計画

封建制と「新しい日本」——再び国家の中心になる皇居

『二十年後の東京』という一本のPR映画がある。これは一九四七年に東京都の都市計画課が企画したもので、当時の計画課長だった石川栄耀が中心になって立案した戦災復興計画の趣旨をあますところなく民衆に伝えるためのものだった。その『二十年後の東京』は次のような言葉から始まる。

イギリスの衛生大臣がこう嘆いたそうです。「都市は紙でできていればよかった。そうすれ

図10
（出典：『二十年後の東京』東京都都市計画課、1947年）

ばその都市が時代に合わなくなれば、すぐ焼いて建て直すことができる。石や鉄で出来ている都市ほど厄介なものはない」。

　イギリスの衛生大臣がうらやましがりそうなチャンスが我が国を訪れています。新しい時代に相応しい、新しい形の都を作り出すための絶好のチャンス。どこの国も望んで得られないでいる絶好のチャンス。この千載一遇の機会を虚しく見送ってしまうようだったら、私たち日本人（ニッポンジン）は今度こそ本当に救われ難い劣等民族だと世界中の物笑いの種にならなくてはならないでしょう。

　このナレーションは、図10のような焼け野原を上空から撮った映像を背景に語られる。ここで伝えられる戦災復興計画とは、一九四五年三月の東京大空襲直後から、内務省国土局計画課長の大橋武夫の指令によって検討が始まった「東京復興計画」に端を発する。そして、同年八月十五日の「終戦の詔書」がラジオで流れる数日前から本格的に計画立案が開始された。その復興計画の中心人物が石川栄耀である。本章では戦災復興計画立案の経緯や計画者である石川栄耀という人物についての詳細な検討はしないが、議論の前提として、この計画の源流に日本の都市計画史上重要な二つの計画があることは押さえておく必要があるだろう。

まず一つは、関東大震災後に立案された「帝都復興計画」である。一九二三年から三〇年におこなわれた帝都復興計画は、台湾総督府民政長官であり南満州鉄道（満鉄）の初代総裁だった後藤新平が主導したものだった。この計画では、大規模な区画整理による既成市街の改造と幹線道路や公園などの設置を進めることが主眼となった。後藤の経歴からもわかるように、日本の都市計画は植民地都市経営との強い結び付きを持っている。[1] これに関してはのちに詳述する。

もう一つは東京緑地計画（一九三二―三九年）である。この計画は、都市の無秩序な拡大を防止するために、市街地の外周地に緑地帯（グリーンベルト）を設置する構想だった。日中戦争が激化し、国内の総力戦体制が整うにつれ、緑化のための用地接収が急激に進むことになる。空襲による火災が都市に延焼することを防ぐために建物疎開地を確保する、ということが接収の理由として利用されることが多く、特に「紀元二千六百年記念事業」（一九四〇年）の際には、七百四十六ヘクタールが用地として買収された。

敗戦後の戦災復興計画は、以上のような二つの戦前・戦中期に立案された都市計画から特に次の三つの点を継承している。

①区画整理による都市改造

②幹線道路の設置
③河川沿いや鉄道沿い、軍用地などの緑地帯化
『二十年後の東京』のなかで、区画整理と幹線道路、緑地帯という戦災復興計画の三本柱は、「友愛の都（①）／楽しい都（②）／太陽の都（③）」としての「民主的で新しい」東京を建設するための具体案として提示される。

　右のように明らかな計画の連続性があるにもかかわらず、映画のナレーションは、この計画が「封建的」な都市から「民主的で文化的」な都市への移行を促進するものであると説明している。戦争の結果である都市の焼跡を都市を描き直すための白紙として捉え、そこに描き出される戦災復興計画を、過去と断絶した新しいものとして提示することで「時代に合」った「民主的」な都市計画だという位置づけをしているのだ。

　しかし、この映画で使っている説明をよく見てみると、戦前・戦中期の都市計画との関連性を知っていなかったとしても、その内容が矛盾を抱えていることがわかるだろう。例えば、冒頭の焼跡のシーンの後で、日本の首都である東京が「お城の周りを取り囲んだだけ」の封建的な都市構造だったと述べ、それが「悲劇」を呼んだ、と語る。この「悲劇」が何を指すかは具体的に語っているわけではない。だが、直前の焼跡の映像と重ね合わせれば、「敗戦」や「戦災」の原因が都市の構造にあると言っているようにも聞こえる。

　このような「悲劇」を呼ぶ封建的都市を民主的に変えるために復興計画を進める、という論理でこのＰＲ映画は展開していくわけだが、「友愛の都／楽しい都／太陽の都」を達成する具体的な案

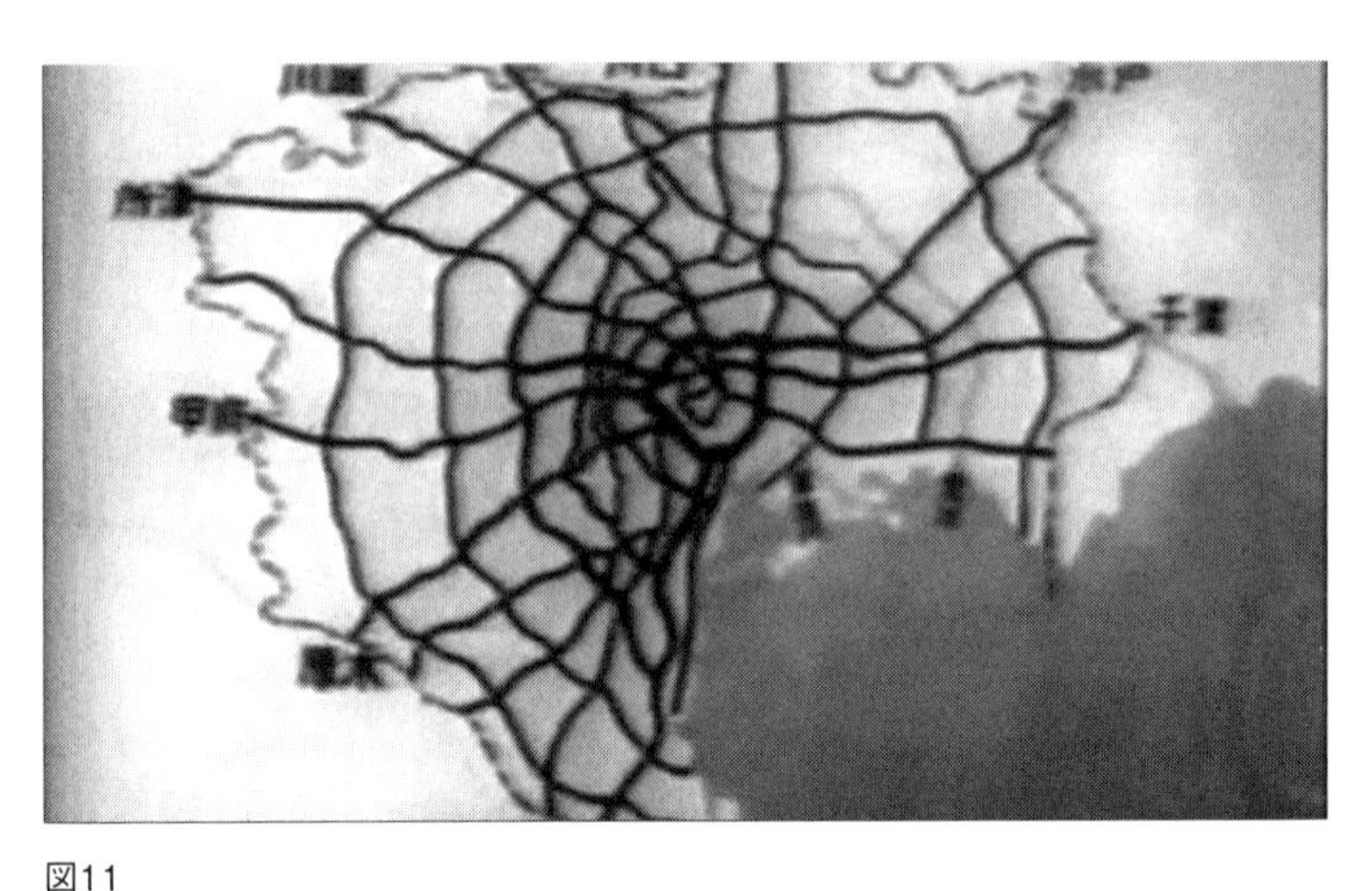

図11
（出典：同映画）

を語る際、皇居を中心とした公官区を取り囲む環状線と放射状の道路を提案する（図11）。「殿様」しか入れないような「お城」を広場にして、市民の交流の場にすることが「友愛の都」であると訴えながら、まさにその「お城」であり続けた皇居に関しては不自然に言及を避けている感がある。封建的都市構造が悲劇の一因であるのなら、当然「お城」の代わりになる「民主的広場」が中心に据えられるだろうことが論理的な帰結になる。しかし、実際には、皇居は戦災復興計画のなかで再度、首都の中心として据え置かれ、皇居から放射状に衛星都市と結び付く道路の建設といった中央集権的な都市構造を提案している。

　こうした説明の矛盾の背後に、明治維新以降に理想とされた中央集権的都市空間を焼跡という「千載一遇の機会」に一気に推し進めようとする意図を見ることもできるだろう。大臣や官僚、計画者たちにとっては、効率的な都市を夢見て亡くなった先達や同胞たちに対する哀悼と志の継承、そして功名心のはやりがあったのかもしれない。だが、これを「近代的」と呼ぶならまだしも、「民主的で新しい」と呼ぶのはいささか無神経に過ぎると言いたくなる。

このように「新日本建設」という標語を強調することで、過去の計画との連続性を覆い隠してしまう、そのような隠蔽のなかで彼ら自身が「悲劇」と呼ぶものに対して正面から向き合うことは難しいだろう。「悲劇」に向き合うためにはそこに至る経緯の再検討が必要であり、帝国の時代に構想された要素が敗戦後の復興にどのように継承されていくのかについて見なくてはならない。

2　戦災復興計画の評価と用地接収

ともあれ、「民主的で新しい」と宣伝された戦災復興計画は、結果的には計画全体として十全に実現されることはなかった。この戦災復興計画の挫折の原因として典型的に語っているのが、アメリカ軍を中心とするＧＨＱ／ＳＣＡＰ（連合軍総司令部）の介入、という出来事である。具体的には、第一に戦時中に接収していた「緑地計画」用地が農地解放の対象となり、民間、特に小作農家に引き払われたこと、第二に、敗戦後に現れたターミナル駅周辺の闇市への対策が難航したこと、そして第三に、一九四九年のドッジ・ラインによる緊縮財政によって復興計画予算が削減または削除されたことであった。

こうした歴史的経緯に対して、例えば、都市計画史家である越澤明は次のように評価する。

> 日本は植民地において、日本国内には存在しないような高水準の都市計画を実施したのに対し、アメリカは占領下日本において、都市計画の実施にきわめて冷淡であった。（略）
>
> 農地解放のための公園緑地の払い下げは、近代日本の都市計画史上、最大の汚点である。[2]
>
> （傍点は引用者）

要するに越沢はここで、崇高なプランが無理解な占領軍によって頓挫させられた、と評価している。しかし、現実に占領期での農地改革は、小作農の地主への隷属のような社会制度を解体する役割を持っていたわけであり、アメリカによる民主化政策の大きな柱として位置づけられるものである。また農地改革は必ずしも占領軍主導による改革ではなく、第一次農地改革法案は日本政府の自主的な決定でもあった。[3]

しかしながら、都市計画史では長らく戦災復興計画の障害として占領軍の強権性が語られてきた。復興計画が持つ植民地主義の残滓や、それを見ようとしない歴史家たちの保守性に対する批判は一九九〇年代以降、石田頼房らによって議論されるようになる[4]が、それでも民主化政策を敵視する目線は、現在の実務者レベルにまで浸透するほど強く残っている。[5]そこには植民地支配に対する無反省と、まさにそれに起因する占領政策に対する被害者意識が内包されている。ならばこそ、ここで問い直さなくてはならないのは、そもそもなぜ「植民地」での都市計画が「高水準」なものになりえたか、またそうした評価はどのような視点からなされたのかということだろう。

後藤新平の「帝都復興計画」にしても、戦中の「東京緑地計画」にしても、それらの最たる課題は用地接収だった。例えば「帝都復興計画」は、当初計画していた規模よりも縮小することを余儀なくされた。その原因は、大規模な区画整理に対して大地主の反対があがったことだった。そして「東京緑地計画」では先に述べたように総力戦体制下での記念行事にかこつけて用地買収がおこなわれたが、それでも計画に必要な土地をすべて用意することはできなかった。

一方で台湾、朝鮮、そして満州などの植民地では、用地買収という課題は植民地政策によって迅速に達成される。例えば満州での都市計画の下地には、鉄道付属地と呼ばれた満鉄の線路両側と駅を中心とする区域での都市経営がある。この地域では警察・軍事・裁判権は日本政府の直轄となり、その他の一般行政権は満鉄に委任された。つまり、鉄道付属地では、用地の確保が比較的容易だったと言える。仮に本来の土地所有者や居住者がいたとしても、その獲得した権益を行使すること――追っ払うこと――が可能だったためである。

しかし東京では、用地確保が解決できず、「帝都復興計画」は縮小、「東京緑地計画」は未達成だった。したがって、その両方の思想が取り入れられ、十全に実施された満州の各都市、とりわけ国都・新京（長春）の都市計画が成功例として東京戦災復興計画の参考にされるのだ。すなわち、潤滑な用地接収の背景には、強力な権力の行使が可能となる政治的条件（植民地経営、総力戦体制）が必要となる。

『二十年後の東京』では、まさにこの用地確保の問題が焦眉の課題として提示される。

土地、土地、一にも土地、二にも土地。そしてその解決は、まずその所有者たちが私利を離れて公共の利益に目覚めてくれることです。

だが私たちの目の前にはいろいろな困難と同時に古い一切が灰になったという好条件が与えられています。そして私たちがこの好機会をどんなに利用するかを世界の国々と物言わぬ子孫の期待とが見守っています。土地、土地、華奢なる都・東京の乾いたような叫び声に耳を傾けてください。


この引用は、映画の最後の場面でボイスオーバーされるナレーションである。そのすぐ後で語られる「猫の額ほどの土地」も手放さないと揶揄される所有者とは、農地解放によって耕作地を得た小作農家も含んでいるだろう。そしてここで再び、「一切が灰になった」ことを「好条件」として捉える態度を繰り返す。焼失した都市を「古い」ものとして現在と断絶させることで、「新しい、民主的な都市計画」と「私利」に拘泥する土地所有者たちという構図を提示する。

ここで使われるレトリックは、過去の都市計画と戦災復興計画の連続性を言説上断絶させる。そして、敗戦以後の農地解放の結果である土地の民間払い下げの時間的配置を反転し、あたかも「公共の利益」に協力しない土地所有者を「古い」ものの側に押し付けるような物言いになっている。「民主的」「新しい」という言葉を用いて宣伝される都市計画は、実のところそれ自体が「過去」を引きずっているにもかかわらず、戦後の民主化政策によって生み出された状況を「古い障害」として捉えているのだ。

先にも述べたように、植民地における「高水準」の復興都市計画と占領政策による戦災復興計画の「挫折」という都市計画史上の評価は計画を立案する立場から提示されたものである。こうした態度は、既に同時代の『二十年後の東京』という三十分程度のPR映画に十分に表現されていた。プランナー（都市計画者）の視点だけでなされる戦災復興計画の評価は、用地接収における権力の暴力性をことごとく不問にし、植民地主義に対して無反省な態度を示すことになる。さらに言えば、GHQに復興計画の頓挫の原因を求めようとすることは、戦後の都市空間をアメリカ／日本という関係だけで語ることになり、満州や朝鮮、台湾などの旧植民地での都市計画は東京の戦災復興計画に良例として単に使役される存在でしかなくなるのだ。

それでは、こうしたプランナーたちが敗戦後の東京から排除しようとしていたものとは何だったのだろうか。むしろそれに注目することで、実際の復興が直面した問題に接近することになるのではないだろうか。

3　連続性を示す空間としての闇市

復興「計画」ではなく、実際の戦災復興を考える際に大きな役割を果たしたものについて思いをめぐらせるときに浮かび上がってくるのが、「計画」が排除しようとした闇市の存在である。

戦時中から都心部では、生産地からの物流の集積地である新宿・渋谷・上野・新橋・池袋などターミナル駅周辺が建物疎開地として空地になっていた。前節でも述べたように、建物疎開地は戦中の「東京緑化計画」の用地接収の際に強引に確保されたところも多く、戦後の戦災復興計画を実行するうえで重要な空間として考えられていた。

しかしながら敗戦後すぐに、その空地に露店が立ち並び大規模な市場が現れる。こうした市場は「闇市」と呼ばれ、露店市場から常設マーケットになることで定着した。そのために、駅前を整理しようとする行政主導の復興計画が遅延することになったのだ。

例えば新橋や新宿の駅周辺の闇市は、都が所有していた疎開空地に敗戦後すぐに建てられており、農地解放で疎開空地が戦前の土地所有者に払い下げされた後も、不法占拠を続けたり、闇市を仕切っている「組」組織が土地所有者と借地契約したり、またそうした組織自体が土地の払い下げを受けたりもしている。[6] このような権利関係が複雑化したことも、復興計画の用地確保に対する障害として考えられた。

闇市は『二十年後の東京』では、「五坪の土地に五坪のバラック」「東京は五年もたたないうちに貧民窟のようになってしまうでしょう」と、バラック建築の映像を見せながら批判的に語っている。このように、闇市は戦災復興の「障害」として位置づけられ、非難の対象となった。

都市計画史という分野でなくても、長らく闇市といえば法外な高値の取り引きや暴力沙汰で行政や人々を困らせた「けしからんもの」として、復興期を扱った著作で登場してきた。しかし近年、闇市が戦災復興にどのような役割を果たしたのかを再検討する研究がおこなわれている。例えば、原山浩介は「生活物資の配給が滞りがちであった終戦後の日本において、闇市が流通の調整弁としての役割を果たしていたのは事実である」[7]とし、戦後の消費者を取り巻く環境の前提をなしたと論じている。また、初田香成は闇市を起源とした「マーケットがニューカマーが大都市に同化する際のふ卵器のような役割を果たしたと言える」[8]と論じ、闇市が戦後の個人商店規模での経済活動を育成したと考察する。これらの研究は戦時期から戦後への経済環境の移行を促す役割として闇市を捉えており、またここで扱われる経済活動の主体となるのは資本家や政策決定者ではなく、罹災者をはじめ植民地や戦地からの引き揚げ者、復員兵といった人々である。

そして、制限された所持金や物資とともに戦地や植民地から引き揚げてきた人々にとって、闇市はよりいっそう重要だった。島村恭則は『引揚者の戦後』で、引き揚げ者たちが日本での生活を再開するにあたって集住して商環境を形成した「引揚者マーケット」について論じて、日本各地に形成された市場が引き揚げ者やその家族とともに地域社会の復興に大きな役割を果たしたことを指摘する[9]。引き揚げ者マーケットもまた公定価格に従わない「闇値」で規制品が販売されており、いわゆる闇市のくくりのなかに入れることができる。闇市は、敗戦によって帝国が瓦解するのに伴い、解放された植民地や占領地から長い苦難の道を乗り越えて引き揚げてきた人々の受け皿の役割を果たしたのだ。

先に『二十年後の東京』では闇市のバラック建築やその土地の使用に関して批判していると述べたが、闇市がもたらしたもの、すなわち敗戦後に新しく形成された盛り場に関しては、非常に歯切れが悪い言い方をしている。王子・池袋・渋谷・五反田・大森などは新興盛り場として紹介され、

図12
（出典：同映画）

駅前の映像とともに提示されているのだが、その映像には明らかに闇市であろう露店群が多数映り込んでいる（図12）。こうした新興盛り場の発生について、『二十年後の東京』は「歓迎すべき現象といっていいでしょう」と言いながらも、闇市がその盛り場形成の原因であることに言及することはない。そのために、闇市と復興の関係性に触れることはない。

　結果的には、駅前の闇市／新興の盛り場の整理に難航することが原因の一つとなり、全体として復興計画は頓挫することになった。しかし計画は完全に消滅したわけではなく、石川栄耀が主導して部分的に継続され、一九四九年以降に「戦災復興土地区画整理事業」として闇市起源のマーケットを移転する作業を露店業者との個別的な折衝を通しておこなうことになる。『二十年後の東京』が喧伝していた行政主体の大掛かりな「民主的」都市計画とはまた違う形で、復興は民間商業主が主体となる移転事業へと変化することになるのだ。[10]

　戦災復興とは、戦争による様々な被害から立ち直り、新たな出発を図ることである。そこには未来への指向性があってしかるべきものではある。しかし、再出発のプロセスで、過去に向き合うのか、忘れ去ろうとするのか、そのどちらを選ぶかによって復興のありようはまったくの別物になってしまう。特に計画者たち、あるいはそれを評価する者たちにとっては、植民者・占領者としての過去をなかったこととして忘れ去ることが、最も居心地がいい選択であることは疑うまでもない。『二十年後の東京』に付されたナレーションや復興都市計画に対する従来の評価は、まさにこの忘却による居心地のよさを選んでいた。

しかしそのような計画は挫折する。過去を忘却したうえで成り立つ居心地がいい都市は虚像となり、過去から現在の橋渡しとしての空間である闇市の存在が、この表層的な居心地のよさへの障害となる。本章ではさらに、この闇市という空間を同時代の劇映画を通して考えてみたい。闇市が物語上の重要な空間として描かれる映画作品に、黒澤明監督の『野良犬』(一九四九年)がある。この映画での闇市の空間的役割を分析することで、闇市が復興計画に与えた影響だけでなく人々の再出発に対してどのような影響を与えるものだったのかを考えてみたい。

4　黒澤明『野良犬』での闇市の役割

映画『野良犬』は、一九四九年十月に封切りされたが、撮影は四八年の七月頃から開始されている。この頃はちょうど闇市の形態が露店の集合体からバラック建築のマーケットの形式へと移行する時期に重なり、映画では上野アメヤ横丁の闇市が登場する。この闇市で、主人公である復員したばかりの新米刑事の村上（三船敏郎）は、電車で盗まれた拳銃を探して歩き回る。

野間宏は『野良犬』公開後すぐに作品の評論を書き、映画が描く復員兵の戦後社会での重要性を強調した。野間は、『野良犬』が「二人の復員兵を対等の位置に置くことによって、僕たちを両方から攻め寄せ、はさみ打ちにして、日本の現在の社会を焼き討ちにしようとしている[11]」と論じた。ここで野間が言う「二人の復員兵」とは、村上と彼と鏡像関係を結ぶ遊佐という男である。遊佐は、村上の盗まれた拳銃の現在の所持者であり、そしてその拳銃によって強盗殺人犯と化してしまう人物である。遊佐と村上は同世代で、ともに大陸からの復員兵であり、復員直後の東京で荷物を盗まれて無一文になるという共通の経験をする。しかし、その後に選んだ道は別のものであった。遊佐は自暴自棄になって悪事に手を染め始める一方、村上はそこで踏みとどまって警察へ就職することを選ぶ。互いに別の道を選んだものの、村上は経験を共有する遊佐をもう一人の自分であるかのように感じ、遊佐を刑事として追いながらも彼の行為に共感してしまう自分に葛藤を覚える。村上は遊佐というドッペルゲンガーを追い詰めていくと同時に、自身が分裂していく恐怖にとらわれる[12]。

ミツヒロ・ヨシモトは、こうした葛藤する村上とは対照的に描かれるベテラン刑事の佐藤（志村喬）の倫理観が超越的であることを指摘する。しかし、佐藤の刑事としての歴史性を考えると、この超越性が欺瞞的な問題を抱えていると論じる。そのベテラン刑事の歴史性を考えるにあたって、ヨシモトは佐藤が家に飾っている表彰状に記されている「昭和七年」という年号に着目する。この時代に評価される刑事だったという事実から、佐藤が帝国日本が設定する悪の排除、すなわち「反政府活動」をおこなう知識人たちを検挙し迫害することを率先しておこなっていただろうことを見いだす。にもかかわらず、経験豊富な刑事という佐藤に対する周囲の評価が、戦後の「民主的な」日本でも変わっていないことから、佐藤はファシズムに従った個人としての行動の責任を社会の環境の変化に転嫁することで倫理的追及を免れている[13]、と論じている。ヨシモトの議論は、まさにこの映画が抱える矛盾の正鵠を射るものだろう。超越的倫理を装うことで過去を断絶し、自らの主体の安定を図ろうとする佐藤や他の年配の刑事たちを批判し、村上の復員兵としての倫理的葛藤に可能性を見いだす点は、説得力がある『野良犬』の読解と言える。

しかしながら、その議論に納得する一方で問いたいのは、復員兵を戦後日本から疎外された被害者として単純に位置づけることができるのかということである。村上にしろ遊佐しろ、戦争のなかでは帝国の兵士だったことに変わりはなく、銃を携えて敵を殲滅する役割を担っていた。そして復員後につらい状況に置かれた末に遊佐がおこなった犯行は二人の女性に対してであり、そのうち一人は殺害されている。もう一人の被害女性は結婚資金を奪われている。こうした遊佐の暴力性を不問にして復員兵に可能性を見ることができるだろうか。そしてそれは同時に、「お銀」という名立てのスリが拳銃を盗むことを、村上の男性性を去勢する解放された戦後日本女性の表象と捉える議論[14]にも疑問を喚起させる。お銀にしろ、拳銃の受け渡しの窓口になっている女にしろ、本多という男性のディーラーに使役されている存在である。村上に逮捕された女が署へ連行される際に「さっさとどっかへブチ込んどくれよ……なんて熱いんだろ、ここは全く蒸し焼きだ！」と訴え、最後に「どうせ大した事ァないンだ……[15]」とつぶやくところに、刑務所のなかでも外でも彼女の現状にそう大差はないと考えているような節があることを読み取れるだろう。

復員兵が被害者として位置づけられた際、彼らから被害を受けたその他の人々は忘却されるしかない。『野良犬』の最後、佐藤と村上の病院での会話で、村上の遊佐に対する割り切れなさを取り上げ、復員兵の倫理的葛藤を好意的に評価することは可能かもしれない。しかし、結局村上が遊佐を逮捕したことで、過去の佐藤のように警察上層部から表彰を受け、そして佐藤の言葉によって村上が顔を上げ、空を見上げて物語が終わることを考えると、むしろ、ここでは村上の行動と背後に流れるメロドラマチックな音楽と相まって、ベテラン刑事佐藤の「遊佐のことなんか自然に忘れるよ」という言葉に物語を収斂させていくように思える。倫理的に未熟で葛藤する若い復員兵であったこととその被害者を忘れて、成熟した刑事へと成長する結末として読めるということだ。

このように考えると、『野良犬』という作品の可能性はどこにあるのだろうか。それは復員兵が戦後社会から疎外される状況を描いたことだけにあるのではなく、むしろ警察という犯罪を摘発する側に一度身を置いた村上が犯罪者として摘発されるかもしれない側へと同一化していく過程にある、と考えられるのではないだろうか。

そこでここでは、村上が闇市を徘徊するシーンを分析することで、村上の主体の変容について考察してみよう。まず村上は、拳銃を盗んだスリであるお銀を問い詰める。しかし彼女は既に拳銃をディーラーに流した後であり、ディーラーの居場所を尋ねると「場末の盛り場あたりを、喰いつめた恰好してウロついてると、ピストル屋の客引きが袖をひくなんて話を聞いた(16)」と答える。そこで村上は復員兵に扮して闇市をさまようことになる。

この村上の探索は、数十のカットと無数の車や電車、人々の声、そして歌謡曲とのモンタージュによって表現されている。ワイプやオーバーラップ、スーパーインポジションなどが多用され、数々の闇市のカットを流動的につなぎ合わせることで猥雑さと喧噪を表現する。一方で、村上の身体の断片、歩き回る足やぎらついた目をクロースアップでところどころに配置することで、村上の焦燥と疲労が提示される。[17]佐藤忠男によるとこのシーンは、「最初の予定では一つの画面を四つに分け、そのひとつひとつに、新宿、浅草、渋谷、上野などの盛り場の裏側を出し、そのまん中に歩き回っている刑事の姿を焼き込むというやり方[18]」でおこなう予定だったが、台風の到来で予定どおりできなくなった、という。結局上野のアメ横で撮影することになったが、その際は用心する闇市の営業者に「白米弁当をわけたりして」「仲良くなった」ことで可能になったと助監督を担当した本多猪四郎は話している。[19]これらの話はいずれにせよ、黒澤が闇市のイメージを提示することに強いこだわりを持っていたことを示している。そしてこの特徴的なモンタージュは、奇抜なモンタージュの使用法とエスタブリッシング（状況設定）のためのものとしては異常な長さのゆえに、多くの批評家からの賛否両論を呼んだ。[20]

村上はこのシーンで、本来は刑事として犯人の手がかりを捜しているのだが、焦燥と炎天下を歩き回る疲れによって次第に、闇市をさまよう復員兵へと変貌していくようである。このモンタージュは、九分近くの長いものだが、おおよそ三つの段階に分けることができるだろう。最初の段階は、村上のあちこちを見回すカットやクロースアップされた目と闇市の光景が二重写しされることによって、見る主体としての村上と見られる対象としての闇市を表現している（図13）。次の段階は、神社の境内のような場所（おそらく上野の山だろう）に踏み込んだ際に村上が道に迷ったようにあたりを見回す場面から、迷路のように入り組んだ闇市を半ばあきれ顔でさまようところまでである（図14）。このシーンでは、闇屋だろう男たちが警官に追いかけられている映像を挟んでいる。露店の間の狭い通路は人だかりで、警官たちは容易に男たちを逃してしまいそうであり、このような逃走劇が日常茶飯事として起こるだろうことを示唆している。そして最後の段階は、木賃宿で泊まったのち再び闇市に繰り出す場面である。この場面でスーパーインポジションが使われるが、ここで

図13
（出典：『野良犬』監督：黒澤明、東宝、1949年）

図14
（出典：同映画）

は二重写しではなく三重写しになっており、村上はもはや見る主体としてではなく、闇市の空間に取り囲まれた浮浪の復員兵の一人として提示されるのだ（図15）。

闇市のモンタージュの重要性は、村上の主体の変容、つまり第一段階での刑事という見る主体から第二段階の闇市の空間で惑う存在、そして第三段階での囲い込まれる非主体へと変遷していく過程の村上のあり方が提示されていることにある。途中、他の警察官が村上を見とがめ、村上が警察手帳を提示するシーンがある。このシーンは村上がいま一度自分の警察官としての自覚を確認する場面として読むこともできるが、同時に他者の目からは村上が犯罪者のように映っていることの証左でもあるという両義性を抱えている。村上がこうした両義性を獲得するゆえに、年若いチンピラに目をつけられて拳銃の貸し借りを持ち出され、物語が展開していくのである。

図15
（出典：同映画）

さらに言うならば、復員兵というのは村上にとってただの扮装ではなく、過去の自分に立ち返ることでもある。銃を持って天皇の兵士として生きた過去が、再び現在の村上の身体に宿るのである。その亡霊のような過去が憑依する空間が闇市であり、一連のモンタージュは過去の憑依の儀式として捉えることができる。天皇の兵士としての過去が村上の身体に宿るとするならば、ベテラン刑事の佐藤が過去から一貫して「腕のいい刑事“Good Cop”」であり続けることの加害者性とともに、村上にも帝国の兵士としての加害者性が再帰するはずである。村上が犯罪者として見とがめられるということは、裁かれるかもしれない身体の再認識でもあるのだ。村上が、自身の分身である遊佐に執着する理由は、同じ復員兵であることの共感だけではない。むしろ、遊佐が過去から引き続き加害者であり続けることに、村上は自らの加害者性を読み取って恐怖するのである。

野間宏は同じ論考のなかで、次のようにこの映画に注文を付けた。

私はこの映画には、戦場の場面を、心理的な断片として、あの捨て猫の哀れな姿と同じように方々に入れるべきであったと思う。そうすれば、あの湯佐(ママ)の号泣は、現在の日本の政府の人たちの身体をはげしくつきぬいたことだろう(21)。

野間が言うように「戦場の場面」を映画に挿入したとすれば、遊佐や村上の帝国主義の尖兵としての身体がより顕在化することだろう。それはつまり、加害者としての過去が徹底的に露呈することになる。しかしながら、映画『野良犬』にはそうした過去の現実的な映像は存在しない。このことは、この作品の結末が村上が「遊佐を忘れる」こと、すなわち自己の分身を忘れ、かつては帝国の兵士だったことを忘れて新しい時代に生きることを決意するという結末につながる。これを『野良犬』の物語の限界として指摘することができるだろう。

しかし、はたして村上は、自身の兵士としての過去を忘れることができるのだろうか。兵士の出征と帰還という移動の問題を、戦時から戦後にかけてのその表象も含めて扱った神子島健は、社会に復帰できない帰還兵について次のように説明する。

このように、兵士たちは戦場においてのみ変わるわけではなく、帰還してから一般の社会にどう復帰し、受け容れられるのかによっても何がしかの変化を被る。社会への再統合がうまくいかない場合、それは自らが帰還「兵」であるからという捉え方になりがちであり、いっそう帰還兵というアイデンティティを強めかねない。場合によっては戦場の自己を起点として今の自分に失望したり、不適応を周囲のせいにしたりすることもあるかもしれない。戦地から帰り、兵士たちが社会にどう入っていくかも、（元）兵士たちの自己イメージを考える上では重要な論点になるのだ。[22]

村上は敗戦後、刑事という身分を獲得したことによって社会に適合することができた。しかしうまく適合できなかった場合は、遊佐のように犯罪者になる可能性はいつでもあったのだ。そして過去を共有する遊佐は村上と鏡像関係を結ぶのである。村上は遊佐がいるかぎり、「戦後日本」に適応できなかったかもしれない自身を常に意識しなければならない。だからこそ村上は遊佐の逮捕にただならぬ執着を見せるのだ。しかし、遊佐が消えたからといって村上の過去が消えるわけではない。村上が自身の戦後社会からの逸脱を感じるとき、彼の兵士としての過去は再び彼に立ち返ってくるかもしれないのだ。

過去の帝国の兵士としての加害者性が村上に再帰したのは、闇市を徘徊したときだった。闇市という空間が、裁かれるかもしれない存在として彼を位置づけ直す。それは闇市という空間が戦時から戦後への橋渡しの空間であることと密接に結び付く。既に『二十年後の東京』を取り上げて論じたように、東京の戦災復興計画を推進する際に用いられたレトリックは過去の忘却／断絶によって「新しさ」を演出することであった。しかしながら、そのような戦災復興計画は闇市という〝障害〟によって実施を阻まれる。同様に、『野良犬』でも闇市は村上に過去の忘却を許さないもの、想起させるものとして位置づけられる。

戦災復興計画が理想とした、皇居を中心とした放射状に伸びる目抜き通りと同心円状の環状線で構成される整然とした都市空間に対して、村上が紛れ込む闇市は迷路のように彼を取り囲み、現在とは別の時空へと彼を呼び寄せる。そこでは警察官が闇屋を取り逃がすように、中央の権力が十全に機能しない空間なのだ。『野良犬』という映画は、闇市のモンタージュによってこうした復興期の都市空間の実際の姿を浮き彫りにする。中央の権力がその力の延伸を目的とした計画をいくら喧伝しても、現実の復興はそのはかりごととは別の形で進行していく。そのような様子を『野良犬』という映画は見せてくれている。

5 小結

本章では、敗戦直後の東京の戦災復興のあり方を二つの映画を通して考察した。一つは東京都都市計画課が作成したPR映画『二十年後の東京』であり、もう一つは黒澤明が上野の闇市を舞台として製作した『野良犬』である。

『二十年後の東京』のなかで見いだせるのは、「民主的」都市計画という言葉によって帝国主義の経験から連なる都市計画の系譜を覆い隠し、過去からの断絶を装うことで自らの正当性を訴える計画者側の態度である。しかしながら、そのような企ては現実に戦災復興を促した闇市という現象の前に挫折することになる。

闇市は、東京の都市空間で、戦時体制から戦後社会への移行を可能にし、調整する役割を担っていた。そして、それによって都市部に新たな盛り場が誕生することになった。映画のなかで示される、闇市を都市計画の障害として認識する言説は、新興盛り場の出現という実態としての復興のありように対して適切な言葉を持たず、それはその後の都市計画の衰退を暗示するようなものになってしまう。

一方、闇市を舞台にした映画『野良犬』は、主人公の村上が闇市でさまようシークエンスを内包する。そのなかで村上は自らの身体に過去の兵士としての加害者性を再帰させ、それに恐怖するのだ。そこに、『二十年後の東京』にみられるような過去を断絶させ自らの正当性を確保しようとする欺瞞的態度に違和を表明するようなモメントがある。

本章では、闇市という空間を、帝国主義の過去を忘却しようとする言説に違和を投げかけるものとして論じた。敗戦直後の焼跡が、単に都市が焼けた跡という意味だけではなく、「新日本建設」

の舞台として再解釈される際、そこにはたらくナショナルなコードを脱臼させる場所として存在する。いかに「白紙」にしようとしても、他者への暴力を含んだ帝国の記憶が染みとして浮き出てしまう、まさにその染み出しの空間として闇市がある。その表象を分析することは過去と向き合うことにつながるのだ。

注

(1) 越沢明は前掲『東京都市計画物語』のなかで、「後藤の近代日本都市計画の発展に果たした役割を考えれば、植民地都市計画というものが近代日本都市計画の源流の一つであると見なしてよい」と論じている(三二四ページ)。

(2) 越沢明『満州国の首都計画——東京の現在と未来を問う』(都市叢書)、日本経済評論社、一九八八年、二四五、二五六ページ

(3) 雨宮昭一は、生産者としての小作人に依存する食料増産を旨とする「総動員体制の帰結として農地改革がある」と論じている。そのために第一次農地改革法案の作成は日本政府主導でおこなわれたが、不十分としてGHQから拒否されたために、政府はあらためて小作農の権利拡充を徹底した第二次農地改革法案を作成することになった(雨宮昭一『占領と改革』〔岩波新書、「シリーズ日本近現代史」第七巻〕、岩波書店、二〇〇八年、五四ページ)。

(4) 藤田弘夫『都市と権力——飢餓と飽食の歴史社会学』(創文社、一九九一年)、石田頼房編『未完の東京計画——実現しなかった計画の計画史』(〔ちくまライブラリー〕、筑摩書房、一九九二年)など。

（５）例えば甲村謙友は「震災復興・戦災復興の成果・失敗とその反省を踏まえて――東京の失敗を東北に持ってくるな！」という東日本大震災の復興計画に関する講演会で、『二十年後の東京』と戦災復興計画を評価しながら、ＧＨＱの政策とそれに抗えなかった自治体（東京都）に計画の失敗の原因を求めている。一九四〇年の記念事業で接収された七百四十六ヘクタールを「小作人に払い下げてしまいました」と「農地解放」の不当さを訴える。甲村は関東大震災の帝都復興計画を成功として捉えており、二三年当時の天皇の「関東大震災直後ノ詔書」は迅速な対応だったとし、東日本大震災の復興計画もこれを見習うよう、政府主導の「攻め」の態度を要求している（国土技術研究センター編「JICE REPORT」第二十号、国土技術研究センター、二〇一一年）。

（６）初田香成「新橋――サラリーマン盛り場の誕生」、前掲『盛り場はヤミ市から生まれた』所収、石榑督和「新宿――ヤミ市から生まれた副都心」、同書所収

（７）原山浩介『消費者の戦後史――闇市から主婦の時代へ』日本経済評論社、二〇一一年、一一ページ。原山は必ずしも闇市を無条件に肯定するわけではないが、政府の闇市への玉虫色の対応が結果として主婦層に消費者運動をおこなわせることになり、そうした行動を展開するのがまさに闇市という空間だった、と論じている。

（８）初田香成『都市の戦後――雑踏のなかの都市計画と建築』東京大学出版会、二〇一一年、一一七ページ

（９）島村恭則「引揚者が生みだした社会空間と文化」、島村恭則編『引揚者の戦後』（「叢書 戦争が生みだす社会」第二巻）所収、新曜社、二〇一三年

（10）この「戦災復興土地区画整理事業」に対して多くの都市論者が「ただの移転作業に終わった」と低い評価を下しているが、初田香成は前掲『都市の戦後』のなかで、むしろこの区画整理事業こそ戦後

東京を形成した重要な要素であり、事業者との個別対応を根気強くおこなったことに、石川栄耀の積極的評価の可能性があると論じている。

(11) 野間宏「映画『野良犬』の問題」、中央公論社編「中央公論」一九四九年十二月号、中央公論社

(12) Patrick MacCoy は村上と遊佐のドッペルゲンガー的関係に言及しながら、遊佐を戦後の道徳の崩壊の反映として捉え、村上は戦後日本が選んだ道徳的な国家の再建を象徴していると論じているが、「戦後日本の道徳」の内実に関する議論は特にない。"Two paths after defeat: postwar mentality and morality in Stray Dog"、東洋大学人間科学総合研究所紀要編集委員会編「東洋大学人間科学総合研究所紀要」第七号、東洋大学人間科学総合研究所、二〇〇七年

(13) Mitsuhiro Yoshimoto, *KUROSAWA: Film Studies and Japanese Cinema*, Duke University Press, 2000, p.172.

(14) *Ibid*,p.175.

(15) 黒澤明『全集黒澤明』第二巻、岩波書店、一九八七年、一七三―一七四ページ

(16) 同書一七〇ページ

(17) ヨシモトは、このモンタージュが提示する村上の身体の断片化は「村上の主体の曖昧さをテクスト上に刻み込む」ものだと論じる。"the sequence inscribes the ambivalence of Murakami's subjectivity," Yoshimoto, *op.cit.*, p162.

(18) 佐藤忠男「作品解題」、前掲『全集黒澤明』第二巻所収、三三八ページ

(19) 「製作余話」、同書所収、三七九ページ

(20) 佐藤忠男は『黒澤明の世界』(「朝日文庫」、朝日新聞社、一九八六年)一六八ページで、このモンタージュが映画の最も印象的なシーンの一つであり、戦後東京の混沌とした社会への賛歌だと高く評

価する。一方、ドナルド・リチーはこれをあまりに長すぎる不必要なシーンであるとする（Donald Richie, *The Films of Akira Kurosawa*, University of California Press, 1999, p.63.）。

（21）前掲「映画『野良犬』の問題」

（22）神子島健『戦場へ征く、戦場から還る――火野葦平、石川達三、榊山潤の描いた兵士たち』新曜社、二〇一二年、八六ページ

第3章

闇市とレイシズム——闇市の構造と取り締まりにおける対象変遷

闇市とは何か。その問いに対しては三通りの答え方を想定できる。まず、敗戦後の日本の都市空間に簇生した実際の商業空間や施設の構造について答えること。次に、「闇市」という言葉について考察すること。最後に、「闇市とは何だったのか」という、闇市が社会に与えた影響とそれがどのように記憶されてきたのか、ということに対する答えだ。この三つの答え方のうち、本章が扱うのは最初の二つの問いに対してである。しかし最初の問い、闇市の構造については、これまで回顧録や自叙伝の類いをはじめ、学術的にも文化人類学、歴史学、社会学、建築、都市史など様々な分野から切り込んだ闇市関連書籍[1]が出版されており、また一次資料だけでも膨大な量がある。本章で扱うのは基本的にそれらの研究書で究明されたことの概説であり、他の章を補完する情報を中心にまとめていく。一方で、闇市に関する新しい情報として本章で提示できるものは、二つ目の問いの言葉についてと、闇市の取り締まりについてであり、闇市の実態解明のためには些細な積み重ねだろう。しかし本書にとっては、非常に重要な要素となるため一章を割いて考察したい。また、最後の問いに対しては、本書全体を通して答えていきたい。

1 「闇市」という語の起源

戦時統制経済のなかの「闇」

まず言葉の問題から考えていこう。闇市という言葉は、「闇」と「市」という二つの語によって成る。ここでいう「闇」は、辞書的な意味では、暗く秩序がないことから転じて「公定価格または正規の手続きによらないこと。闇取引をすること。また、その取引や商品、値段など[2]」ということになる。そして「市」は市場、その空間を意味する。ここから闇市研究では闇市という語を、「経済統制のもとで公的には禁止された流通経路を経た物資、すなわちヤミ物資を扱う市場のこと[3]」と定義している。この定義では「闇市」を敗戦以後のものと限定して定義しているわけではないが、「闇／闇取引」と「闇市」という二つの語の使用法を戦前からさかのぼって見てみると明らかな違いがある。

一九三九年に始まる統制経済は、既に存在した「公定価格」による商品価格のコントロールを全面的に強化し、さらに主要な食材や生活用品を中心に配給制度を敷いていった。闇取り引きは統制経済が始まる前後から既に見られる（「卸売商中心の闇取引懸念 綿業統制の運用困難」「朝日新聞」一九三九年三月二十六日付）ものの、「闇」関連の記事がことさらに紙面をにぎわすようになるのは四〇年代に入ってからだろう。アジア太平洋戦争も末期になるにつれて物資は急速に欠乏し、そのために自由経済であれば高騰するはずの価格が公定価格によって頭を抑えられていたために、生産者たちは物資を配給には流さずに自然と利益が出る闇ルートに流していくことになった。闇ルートでの流通量が増すと統制経済が機能不全に陥り、帝国の屋台骨である国内経済が麻痺することになる。新聞はこぞって闇取り引きが横行していることを問題視し、政府機関も闇の自粛を国民に呼びかけるようになった。

このような言説のなかでは、闇取り引きの横行を民衆の問題として取り上げることが主流だったが、実際には不足していた資材が戦争遂行のために軍や軍需工場に集中したために、それらの管理にあたる軍や政府関係者が横流しに関わることが多く、また誰もがそのような実態を認知していた。橋本健二によると、戦争末期には「はっきりした形をとったヤミ市」も出現するようになったらしいが、しかし、それでも総力戦体制のなかでは堂々と街中で、市場の形をとって取り引きすることは難しく、ほとんどが「内々に取り引き」されたようだ。(4)「朝日新聞」「読売新聞」「毎日新聞」などの主要紙の記事を通覧してみると、多くの記事が「闇」「闇取引」という語を用いてこのような情報を伝えている。しかし統制経済開始以降、人々の間でおこなわれた「内々の取り引き」が「闇／闇取引」と呼ばれる一方で、「闇市」という語が用いられるようになるのは基本的に敗戦後になってからである。

帝国の外にある「闇市」

ここで「基本的に」という語を用いたのは理由がある。実は敗戦以前にも、「闇市」という語を用いた新聞や雑誌記事がいくつか存在するからである（表1）。

これらの記事で興味深いのは、表1の4の一例を除いてすべてが、日本の「内地」外において不正取り引きがおこなわれている市場を「闇市」もしくは「闇市場」という言葉を用いて報告していることだ。1と2は明治期・大正期の記事だが、1は「開市」を「闇市」と間違えて登録されたもの、2の「諒闇」は皇帝や国王の死亡後のいわゆる「喪」の期間を指す語なので、直接「闇取引を行う市場」を表す言葉からは除外される。

「闇取引をおこなう市場」の意で「闇市」が用いられるようになるのは3以降、主に中国の天津や重慶、上海など都市の経済状況を説明したものである。これらの都市では日本の中国侵略以前から入り込んでいた欧米資本の残滓と中国国民党が連携していたために、日本の経済統制が機能していなかった。大東亜省が発刊した雑誌「情報」や「朝日新聞」の記事（一九四一年の一月から九月に集中していることから、同一の朝日新聞社上海支局員による記事と推察できる）では、そのような混乱する市場を指して「闇市場」と呼んでいる。一九四四年の記事ではナチス・ドイツから解放されたパリで「闇市場」が横行していることを伝えており、そこから連合軍への批判を展開している。

ここで重要なのは、帝国の「内地」ではめったに使わない「闇市／場」という語を、「外地」もしくは外国の市場に対して批判的に使っていることである。そしてまた、その語は、帝国の統制経

表1　敗戦以前の新聞・雑誌での「闇市の使用例」

	見出し	新聞名・雑誌名	日付	発行形態・出版社
1	台湾南征録　基隆街の闇市／河東銓特派員	「読売新聞」	1895年6月21日付	朝刊
2	諒闇市の朝鮮	「新女界」	1912年9月1日	新人社
3	天津租界闇市場閉鎖	「朝日新聞」	1941年1月23日付	東京／朝刊
4	闇市の排撃懇談会	「読売新聞」	1941年2月7日付	朝刊
5	〈重慶雑報〉闇市場に於ける米貨	「情報」	1941年5月1日	大東亜省
6	国府強化と経済工作	「朝日新聞」	1941年6月25日付	東京／朝刊
7	英米、法幣支持を表明／近く安定資金委員会	「朝日新聞」	1941年9月9日付	東京／朝刊
8	重慶政権の通貨反攻	「朝日新聞」	1941年9月11日付	東京／朝刊
9	上海貿易2、3割に減少　外国為替供給施行弁法の影響甚大	「朝日新聞」	1941年9月11日付	東京／朝刊
10	海外経済週報　上海、伯林、紐育、倫敦各支局発／支法幣安定委員会の前途多難	「朝日新聞」	1941年9月14日付	東京／朝刊
11	フランスの闇市場撲滅策	「外国の新聞と雑誌」	1944年9月1日	日本読書協会
12	金の取締を論じ米国紙幣の闇市場に及ぶ	「情報」	1944年6月1日	大東亜省
13	パリ脱出記／入城のド・ゴールに赤色派の機銃洗礼、花の都も殺戮の修羅場	「朝日新聞」	1944年9月6日付	東京／朝刊

※「聞蔵Ⅱ」（「朝日新聞」）、「毎索」（「毎日新聞」）、「ヨミダス」（「読売新聞」）、「雑誌記事索引集成データベース」を使用。なお、検索にかかっても本文中に「闇市」の語がないものは除外した

済を正当化する際に用いられているということも指摘できる。さらに付言すれば、中国語で不正取り引きをおこなう市場のことは「黒市（hēi shì）」であり、英語では“Black Market”、韓国語では「암시장（暗市場）」と表現するので、日本語の「闇市」「闇市場」はそれら外国語の影響を受けている可能性も考えられるだろう。まとめると、「闇市／場」は帝国の内部を説明する語としてはほとんど用いられず、使われた場合には帝国の外部を非難する排他的な要素が込められていたということだ。

敗戦後の「闇市」

敗戦後、「闇市」という語の使用例は急増する。占領が終わる一九五二年までの新聞・雑誌記事を同様の方法で検索すると、その数は数百件にも及ぶ。敗戦前のたった十三件と比較すれば、「闇市」という語が一般に使われるようになったのが敗戦以降であることは明らかだろう。主要新聞紙上に最も早く「闇市」の語が現れるのは、九月十四日付の「下関、朝鮮帰国者洪水に悩む　三万人駅前に蝟集」という「読売新聞」の記事である。このなかでは朝鮮人が帰郷するために下関に集まっている様子を語り、そこで船を待つ間に開かれている露天市場のことを「駅前の朝鮮式露天市場」と呼んでいる。そこでは「闇取引」をおこなっていて、「闇市場」であると言い換えている。さらに写真を添えて、キャプションには「白日下、下関駅前に開かれた朝鮮式の闇市場」とある（図16）。この記事の重要な点は、朝鮮人に対して「闇取引」と絡めたうえで差別的な視線が投げかけられていることである。

下關・歸鮮者洪水に惱む
三萬人、驛前に蝟集
公然の闇市場や病人續出
白日下・下關驛前に開かれた朝鮮式の闇市場

図16
（出典：「読売新聞」1945年9月14日付）

記事では、中止された釜山連絡船を待つ朝鮮人たちを、「不衛生」であり、「俄か造りの蟻の放列」と呼ぶ。さらに、「戦時中日本に対してつくしてくれた努力に報いる感謝の気持ちで」便宜を図った下関市の職員を尻目に、「白日下公然と」闇取り引きをおこなう朝鮮人は「世界にあまり類をきかない珍商売をやつてゐる」というように明らかな嘲笑を投げかけている。一方で、彼らに闇物資を横流しする日本人たちの存在に言及しても非難することはない。のちに詳しく論じるが、敗戦後の闇の責任を朝鮮人に押し付ける「第三国人」言説の萌芽が、闇市が認知され始めると同時に見いだせる。

先の敗戦以前の語の使用法まで合わせて考えてみると、戦後でも「闇市」という言葉自体に外国人に対する排他的・差別的な含意が維持されていたということがわかる。しかも、つい先日まで同じ帝国臣民として日本人化することを求めていた朝鮮人に対して、帝国の崩壊が始まるやいなや日本人と分離された外部の存在としてのまなざしを向けていることは重要な点だろう。これは闇取り引きが帝国日本の中心部で、そして戦後の日本人の間にも蔓延していたにもかかわらず、「闇」という不道徳性が「市」と結び付くことで空間化し、それが外周部に投影されるような仕組みになっているということだ。そして敗戦後では、レイシズム的な響きがさらに付与されて「闇市」という言葉が流通していくことを指摘できる。

他の例も見てみよう。一九四五年九月二十三日付「毎日新聞」の「白昼の街に〝闇市場〟」という見出しの記事には「常識では判断できないブラック・マーケット（闇市場）が堂々横行している」とあり、やはりこの引用符や英語、括弧の使い方から「闇市」がまだ新奇で使い慣れないもの、そして外部性（外来性）を含意するものとして扱われていたことがわかる。また時代は少し下って、「法律新報」という雑誌に一九四七年の五月に掲載された「闇市といふ言葉」という記事では、「戦争中につくられた言葉ではなしに、民衆の生活のなかから生みだされ」た言葉として「闇取引」という言葉があり、「いくさが終わってから」は「闇市」という言葉がある、[5]と書いてある。ここでは、「闇取引」と区別して「闇市」という言葉が敗戦後に「新しい言葉」として登場したことを明確に述べている。さらにこの記事が別の意味で興味深いのは、闇市という言葉が民衆から生まれたとして肯定的に捉えられていることである。先に見たとおり、敗戦直後での「闇市」という語が持つイメージは、端的に言えば不道徳性と外部性という二点に集約される。しかしここでは、『民衆の生活』という内部的なものへと語のイメージが転換している。四五年の夏から四七年の春にかけて、闇市のイメージをめぐって何が起こったのか。

松平誠は『ヤミ市　幻のガイドブック』で、闇市は当初「闇」の漢字だけが使われていたが、一九四六年中頃になるとカタカナの「ヤミ」が使われ始め、庶民の生活に必要不可欠なものとして肯定的に認識されるようになったと論じた。[6] 先の「闇市といふ言葉」という記事は四七年に書かれたものだから、（漢字かカタカナかはともかく）松平が言う肯定的なイメージの「闇市」が語られていると言えるだろう。一方、初田香成はプランゲ文庫の資料を使い、松平の説を発展させる。初田によると、「闇市」という言葉の使用法が単純に「闇」（否定）から「ヤミ」（肯定）に変化したのではなく、不法な「闇市」と「テキ屋の親分によって統制がしっかり行き届いた「道路露店」」とに区別」されるようになり、後者が肯定的な視線で見られるようになったことを指摘する。初田はこの区別を次のように説明する。

もっとも物資統制下の当時、「道路露店」も闇取引をおこなっていたはずである。だが、闇取引が半ば公然化していくなかで、闇市という言葉が本来の意味を離れ、何らかの点でより不法性が高いものとそうでないものとに分かれて認識されていったのである。[7]（傍点は引用者）

この「何らかの点でより不法性が高いもの」とは何を指すのだろうか。この疑問を突き詰めていくためには、テキ屋に統括された「道路露店」と、そうでない「闇市」の違い、つまり「戦後の闇市」と言われたものがどのような構成になっていたかを考える必要があるだろう。

2　闇市の構成

テキ屋組織による闇市の統括

敗戦後の最も早い時期に始まった闇市の一つとして、新宿にできた新宿マーケットと呼ばれる露店の一群を挙げることができる。戦前から新宿を拠点に活動していたテキ屋組織・尾津組は、「玉音放送」が流れた八月十五日から三日後の十八日に、東京の主要紙に向けて次のような広告を出した。

転換工場並びに企業家に急告！平和産業の転換は勿論、其の出来上がり製品は当方自発の〝適正価格〟で大量引受けに応ず、希望者は見本及び工場原価見積書を持参至急来談あれ　淀橋区角筈一の八五四（瓜生邸跡）新宿マーケット　関東尾津組(8)

軍部に軍需製品を納入していた工場主たちは、日本が降伏した時点で製品の納入先を失ってしまった。そこに目をつけたのが尾津組をはじめとしたテキ屋たちだった。新たに開かれた「マーケット」では軍刀の生産者が包丁を作り、軍用ヘルメットが鉄鍋やフライパンに作り変えられて売り出された。闇市には日用品の他、禁制品となっていた主食系の食物をはじめとして、多くの食料品が並んだ。そこで売られている食料は都市郊外の農家から直接、もしくは「担ぎ屋」と呼ばれる闇商人お雇いの若者たちがスシ詰めの電車に乗ったり、リヤカーを引いたりして運んできたものだった。こうした商品が政府の定めた公定価格とは比べものにならないほどの高額で取り引きされていた。一九四六年一月時点では、多くの品が公定価格の二十倍から三十倍の価格で取り引きされ、当時高級品だった石鹸などは公定価格の百倍近くにもなるほどだった。[9] この時期には、生活に必需の食品や日用品は自由に売買できない禁制品だったが、政府からの配給は遅延することが多かったために、人々は日々の生活を闇市に頼らざるをえなかった。十月二十八日付「朝日新聞」では、勤続十八年の教師が五人家族を養うのに収入が千四百円であるのに対し、支出が二千四百六十円六十銭だったと報道している。正規の職だけでは家族を養うことはできず、副職として闇市で稼ぐことを余儀なくされる人々がいたことがうかがえる。

こうして、露店群は瞬く間に東京の主要駅周辺に形成されていった。最盛期とも言える一九四六年四月時点では、新宿では尾津組・和田組・安田組・野原組がそれぞれの名前を冠したマーケットを持ち、淀橋区（現在の新宿区西部）全体では、千八百十店舗の露店が立ち並んだ。豊島区では池袋連鎖商店街・池袋戦災復興マーケットなどの九百五十九店舗、新橋の松田組による新生マーケットだけで千五百店舗、蒲田区で千三百三十店舗、浅草区で千二百七十店舗、上野の広小路やガード下などを含む下谷区は二千二百二十五店舗と、東京の主要駅周辺ではかなりの規模で闇市が展開していたことがわかる。[10] また、東京だけでなく京都・大阪・名古屋・神戸・広島・横浜・仙台などの大都市はもちろんのこと、日本の都市空間のほとんどにこのような露店群が興った。[11] 大阪では鶴橋が最大級の闇市で、一日に五百人から六百人が店を張るという規模だったと伝えられている[12]。

こうした闇市は困窮する都市生活者に食べ物を供給する実質的役割を担ったが、一方で、青天井に高騰していく闇価格は人々の着たきりの生活を事実上さらに逼迫するものでもあった。政府、自治体だけでなくマスメディアも、人々へ闇取り引きに関わることを自粛するよう呼びかけた。しかし、こうした現実的な解決策を持たない〝上〟からの声は、日々の生活をなんら改善することにはならず、ただ闇を悪徳とののしるだけだった。

闇市を非難する言説の大本の論理としては東久邇宮稔彦の「一億総懺悔」論がある。この有名な議論は天皇の「終戦の詔書」を受けておこなわれた。当時首相の東久邇宮稔彦は、会見で敗戦の原因を尋ねた記者の質問に対し、「国民道徳の低下」を挙げる。

> それからさらに国民道徳の低下といふことも敗因の一つと考へる、即ち軍、官は半ば公然と、また民は秘かに闇をしてゐたのである、ことにこゝに至つたのはもちろん政府の政策がよくなかつたからでもあるが、また国民の道義のすたれたのもこの原因の一つである。この際私は軍官民、国民全体が徹底的に反省し懺悔しなければならぬと思ふ、全国民総懺悔をすることがわが国再建の第一歩であり、わが国内団結の第一歩と信ずる[13]。

ここでは「軍、官」も「公然」と闇取り引きをしていたと言及されているにもかかわらず、「政府の政策」と切り離して考えられている。先に見てきたように、戦時中の闇取り引きは軍需産業を中心にした統制経済という体制自体が生んだ副産物のようなものである。また、その経済体制のために「民」の生活が困窮し、闇取り引きに頼らざるをえない状況だった。しかしながら、その生きんがための闇取り引きが「軍、官」とひとくくりにして非難され、最終的には「国民全体」の「道義のすたれ」とされることで責任の所在が曖昧にされた。[14] ここから、闇市を国民の道義衰退として非難する新聞記事が乱発する。

当然、戦後でも闇取り引きに加担していたのは〝庶民〟だけではなかった。敗戦の前日の八月十四日の閣議で、鈴木貫太郎内閣は軍が保有する物資の放出に関して決定する。その決定によって、軍需物資はそれぞれが管理している地方部隊の司令官にすべて任されることになった。形式上は地方自治体や民間に〝適切〟に分配することになっていたが、民間には有償の払い下げとしながらも、「払イ下ゲ代金ハ直チニ全額支払ヲ要セズ」という曖昧な命令だった。このような命令で適切に処理されるはずもなく、大量の、そして巨額の軍需物資が政治家、軍人、高級官僚、軍需資本家たちによって横流しされた。[15] 一年間の政府の総支出の何十倍もの価値がある物資が闇へと流れたことで、闇価格はさらに上昇することになった。戦時中だけでなく、敗戦後でも「軍、官」そして「政府」の闇への関与は明らかだった。このような状況では、行政や警察のまともな取り締まりが可能になるはずもなかった。

実質的に闇市を統括する組織は地域によって様々なものがあったが、[16] 東京の中心部にある大規模な闇市は尾津組のようなテキ屋組織によって統括されることが多かった。闇市が始まった当初はそれぞれのマーケットが独立していて、お互いに連絡を取り合うこともなかったが、一九四五年十月十六日に警視庁の指導の下「東京露店商同業組合」が結成される。しかし、警視庁の指導の下といっても警察は直接統制しているわけではなく、実際は露店出店希望の届け出を受け取る以外はすべての管理をこの組合に任せていた。組合の役員たちはテキ屋組織の親分たちが相互任命し合い、警察の管轄ごとに置かれた組合支部は実質的に各テキ屋組織が請け負っていた。警察は不法を取り締まらず、この露店商組合のなかでおこなわれる秩序だった「闇取引」は半ば黙認状態となる。

露店の担い手は素人が大多数で、そのほとんどが戦争による何らかの被害で焼け出されてきた人たちだった。大河内一男によると、組合員のなかで素人商人は七九・八％であり、これらの人々の内訳は失業者一九・九％、商業者八・八％、工業者三・八％、復員軍人八・三％、軍人戦災遺家族一〇％、戦災者二六・一％、その他二・六％というものだった[17]。露店を始める際には、新しい露店商は組合に入会金・組合費を、自治体に税金を、組を通して支払うことになる。また組合費・入会金以外にも清掃費を意味する「塵銭」（実質的には「場代」）や「カスリ」と呼ばれる貢金なども徴収されていた。もちろん逐一監察が入るわけでもなく、警察機能までが組合に〝委託〟されている以上、そういったお金が直接徴収される際の不正は頻繁におこなわれたことを伝えている[18]。

このように、「東京露店商同業組合」のような露店商による組合組織がそれぞれの地域で結成され、警察との折衝を通じて〝公認された闇市〟を成立させつつあった。

「在日外国人」と「第三国人」言説

しかし、こうしたテキ屋組織を基盤にした組合に属する人々だけが闇市で商売を営んでいたわけではない。前述の大河内によると、東京に約七万六千人いた露店商のうち、約六万人が同業組合に属したとされている。残りは「モグリ」と呼ばれた鑑札を持たない露店商か「外国人」（中国人、朝鮮人、台湾人）であった。大河内は「外国人」による露店については調査しておらず詳細は不明だが、その勢力の大きさは一般的には認知されていたことを記している。「外国人」が主体となった東京の露店群に関しては、その実態についてはこれまでのところはっきりとしていない。「外国人」が主体となった東京の露店群に関する伝記的な読み物[19]や、在日台湾人、在日朝鮮人の民族運動に焦点を当てた研究[20]で闇市への言及はあるが、具体的な露店や商人の数などが記載されておらず、全国規模の実態調査と呼べるものは見つかっていない。

一方、神戸や大阪などは当時から特に「外国人」主体の露店が多い地域として伝えられており、例えば『神戸市史』では三宮の闇市は「中国人、台湾人、朝鮮人が主で、その片隅に日本人が加わっている」と書いてある。しかしながら、その数ページ後の表には兵庫県防犯課が一九四六年一月十五日と六月三日におこなった実態調査の結果が載っており、主に「第三国人」と名指されることが多い台湾人と朝鮮人を合わせても全体の一六％、中国人を入れても二〇％に届かない[21]。つまり闇商人の八割強が日本人ということになり、市史のなかで矛盾が生じている。他にも四六年四月十五日の神戸での闇市の一斉取り締まりでは、計百三十一人が検挙され、日本人が七十九人、朝鮮人が三十五人、台湾人が十二人、中国人が五人という内訳になっている[22]。

続いて大阪の『戦災復興誌』には、大阪駅、阿倍野橋、鶴橋での闇市では、「その商人の大半が朝鮮人であった[23]」とある。それにもかかわらず、一九四六年七月におこなわれた大阪の取り締まりに関する記録では、営業者一万五千二百三十二人の国籍内訳が日本人七五％、朝鮮人二一％、中華民国人（台湾人を含む）四％とされている。(24) 日本人が八割近いという数値は神戸のものと近接している。

確かに当時の全国的な人口比で考えれば、闇市の商人の二割近くが「外国人」だったことは、その空間を体験した日本人にとっては目につく存在だったかもしれない。だが帝国の崩壊後、差別と偏見のなかで働き口が極端に限られた旧植民地の人々が闇市での商売に頼らざるをえなかったという事情を考えれば、この数値はそこまでとっぴなものとは考えられない。しかも、これらの地域は特に「外国人」が多いと言われてきたところである。それでも闇商人の大多数が日本人であるならば、その他の地域に関しては言をまたないだろう。

さらに神戸に興った闇市に関しては、近年、村上しほりによる詳細な検討がおこなわれており、三宮の高架下に発生した「自由市場」での民族間の折衝の実態が明らかになってきた。(25) 村上によると、一九四五年十二月から翌年の春頃までの間に朝鮮人や台湾人も独自の民族団体を基盤とした商人組合を結成し、神戸市や県警との折衝を通じて認可され、それらによって統括された露店市場（朝鮮人自由商人連合会による三宮国際マーケット、国際総商組合の三宮高架下商店街）が形成されたようだ。これらのことから、特に「外国人」が多いといわれた地域でも彼らは実のところ少数派であり、また日本人の組合同様に行政や警察との交渉を通して承認を得ていたことがわかる。

しかしながら、朝鮮人や台湾人は「解放人民」としてGHQから優遇され、それを笠に着て闇市で暴威を振るっているという噂が流れるようになる。水野直樹によると、一九四五年末から新聞紙面に中国人、朝鮮人、台湾人を指す「第三国人」という言葉が現れ始め、さらに四六年七月頃からは「政治的・社会的に治安を乱すものとして議会でも繰り返し取り上げられた」[26]。例えば四六年八月十七日の衆議院本会議では、日本進歩党・椎熊三郎が「密航取締並に治安維持に関する緊急質問」として「第三国人の暴威」という認識を助長させる演説をおこなう。

殊に、終戦当時まで日本に在住し、日本人として生活して居つた台湾人、朝鮮人、是等が終戦と同時に、恰も戦勝国民の如き態度をなし、其の特殊なる地位、立場を悪用して、我が日本の秩序と法規を無視し、傍若無人の振舞を敢てなし来つたことは、実に我等の黙視する能はざる所であります（拍手）

（略）

而して彼等は其の特殊な立場に依って、警察力の及ばざる点あるを利用して闇取引をなし、日本の闇取引の根源は正に今日の此の不逞なる朝鮮人などが中心になつて居るということは、今日の日本の商業取引、社会生活の上に及ぼす影響は驚くべきものがあるのであります、或は禁制品を大道に於て密売し或は露天を占領して、警察力を侮蔑しつ、白昼公然と取引をなしつあるが如きは、断じて私共は無視することはできませぬ（拍手）[27]

日本人を含めた誰もが闇市に関わりながら生きていることが暗黙の了解になっているにもかかわらず、椎熊は「日本の闇は朝鮮人などが中心になっている」とまで言ってのける。また、椎熊は朝鮮人が「凶器を携へ、徒党を組み、驚くべき凶悪性を発揮」しており、コレラやチフス、赤痢などの保菌者も多い、などと発言した。これに対して当時の内務大臣だった大村清一は「政府殊に治安の責任者と致しまして深く同感の意を表するものであります」と応じ、「第三国人」への取り締まりの強化に努めるという発言をした。この椎熊演説に対しては差別を助長するものとして当時から批判が展開され、特に在日本朝鮮人連盟（以下、朝連と略記）は東京本部の定期大会で「朝鮮の解放を侮辱し、生活圏を蹂躙しようとする意図」として反対声明文を提出した。[28]

「解放人民」としてGHQに優遇された「第三国人」という認識の誤りについてはこれまで様々な論文が指摘しており、本書でも第9章で在日朝鮮人の法的位置づけについて確認するため本章では最小限に言及するにとどめるが、GHQは一九四五年十一月一日に出した「初期の基本的指令」第八項で朝鮮人・台湾人を「解放人民（liberated people）」として扱うとしながら、その直後で「必要な場合」には、「敵国人として」取り扱うことができる、と規定している。翌年の四月にも朝鮮人と台湾人の取り締まりの権限が日本政府にあることを確認する覚書（SCAPIN-912-A）を出している。これは翌五月の「刑事裁判権等の特例に関する勅令」で「日本人は連合国人に対する裁判権を持たない」という決まりが知らされる前に連合国人と朝鮮人・台湾人を区別し、後者を日本の裁判権内にとどめおくことを確認する役割を果たした。[29] このことからも、朝鮮人・台湾人が「特殊な立場に依って、警察力の及ばざる」という「第三国人」言説の根本が完全な誤りであることは明らかだろう。これらのことを十分承知できる立場（というよりも責任者）である内務大臣が「第三国人」の取り締まりを訴えるのはどのような理由があるのだろうか。

「闇市」を弁別する——「第三国人」と「戦後日本」

水野直樹は、日本政府やメディアにおける「第三国人」という語の使用の背景にある思惑について、次のように述べている。

> 「第三国人」は、連合国や中立国などに属する外国人でもなく、また日本人とも法的地位の異なる朝鮮人、台湾人を指す言葉として使われたと説明されることが多い。しかし、日本の警察や政府の立場を勘案すると、そのような分類を示す言葉であるより、交渉の当事者性を否定すべきものとしての「第三者」を意味する言葉であったと考えられる。日本側は、朝鮮人、台湾人の取締・裁判・課税などの権限を日本側が持っていることを明確にしたかったが、それについて交渉する相手は当の朝鮮人、台湾人（あるいはその団体）ではなく、連合国・ＧＨＱであった。朝鮮人台湾人は交渉の当事者ではない、という意識を日本側が抱いていたことは容易に推測できる。「第三国人」はそのような意味合いを持って使われるようになったのではないだろうか。[30]（傍点は引用者）

「闇市」という語の空間イメージを考えるにあたっても、この水野の議論には重要な指摘が含まれている。これまで論じてきたように、闇市の発生から一九四六年の最盛期にかけて日本人、「外国人」それぞれが同業者組合・商人組合を組織して行政や警察と交渉を進めていた。これは闇市の発生から各地で露店商同士の縄張り争いが頻発したために、穏当な交渉窓口を確保する名目もあったとされている。しかしそのような事実に反して、朝鮮人や台湾人を言説上第三者として扱うことは、警察や行政の闇市（特に「外国人」）との交渉の事実が極力表に出てほしくないという思惑の表れだろう。「特権を持つ第三国人」という存在を作り出すことで、社会に噴出する闇価格の高騰に対する不満の矛先を行政からそらす目的が、ここにはあると言えるのだ。まさに水野が言うように、「「第三国人」という言葉は法的な根拠を持つ用語でなく、日本人の差別意識が作り出した曖昧な言葉にすぎない」のだ。[31]

そしてこの差別の構造は、前節で見た一九四六年の中頃から「テキ屋に統括された道路露店」とそうでない「闇市」を分ける「何らかの点でより不法性が高いもの」の一つの側面を明らかにしてくれる。つまり日本人による闇市だろうが、「外国人」による闇市だろうが、どちらも当時の基準では「不法」であることに変わりはないが、「第三国人」という語の流布によって、朝鮮人や台湾人が運営する闇市に「凶悪性」が付与されたということだ。そして「第三国人」という語が戦後の「闇市」の負の部分を背負わされることになり、一方で〝復興のなかの庶民の活力〟としての肯定的な「闇市」のイメージを日本人が独占するようになると言ってもいいだろう。

「闇市」という語がその発生当初に持っていた不道徳性と外部性という二つの要素を、かつて帝国の内部に「臣民」として位置づけられていた朝鮮人と台湾人に押し着せること。この点からも「戦後日本」の外部の存在へと押し出すことになったということができるだろう。「第三国人」と「闇市」の関係は、「戦後日本」の〝単一民族性〟を説明するうえで重要な役割を担うのだ。

3 GHQによる闇市の取り締まり

闇市の撤去と冷戦の影響

一九四七年以降、闇市はどのように推移していくのだろうか。最盛期を経た都市空間の闇市は、数々の取り締まりをくぐり抜けて常設のマーケットとして定着していく。露店の集まりだった市場が木造の集合建築として固定化することで、新規の露店商や臨時店舗などは減少し、組合による統括が強化される傾向にあったようだ。「場所割りを職能とするテキヤが不要になった」ことから、一九四七年の夏頃からテキ屋の親分たちが恐喝容疑などで検挙されるようになり、警察の介入が容易になっていった[32]。

闇市は、物理的には一九四九年から六〇年代にかけての戦災復興土地区画整理事業による代替地への集団移転や払い下げなどの手段で整理されていくが、経済行政上で闇市取り締まりが至上命題となるのは四八年初頭以降、GHQが本格的に自由経済導入を始めるようになってからである。それまで闇市という空間自体の取り締まりに地方軍政部レベルで介入することはあっても、GHQが全体として乗り出すことはなく、大部分が日本の警察組織に任されていたと考えられる。GHQの経済科学局(ESS=Economic and Science Section)が四五年から四六年末までに闇市に関して収集した情報のなかには、闇物価と公定価格の差異のデータや日本軍施設から流出した隠匿物資の所在などがあるものの、ＥＳＳの指令として闇市への摘発計画が作成された痕跡は見られない[33]。

むしろ占領初期は、連合軍兵士が日本人と商取り引きをした場合の罰則の取り決めや実際に起きた取り引きの判例を報告する書類が多く散見できる。例えばＧＨＱの法制局（Legal Section）が一九四六年七月十六日に発行した「貨幣交換と闇取引に対する統制（Control of Currency Exchange and Black Marketing）」というドキュメントがあるが、これは連合軍兵士が日本人と金銭または物品を交換した場合、アメリカの法律のどの部分に抵触しているか（具体的には軍法の“Trading with the Enemy Act”に抵触するとされている）ということを解説し、抵触した場合の罰則について説明している[34]。

この時期のＧＨＱの関心が闇市そのものの取り締まりよりも占領軍兵士の闇取り引きの取り締まりにあることは、映像資料のなかにも顕著に現れる。例えば東京・池袋の闇市を摘発する場面を撮影したフィルム（“BLACK MARKET RAID BY THE TOKYO POLICE”）では、日本の警察が市場に突入し、売人を検挙している映像がある。しかしここでは占領軍兵士は撮影するにとどまり、検挙は日本の警察によっておこなわれていることがわかる[35]。対して“Black Marketing in Kyoto”と題した映像には、占領軍兵士がジープのなかから取り出したタバコを日本人に売る場面が始めに写され、その後、他の占領軍兵士がそれを注意する場面が現れる。この映像は、占領軍兵士に日本人との商取り引きの禁止を促す教育的映画の一場面と考えられる（図17）。

しかし、一九四八年六月頃からワシントンで検討され始めた経済安定化計画（Economic Stabilization Program）の修正と四九年三月に発表された、ドッジ・ラインと呼ばれる政策方針は、ＧＨＱ

図17
（出典：“Black Marketing in Kyoto”）

の闇市に対する態度を変えさせる。ジョセフ・ドッジに関しては、これまでインフレの阻止と、円ドルレートの固定化という決断の成果と功罪が戦後日本の経済復興に与えた影響に焦点を当てて論じられてきた。しかし、そもそもドッジ・ラインには緊張が高まるソ連との冷戦構造に日本を経済的に再統合するハリー・トルーマンの構想が背景としてあった[36]。そのために、ドッジの基本方針は自由経済を日本に導入することであり、統制経済の撤廃により貨幣の安定化と闇市の撤去を推し進めることになった。このような自由経済の推進は、占領初期のニューディーラーたちの「大きな政府」的市場介入政策と衝突を起こし、また統制の撤廃による急速な通貨供給の減退が景気後退を引き起こしたために、ドッジに対しては当時から様々な批判が上がった。しかし、朝鮮戦争の発生とそれに伴う〝特需〟によって、この自由主義的政策への批判は下火になる。

ここで重要なのは、闇市取り締まりの背景に当時のワシントンの外交政策があるという点だろう。ヨーロッパでマーシャル・プランを展開したように、東アジアにも経済上の〝鉄のカーテン〟を引くために、日本に自由市場を導入する。このアメリカの極東政策の一環として、敗戦後の統制経済とその裏面である闇市が自由主義経済に組み込まれていくのである。

朝鮮人の密造酒取り締まりとGHQの朝鮮人観

冷戦の影響は、前述のESSによる闇市ファイルのなかにも見える。一九四八年から四九年までの資料を通覧してみると、以前と同様の日本人と占領軍兵士の取り引きに関する報告の他に、朝鮮半島や中国大陸から侵入してくる船や朝鮮人の密造酒に関する報告が多くなる。(37)そのなかでも、密造酒をめぐる日本警察と朝鮮人との対立に関して、四九年一月からGHQ内でおこなわれた議論が興味深い。まず朝鮮人の酒の密造に関して、諜報や検閲の総本部であるG―2の下部組織で軍事と刑事を扱うCIC（対敵諜報部）が以下のように報告している。

a、島根県高津にある朝鮮人の集落に日本警察が乗り込んで酒の密造を行う数人の朝鮮人を検挙した。

b、それらの中には女性も含まれている。午後、共産党員と共に朝連〔在日本朝鮮人連盟：引用者注〕の地方支部役員が警察署を訪れ、検挙された朝鮮人の釈放を要求したが、警察に拒否された。夜二百名ばかりの朝鮮人が警察署を取り囲み、石などを投げながら釈放を要求した。数枚のガラスが割れた。夜中に警察の応援が駆けつけたところ、デモンストレーター達は解散した。

c、警察に同行した軍政部の役人が威嚇のために上空に二回発砲した。[38]

こうした出来事の報告は一例にすぎず、東京や新潟で起きた同様の密造酒の取り締まりと、それに伴う朝連や共産党員と警察の小競り合いの報告が続く。五月十日にはESS局内でこの問題への対応を検討した。大蔵省がこの密造に関わった朝鮮人の強制送還を提案していることに対し、ESSは「法制局との簡単な協議から、我々は日本政府が何者かを日本から強制送還することを許可する法は存在しないと理解している。この提案から期待できる経済安定化プログラムへの利点が、政治的に重大な選択を正当化するほど十分なものだとは思えない」[39]という回答を出している。一方で、「終戦から毎年二十二万五千メートルトンの米が違法の酒造に費やされている。これは収益目的で認可された酒飲料産業に割り当てられた米の年間配給量のほぼ四倍となっている」という報告もG―2に伝えている。[40]これに対しG―2は、七月二日に「(報告された)警察の行動に対するその抗議のありさまは、(朝連の指導下にある)極左の朝鮮人集団によってよくおこなわれる公権力への反逆を示す方法である」とし、「G―2は犯罪者の強制送還はこの状況に対処するうえで最も効率的な方法であるということに同意する」とESSに返答している。[41]

このESSとG―2の間で交わされたやりとりで重要なのは三点である。まず一つは、日本の敗戦以降の非合法酒造に関するデータはいわゆる闇酒の総数であるにもかかわらず、その責任がすべて朝鮮人にあるかのように認識されている点。次に、ESSが朝鮮人の強制送還に対して否定的であるのに対して、G―2が積極的であること。最後に、CICやG―2が朝鮮人の抗議行動を「共産党」や「極左集団」の扇動によるものと決め付けていることだ。

最初の点について言えるのは、一九四六年以降に日本政府が喧伝した「第三国人」という偏見、つまり闇市の中心が朝鮮人や台湾人だという認識にGHQが乗っていることである。前述の水野直樹は、「第三国人」という語が政治やメディアで使われ始めた時期には、GHQがこの語を使用していなかったことを証明している。しかし四九年になると、「第三国人」という言葉は使っていないまでも、同様の認識を共有していたことがわかる。

次に、ESSとG―2の強制送還に対する意識の違いからは、GHQの内部対立が透けて見える。ESSはもともと占領初期に財閥解体などの経済改革を推し進めた機関であり、その人員はGHQのなかでも特にリベラル色が強いニューディーラーたちを中心に構成されていた。一方で、民間諜報を担当したG―2は共和党寄りの反共主義者であるC・A・ウィロビーが部長であり、民主党寄りのリベラル派をマークするなどGHQ内部でも当初から対立があった。国際情勢の変化とともに、四六年の中間選挙で民主党に大勝した共和党がその反共姿勢を強め、日本占領軍の内部の勢力図もそれとともに変化していった。[42] さらにこの時期には既にジョセフ・ドッジが経済顧問となっており、経済の面でも対共産主義が意識化されている。ESSは自分たちの管轄の問題が政治問題化されることを嫌う一方で、G―2は積極的にこれを利用しようとする意図が見える。そしてこの対立構造が最後の点と絡む。

小林知子は、G―2が一九四八年頃から朝鮮人を「共産主義に支配されたもの」として認識し始めることを明らかにしている。[43] 朝鮮半島の南北に二つの国家が形成され、日本の植民地時代から独立運動に参加してきた知識人たちの大半が、北の人民共和国を支持した。日本の朝連もそうした運動家たちによってまとめられていたために、在日朝鮮人たちの生活権保護のための運動も共産主義を日本で広めるためのものとして捉えられた。実際、在日朝鮮人は四七年三月以降、密造酒の醸造と販売の理由で検挙される数が増大していることがわかっている。これが表向きには密造酒取り締まりであっても現実的には共産主義者による扇動という嫌疑がかかった民族運動の弾圧として機能していたことが明らかになっている(44)。

ここまで見てきたGHQの闇市への対応から、どのような結論を導き出すことができるだろうか。ここまでの議論をまとめると、GHQが闇市の取り締まりに乗り出す背景には、米ソの対立が鮮明になって東アジアでも共産主義に対抗できるだけの体制作りが必要になったことが挙げられる。アメリカが主導する自由主義陣営の一員たるため統制経済が撤廃されて規制品がなくなったために、市に並ぶ商品はもはや闇ではなくなった。こうして、闇市で営業していた人々はそのまま商業者として戦後に生き延びることになる。

一方で、闇市のもう一つの側面として提示される「第三国人」をめぐる不道徳性(凶悪性)と外部性のイメージは、この冷戦構造に置き直されることで政治化されたということが言えるだろう。一九四七年の「二・一ゼネスト」以降、GHQが初期民主化政策から反共主義による保守政策へと転じる、いわゆる「逆コース」の流れが起こる。G―2はその流れの中心に位置し、内務省と共同で共産主義者への締め付けを活発化させていた。四六年頃から内務省が「第三国人」言説を積極的に利用して、国民の不満を政府からそらそうとしていたことは既に述べたとおりだが、G―2にとっても朝鮮人共産主義者を取り締まるうえでこの言説は都合がよかったのだろう。既に言説化された「第三国人」に「政治的扇動」というイメージをかぶせることで、在日朝鮮人が抱える問題を日本国外の問題へとすり替える操作がおこなわれたと言っていいだろう。

4　小結――日本の外縁としての闇市

あらためて、闇市とは何か、という問いに戻りたい。本章では、「闇市」という言葉が敗戦後に一般化する以前からの使用法を見ることで、この語に不道徳性と外部性という二つの要素が備わっていたことを確認した。そして、この語が一度、敗戦後に「国民の道義衰退」の象徴として非難され、「闇市」の日本化がおこなわれた。しかし一九四六年の闇市最盛期になると、闇市自体が組織化されていって、行政もその組織に依存することになる。高騰する闇値が庶民の生活を圧迫し、経済状況への不満が社会に蓄積されると、行政はその責を外へとそらす必要に迫られた。そこで創出されたのが「第三国人」という語であった。「第三国人がその特権を利用して闇市を席巻している」という噂は、日本人を不道徳のとがから救い出し、在留するかつての植民地の人々に憎悪を向けさせることになる。つまり、敗戦後の日本のなかに再び外部としての〈闇市〉のイメージを作り出すことになった。米ソの対立構図が確定的になるにつれて、ＧＨＱもこの流れを利用するようになる。日本を再構築し、西側諸国のなかに編入するために、ノイズになりかねない朝鮮人を外縁へと押しやるようになるのだ。

この流れを別の枠にはめてみるならば、「五族協和」や「日鮮同祖論」のような多民族性を称揚していた帝国が崩壊し、占領期を通して「単一民族」による「戦後日本」へと変身を遂げようとする、その転換点に闇市があるということだ。これまで闇市は、その庶民の経済的自立や階級移動を促進させる空間、戦後都市構造を決定づける空間として論じられてきた。しかしここでは闇市を、国家を構成する人種への想像力が、多様性から単一性へと推移する際に「日本の外縁」として機能した空間として提示したい。

しかし排除される側から見れば、闇市はそのような時代の流れに抗う場でもあった。本章以降では、闇市に生きる人々の目から敗戦後の日本を見つめ返すときに現れる帝国日本から「戦後日本」へという大きな物語の歪みに注視していきたい。

注

(1) 闇市の先駆的研究としては、前掲『東京闇市興亡史』や松平誠の前掲『ヤミ市』、同『ヤミ市 幻のガイドブック』(〔ちくま新書〕、筑摩書房、一九九五年)が挙げられるが、近年再び闇市を対象とする研究が盛んになりつつある。例として前掲『都市の戦後』、前掲『盛り場はヤミ市から生まれた』がある。
(2) 日本国語大辞典第二版編集委員会/小学館国語辞典編集部編『日本国語大辞典 第二版』第十三巻、

小学館、二〇〇二年

（3）橋本健二「ヤミ市――戦後社会の出発点」、前掲『盛り場はヤミ市から生まれた』所収、一〇ページ

（4）同論文一〇ページ

（5）古谷綱武「闇市といふ言葉」、法律新報社編「法律新報」一九四七年五月号、法律新報社

（6）前掲『ヤミ市 幻のガイドブック』

（7）初田香成「東京の戦後復興とヤミ市」、前掲『盛り場はヤミ市から生まれた』所収、二三ページ

（8）猪野健治「闇市解放区ことはじめ」、前掲『東京闇市興亡史』所収、一八ページ

（9）東洋経済新報社編『戦前戦後物価総覧 昭和29年版』（東洋経済新報臨時増刊）、東洋経済新報社、一九五四年、一六七―一八一ページ

（10）東京露店商同業組合調べ（一九四六年四月）。岩井弘融『病理集団の構造――親分乾分集団研究』（誠信書房、一九六三年）一〇四ページに掲載。新橋の店舗数は「露店市のからくり――東京新橋を中心として」（日本評論新社編「日本評論」一九四六年七月号、日本評論社）、前掲「東京の戦後復興とヤミ市」でもまとめられている。

（11）日本全国の闇市と目される露店群の一覧は橋本健二／初田香成編著『盛り場はヤミ市から生まれた・増補版』（青弓社、二〇一六年）所収の中島和也／石榑督和／初田香成／村上しほり「地方史誌から見た全国ヤミ市の概要」を参照。

（12）大阪・焼跡闇市を記録する会編『大阪・焼跡闇市――かって若かった父や母たちの青春』夏の書房、一九七五年、四一―四二ページ

（13）「朝日新聞」一九四五年八月三十日付

(14) これが一九四六年元旦の新聞各紙に掲載された天皇の「年頭の詔書」になると、「道義のすたれ」の責任は敗戦後の国民に転嫁されるようになる。「惟フニ長キニ亘レル戦争ノ敗北ニ終リタル結果、我国民ハ動モスレバ焦燥ニ流レ、失意ノ淵ニ沈淪セントスルノ傾キアリ。詭激ノ風漸ク長ジテ道義ノ念頗ル衰ヘ、為ニ思想混乱ノ兆アルハ洵ニ深憂ニ堪ヘズ」(「〈資料2〉新日本建設に関する詔書(いわゆる人間宣言)」〔前掲『天皇の玉音放送』所収〕から引用。傍点は引用者)。

(15) この「隠匿物資」への軍、官、政治の関与については前掲『敗北を抱きしめて』上、一二四―一三四ページに詳しい。また前掲『東京闇市興亡史』三二―三三ページも参照。

(16) 例えば「盛岡厚生市場」の場合は、岩手県引揚者厚生連盟なる組織が引き揚げ者主体の市場を統括し、神戸では「在日外国人」が組合を作って管理した。東京でも吉祥寺は寺社が闇市を管理していた(それぞれ中島和也「引揚者マーケットの商店街形成――盛岡・桜山商店街を中心に」、村上しほり「神戸ヤミ市と繁華街の形成」、井上健一郎「吉祥寺――転機に立つハモニカ横丁」参照。すべて前掲『盛り場はヤミ市から生まれた』所収)。

(17) 大河内一男編『戦後社会の実態分析』日本評論社、一九五〇年、二一九ページ

(18) 長田昭『アメ横の戦後史――カーバイトの灯る闇市から60年』(ベスト新書)、ベストセラーズ、二〇〇六年

(19) 七尾和晃『闇市の帝王――王長徳と封印された「戦後」』草思社、二〇〇七年

(20) 丸川哲史『台湾ナショナリズム――東アジア近代のアポリア』(講談社選書メチエ)、講談社、二〇一〇年、朴慶植『解放後在日朝鮮人運動史』三一書房、一九八九年

(21) 神戸市『神戸市史 第3集 社会文化編』神戸市、一九六五年、四九、五三ページ

(22) 兵庫県警察史編さん委員会編『兵庫県警察史 昭和編』兵庫県警察本部、一九七五年、四二〇ペー

ジ

（23）大阪市『大阪市戦災復興誌』大阪市、一九五八年、五六一ページ

（24）鈴木栄二『総監落第記』鱒書房、一九五二年、一六ページ

（25）前掲「神戸ヤミ市と繁華街の形成」一四二―一四三ページ

（26）水野直樹「「第三国人」の起源と流布についての考察」、在日朝鮮人運動史研究会編「在日朝鮮人史研究」第三十号、緑蔭書房、二〇〇〇年

（27）「第九十回衆議院本会議三十号」一九四六年八月十七日、国立国会図書館帝国議会会議録検索システム（http://teikokugikai-i.ndl.go.jp/）［二〇一六年二月二十日アクセス］

（28）前掲『解放後在日朝鮮人運動史』一一九―一二〇ページ

（29）姜徹『在日朝鮮人の人権と日本の法律』雄山閣、一九八七年、七〇ページ

（30）前掲「「第三国人」の起源と流布についての考察」

（31）日本人組織と外国人組織の対立も多く、一九四六年七月十九日に起きた台湾人グループとテキ屋組織との抗争が銃撃にまで発展した「渋谷事件」が起こった。

（32）前掲「東京の戦後復興とヤミ市」四〇、四四ページ

（33）Supreme Commander for the Allied Powers, Economic and Science Section, "000.5A: Crimes and Offences, Control of Black Market Activities 1945 - 1946," *Records of Allied Operational and Occupation Headquarters, World War II, 1907 - 1966 (Record Group 331)*. 以下、闇市取り締まり関係資料は National Archives and Records Administration (NARA), Annex in College Park, Maryland にて収集。

（34）"16. Violations of the Trading with Enemy Act will be punished by imprisonment for not more than ten(10) years or fine of not more than $10,000, or both."The Supreme Commander for the Allied Powers, Legal Section, "Control of Currency and Black Marketing," July 16, 1946, p.1.

(35) "BLACK MARKET RAID BY THE TOKYO POLICE," *Record Group 111: Records of the Office of the Chief Signal Officer, 1860 - 1985. Series: Moving Images Relating to Military Activities, 1947 - 1964.*

(36) "The Dodge Line was not just an economic plan, but a diplomatic stratagem to connect Japan's financial potential to the global balance of power"(Marie Thorsten and Yoneyuki Sugita, "Joseph Dodge and the geometry of power in US – Japan relations," *Japanese Studies*, 19(3), 1999, pp.297-314.)

(37) ESS "000.5A: Crimes and Offences, Control of Black Market Activities 1948 - 1949".

(38) Supreme Commander for the Allied Powers, Military Intelligence Section, "Korean Disturbances in Shimane Prefecture," Jan 27, 1949.

(39) ESS, "Report of Illegal Traffic in Liquor by Koreans Residing in Japan, "May 10.1949.

(40) ESS, "Report of Illegal Traffic in Liquor by Koreans Residing in Japan, "May 31.1949.

(41) G-2, "Report of Illegal Traffic in Liquor by Koreans Residing in Japan, "July 2.1949.

(42) 竹前栄治『ＧＨＱ』（岩波新書）、岩波書店、一九八三年、一〇一、一九八ページ、同『占領戦後史』（岩波現代文庫）、岩波書店、二〇〇二年、一七八ページ

(43) 小林知子「ＧＨＱの在日朝鮮人認識に関する一考察――Ｇ―２民間諜報局定期報告書を中心に」、朝鮮史研究会編「朝鮮史研究会論文集」第三十二集、朝鮮史研究会、一九九四年

(44) 李杏理「「解放」直後における在日朝鮮人に対する濁酒取締り行政について」、朝鮮史研究会編「朝

鮮史研究会論文集」第五十一集、朝鮮史研究会、二〇一三年。民族運動と密造酒取り締まりに関しては第9章で論じる。

第4章
物語のなかの闇市

1 「戦後日本」と闇市表象

日本各地の荒廃した都市空間を〈焼跡〉という新しい都市を描くための白紙の空間として記号化することで、過去を封印する。そのうえで再び皇居を中心とした近代都市を東京に描き直そうとする試みは、天皇の戦争責任を問わないことによって天皇制を維持し、新憲法第一条に「日本国民統合の象徴」として天皇を位置づけた「戦後日本」の基本的精神構造を端的に表すものである。たとえ復興都市計画が十全に達成されず挫折しようとも、皇居が東京の中心に位置していることは明治以降の変わらぬ事実であり、また「戦後日本」という時代認識の維持のために象徴天皇制が機能してきたことは、既によく知られている。[1] そうした意味では、ロラン・バルトが言うほど皇居は「空虚な中心」ではなかったということだろう(2)。

しかし、明治からの近代日本の軌跡が様々な形で存続したとしても、やはり敗戦によって何かが決定的に変わってしまった。しかもそれが巷で喧伝される「国民主権」や「民主主義」の理想とは別のものであることは、多くの人々が肌で感じ取っていた。天皇制という近代日本の中心は保持されながら、そのさらに向こうにより大きな中心がある。敗戦後の、占領された日本で生きるということは、そのような複層性を意識することでもあった。占領が終了して敗戦から時がたつにしたがって、「戦後日本」が抱えている複層性は次第に意識化されなくなっていく。しかしそれでも、長い戦後の節目節目で「民主国家」や「平和国家」の建前が揺らぐとき、「戦後の起源」への問い直しが変奏しながらも繰り返しおこなわれる。闇市表象の歴史は、そのような「戦後日本」への違和感を表出するモメントの積み重ねだと言えるだろう。本章では、文学での闇市表象を概括的に検討することで、闇市という空間が物語に提供する「戦後日本」という時代認識に対する批評的視座を点検していきたい。

2　敗戦直後の文学と闇市

「新しい日本」への違和感

アジア太平洋戦争敗戦を機に、それまで維持されていた総力戦体制は崩壊する。しかし、一九四五年八月十五日正午のいわゆる「玉音放送」を境に突然、新しい国に転形したわけではない。人々はそれ以前からの引き継ぎのなかで生活を始めなければならなかった。敗戦直後とは、政治や経済など制度的なものだけでなく、日本軍の隠匿物資の流通や旧植民地の人々への処遇、そして空襲のための建物疎開地の利用などといった、帝国日本の残滓との折衝が物理的におこなわれた時期でもある。そして何よりも、かつて「鬼畜米英」と叫んで戦っていた占領軍の兵士たちが、その物質的豊かさとともに存在していたのである。

闇市という場は、そうした帝国の残骸と冷戦を背景とした占領状況の折衝があからさまに現れた空間として捉えることができるだろう。こうした闇市が身近にあった時代にこの空間を物語の舞台にした作品として、まず挙げなくてはならないのは石川淳の「焼跡のイエス」[3]だろう。この作品に関してはのちの章で詳しく論じるが、ここでは特に知識人の歴史認識のあり方を同時代の作品と並べながら考察する。

「焼跡のイエス」の舞台は一九四六年七月の晦日、上野のガード下（現在のアメヤ横丁）である。翌日に「八・一粛正」と呼ばれる全国規模の露店一斉取り締まりを控え、露天商はその日の稼ぎを得ようと躍起になって、闇市は騒然としている。

炎天の下、むせかへる土ほこりの中に、雑草のはびこるやうに一かたまり、葦簀がこひをひしとならべた店の、地べたになにやら雑貨をあきなふのもあり、衣料などひろげたのもあるが、おおむね食ひものを売る屋台店で、これも主食をおほつぴらにもち出して、売手は照りつける日ざしで顔をまつかに、あぶら汗をたぎらせながら、「さあ、けふつきりだよ。けふ一日だよ。あしたからはだめだよ。」と、おんなの金切声もまじつて、やけにわめきたててゐるのは、殺気立つほどすさまじいけしきであった。(4)

主人公の「わたし」は、谷中の墓地に向かう道すがら闇市を見物に来ていた。「わたし」はその闇市とそこで活動している人々の様子を眺めながら、「前世紀から生き残りの、例の君子国の民といふつらつきは一人も見あたらず、たれもひよつくりこの土地に芽をふいてとたんに一人前に成り上がつたいきほいで、新規発明の人間世界は今日ただいま当地の名産と観ぜられた」と語る。食物を求めて群がる人々は動物然としており、市場はさながら混沌の渦中である。そこで「わたし」は「ボロとできものとウミ」に覆われた浮浪の少年を発見し、彼が堂々と市場を闊歩するさまに驚嘆する。みすぼらしい外見にそぐわない少年の態度に、「わたし」は少年が「これから焼跡の新開地にはびこらうとする人間のはじまり、すなはち「人の子」の役割を振りあてられてゐるのかもしれない」(5)という思いに至る。

「焼跡のイエス」は、闇市を物語の舞台として描いた小説のなかでも最初期のものであり、闇市という空間に敗戦直後の日本社会の実像を見いだした作品として位置づけられてきた。この作品を論じた多くの論考が、作品での闇市の意味を考えざるをえなかったのもそのためだろう。主人公の「わたし」は浮浪児を「イエス」に見立て、闇市のような混沌とした空間に新しい世界の姿を見る。そして「わたし」は、「人間の始まり」を見たことに恍惚とするのだ。これまで、この物語の解釈の多くは、こうした語り手「わたし」の主観を踏襲して、闇市を戦後日本の始まりの場として論じる傾向があった。

しかし、この小説の構造はそう単純ではない。「わたし」は、歴史的変革の場に立ち会ったとほうけている間に浮浪児が引き起こした騒動に巻き込まれ、闇市から追い出されてしまうのである。先にも述べたように、敗戦直後とは戦時翼賛体制から戦後体制へと改変する間の社会の境界的時期であり、闇市には特にその境界性が現れていた。小説のなかでも、闇市にあふれる物資は「旧に依つて前世紀からの引継ぎ」のものであると指摘する箇所がある。それにもかかわらず、知識人を自任する「わたし」は、その闇市に歴史の始まりを見ようとするのである。

前章でも見たとおり、敗戦直後とは、「新しさ」を訴える文句が喧伝された時代でもある。これは広告から政治的言説まで、ありとあらゆるところに登場した言葉だった。この「新しい日本」像は、戦争へと邁進していった過去の日本と距離をとる（または切り離す）足場を提供するものであり、そのような場は「超国家主義」へと転向した自らの負い目を背負った多くの知識人たちからも切実に要求されたものだっただろう。しかし、「新しさ」を強調することは、敗戦を経てもいまだに存続している戦前・戦中の残滓を覆い隠してしまうことにもつながる。

「焼跡のイエス」の主人公「わたし」は、こうした知識人の姿を象徴している人物と言えるだろう。闇市という時代の境界領域を、無理に「人間の始まり」の場として歴史に定位しようとする視線が、「わたし」を闇市から追い出させた原因であるのだ。作者の石川淳が、闇市という空間に国家が破綻しても生き抜こうとする人々の生命力を見いだしていたことは、先に引用した活気ある描写からもわかる。しかし同時に、彼はそれを新時代の始まりの場として歴史化しようとする視線の欺瞞性にも眼を向けていた。

同時代の別の作家の作品、例えば織田作之助の「世相」[6]は、また異なる形で闇市を描いている。「世相」の語り手「私」は敗戦の年の瀬、出版社に依頼された小説の原稿を、締め切り期日が迫っていることを知りながらも書きあぐねていた。そこへ、「私」を闇市に導く役割として、小学校の同級生である「横堀」が登場する。「横堀」は敗戦の年の十二月二十八日の深夜、突然「私」を訪ねてくる。彼は中国からの復員兵で、十二月二十五日に大阪駅にたどり着いた後、駅東口の闇市を徘徊しながら今後の当てを探ろうとしていた矢先、詐欺博打に引っかかって五円札一枚が手元に残るだけとなり、途方に暮れてしまう。そうしているうちに「私」のことを思い出し、一夜の宿を頼もうと訪ねてきたのである。翌日、「私」が冬物の着物と二百円の金を渡すと、横堀は受け取った金を元手に詐欺博打をおこなうつもりで、「ま、見とくなはれ。わても男になって来ま」と意気込んで闇市に再度繰り出していく。「私」は、横堀が賭博に失敗することを期待し、それを題材にした小説の創作を試みるが、ここで自分が使い古された小説の手法をいまの世相に当てはめようとしていたことに気づき、断念する。後日、大晦日に「私」が闇市を訪れると、横堀は宣言どおりに博打を開いており、「私」の予想に反してその賭博場は繁盛している。

「世相」では、「焼跡のイエス」に比べると「歴史」や「人類」といった抽象的な概念は語られず、むしろ「私」の身辺の日常的な様子が描かれている。闇市は新しい社会現象であるかのように語られているのに対して、「私」はそれが表層的なもので「代わり映え」のしないもの、「月並み」なものと考えている。しかしながら、その闇市を小説の題材として描いてみようとする自らの視線こそ、実は過去から引き継がれているものであることに気づくのだ。闇市を「新しい」ものとして見ようとする「焼跡のイエス」の「わたし」と、昔から「代わり映え」のしないものとして見ようとする「世相」の「私」の視線は、相反するものである。しかしながら、闇市という目の前に存在する空間を「新しいもの／変わらないもの」という枠組みで捉えようとすること、そしてその枠組みの欺瞞性が物語の進行とともに露呈してしまうことでは、両者は共通している。

石川や織田と同時期に活躍した作家である太宰治が戦後に創作した短篇小説のいくつかにも、闇市が登場する。「貨幣」（朝日新聞社編「婦人朝日」一九四六年二月号、朝日新聞社）や「メリイクリスマス」（中央公論社編「中央公論」一九四七年一月号、中央公論社）、「眉山」（新潮社編「小説新潮」一九四八年三月号、新潮社）、そして「女類」（八雲書店編「八雲」一九四八年四月号、八雲書店）などがそれである。また、太宰の遺作で未完に終わった「グッド・バイ」（朝日新聞社編「朝日評論」一九四八年四月号、朝日新聞社）にもかつて闇屋として名を馳せた女が登場する。そしてこれらの太宰作品にも、石川の「焼跡のイエス」や織田の「世相」に共通する歴史認識の欺瞞性がよく現れている。例えば「メリイクリスマス」は、次のような文章で始まる。

東京は、哀しい活気を呈してゐた、とさいしよの書き出しの一行に書きしるすといふやうな事になるのではあるまいか、と思つて東京に舞ひ戻つて来たのに、私の眼には、何の事も無い相変わらずの「東京生活」のごとくに映つた。[7]

主人公の小説家「笠井」は、疎開先から東京に戻ってきたばかりで、疎開先で聞き及んだ東京の様子から、以前とはすっかり様変わりした情景を見るだろうと予想していた。そして、その変化を小説の題材にしようと考えていたことが、右の引用からわかる。しかし予想に反して、露店や屋台が並んだ「駅前の盛り場」を見渡して、「東京生活」は「相変わらず」のものであることを発見するのだ。

こうした笠井の目線には、先の織田による「世相」の「私」と共通したものを見いだせる。さらに、「世相」の「私」が「横堀」の予想外の行動によって自らの視線の誤りを正されたのと同様に、「メリイクリスマス」の「笠井」も、戦前から懇意にしていた貴婦人の娘に偶然出会うことで、「相変わらず」なのは自分の社会に対する態度だったことを思い知る。ただ「世相」とは違うのは、敗戦直後の社会に喪失感を見いだしていることだろう。娘が母親の話をしないことから、笠井は娘が自分に気があり、母親に嫉妬しているのだろうと考える。しかし実のところ、母親は広島の空襲で死んでいたのだ。笠井は自らの身勝手な妄想を恥じる。

「メリイクリスマス」で、過去からの変化は喪失として提示されているのである。そしてその喪失を直接的にもたらしたのはアメリカ軍の空襲であるにもかかわらず、屋台で「まるつきりセンスのない冗談」を言う紳士が道を歩いていたアメリカ兵に「ハロー、メリイ、クリスマアス」と藪から棒に声をかける姿を見た笠井はその「諧ぎゃくにだけは噴き出す」のであった。強者に対する自虐的なまでのへつらいと移り身の早さ――ここで笠井が見ているのは「新しさ」という表層の下にある「相変わらず」であり、その「相変わらず」は、それまで失ってきたものの重みを忘却することによって成り立っている。そんな「センスのない冗談」を、笠井は笑わずにはいられないのだ。

敗戦直後の文学作品が描く闇市は、当時喧伝されていた「新しい日本」という言説に亀裂を入れる。それは過去との折衝を目前におこなっていながら、それを「新しさ」で覆い隠そうとする社会の風潮に対する痛烈な批判だった。ここで取り上げた作品以外にも、そうした時代との齟齬を共有している作品は数多い。例えば椎名麟三「深夜の酒宴」（筑摩書房編「展望」一九四七年二月号、筑摩書房）の主人公「僕」が食べ物を求めて向かった市場は、雨のせいか、ただ閑散としていた。ここに描かれた闇市の風景は、物資が氾濫した闇市像とは異なった空虚な空間である。

かつて共産党員として投獄された経験を持つ「僕」は、敗戦後「デモクラシイ」という「思想」に踊らされている社会に絶望する。「人間が思想を持つのは、ただそれが便利だからですよ。……全く思想なんか豚にくわれてしまえだ。思想なんかせいぜい便所の落とし紙になるくらいなもんだ[8]」という「僕」の訴えには、「思想」を捨てて「肉体」を根拠とすると宣言した田村泰次郎（本書第5章を参照）にも通じる響きがある。新しい「思想」に順応できない自分への絶望を抱えながら、鏡に映った自分の顔を「眼が空洞」な「されこうべ」に見間違えてしまうような「僕」にとって、その空洞の眼を通してみる市場は、何もない空虚そのものである。

「深夜の酒宴」では、敗戦直後の世相に同調できずに取り残されているような感覚が前述の三作と共有されてはいるものの、世相が喜劇的な舞台になるほど対象化されていない。そのために、闇市は「僕」の空虚な内面が反映された空間として描き出されてしまうのだろう[9]。

平林たい子の「終戦日記」（初出時：「終戦日誌」、中央公論社編「中央公論」一九四六年二月号、中央公論社）や第7章で扱う宮本百合子「播州平野」（新日本文学会編「新日本文学」一九四六年三月―七月号、新日本文学会）は、敗戦を機に軍の基地や関連施設から軍需物資が流通していく状況とその流通に参入できない未亡人を描いており、また同時に、「解放」された朝鮮人たちの歓声が朝鮮半島へと向かう移動のさなかに聞こえてくる。まさに、帝国の崩壊がもたらした人々や物資の移動が闇市との関連のなかで提示されていると言えるだろう。林芙美子の「下町（ダウンタウン）」（新潮社編「別冊小説新潮」一九四九年四月号、新潮社）では「りよ」という静岡茶を売り歩く戦争未亡人の主人公が登場する。彼女にとって茶を売ること、そして浅草の闇市で、親しくなった男性と食事をとることは国民の道義衰退を象徴する行為ではない。何でもない日々の生活の一場面である。それでも「りよ」は、夫がいない子を抱えた未亡人であるということで強いられる辛苦に耐えながら生きていかなくてはならない。りよの存在が「闇」なのではなく、「闇」の一つとしてまなざされることが彼女にとっての「戦後」なのである。

在日朝鮮人作家・金達寿（キムダルス）が敗戦直後の社会を描いた「八・一五以後」（新日本文学会編「新日本文学」一九四七年十月号、新日本文学）という小説を先の日本人作家たちのものと並べてみると、さらに異なる闇市の姿が現れる。物語の冒頭には、日本敗戦を機に帝国日本から「解放」された朝鮮人の人々が朝鮮半島へ帰郷する場面を記し、博多や下関で輸送船を待つ人々を相手に闇市が立つ様子を描いている。

そこではすでにこの漂泊の生活に手馴れた人々によって焼野原に板や菰の囲いがされ、焼トタンの屋根が張られて応急の必要におうじた飲食店が軒を並べて現出した。そして喜びに気負い立った人々の濫費がそこに吸いとられていった。しかし、これを吸いとる側もまた気負い立っていた。そのような利益などは人々の眼中になかった。船が来るとこれらの人々もそのまま店を後から到着した人々に譲って、万歳の声に送られて玄海灘を渡っていった。(10)

闇市は解放への喜びを抱え、祖国へとたつ人々が最後に踏む日本の土地であった。しかし、帰郷した者のなかには、朝鮮半島の政情不安や生活苦によって日本に戻らざるをえなくなる人々もいた。小説の最後、主人公の「李英用(イヨンヨン)」は「兇悪・二人組拳銃強盗捕まる」という新聞の見出しと、そこに載った「東京都淀橋区××町一二徐斗竜(二三)」という名前を発見する。淀橋区とはいまの新宿区の一部にあたる区域で、そこには東京でも最大規模の闇市があった。

「闇市・犯罪・朝鮮人」というイメージの組み合わせは、敗戦後のいわゆる「第三国人」という語の登場によって形成されたものである。闇市での様々な犯罪行為が朝鮮人や台湾人と結び付けるような偏見が広がった。(11)「英用」は自分の同胞たちが闇市のなかで生きざるをえないという暗澹たる将来を思い、涙を流しながら小説は幕を閉じる。

この小説での闇市は、これまでに触れた他の小説とはまた別の意味を持つ空間として提示されていると言えるだろう。つまり、日本と朝鮮のはざまとしての闇市である。日本敗戦以後、在日朝鮮人にとっての闇市は、国家——日本と朝鮮半島に形成される二つの国家——の間にとどまって、法的保障を受けないまま、「漂泊の生活」を続ける際に頼らざるをえない場だった。金達寿の作品に描かれた闇市と在日朝鮮人の関係を見ることは、まさに帝国日本から戦後日本へと国家のあり方が移り変わる際に「新しい国家」から除外され、苦渋の生活を余儀なくされた民族の問題を考えることにつながる。[12]

GHQ／SCAPによる検閲

図18　削除対象になった闇市の描写に添えられたアメリカ製のタバコの挿絵（『S』）、プランゲ文庫所蔵

本節の冒頭で、敗戦直後という時代が帝国の残滓と占領という現状の折衝の時代だったと述べたが、文学にその折衝があからさまに現れるのは、占領軍が敷いた検閲と文学表現の葛藤だろう。GHQ／SCAPによる検閲は一九四五年九月十九日に交付されたプレスコード（Press Code）[13]に従って実施され、四九年末まで続いた。占領当初は、検閲の実施が検討されてはいたが網羅的なものではなく、

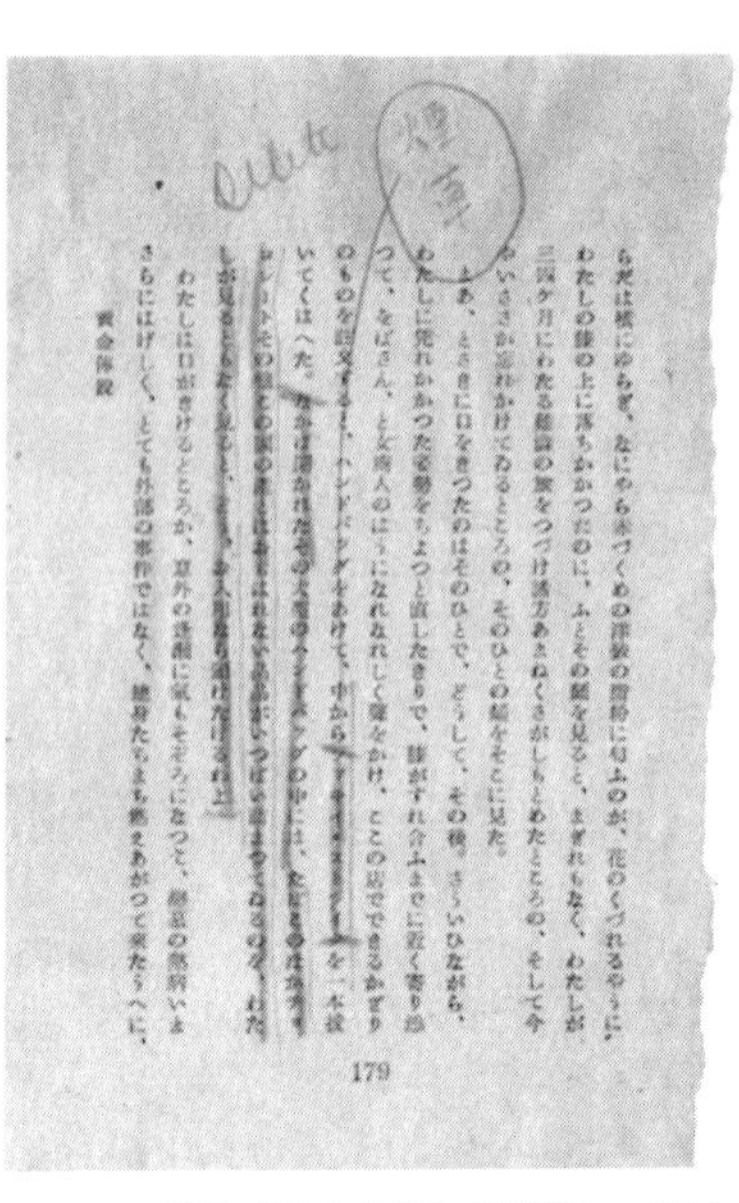

図19　石川淳「黄金伝説」検閲稿、プランゲ文庫所蔵

小規模におこなわれる予定であった。しかし、新聞紙面に占領軍に対する批判的な記事が多く掲載されたことを危険視し、次第に検閲対象の規模が拡大していく。最終的にはすべての出版物や放送、映画、また郵便・電話に至るまで検閲が行き渡り、特に出版物に関しては、出版前の原稿をＣＣＤ（Civil Censorship Detachment 民間検閲局）に提出し、検閲で認可が下りるまで刊行することができなかった。敗戦以前の世では内務省による検閲が実施されており、表現者たちは敗戦を機に自由な執筆活動の再開を喜んだが、それも束の間、新たな束縛が彼らに「解放」をもたらすはずの占領軍によって敷かれることになった。しかし内務省検閲とＧＨＱ検閲の違いは、伏せ字を使用しないこと、つまり不適切と考えられた箇所を原稿から完全に削除してしまうことで、権力の介入の形跡を見えないものにしてしまうことであった。多くの論者が指摘しているように、それはポツダム宣言第十項で「表現の自由（Freedom of Speech）」が確保されるべきことを規定していたために、表立って検閲をおこなうことに不都合があったためだとされている。[14]そのために、敗戦直後の言説空間は占領による様々な社会への影響が書けない領域となった。そして、闇市という題

材を描くこともまた「占領政策の妨害」になりうるとして、闇市と占領軍との関わりを示す箇所はたとえそれが本文と関係がない挿絵だったとしても厳しく検閲されることになった[15]（図18）。また、占領軍兵士と日本人女性の性関係が示唆されるような箇所も「怨恨を煽るもの」として削除の対象となった。

この二つの組み合わせの最もよく知られた例として、石川淳「黄金伝説」（新潮社編「新潮」一九四六年三月号、新潮社）がある。この作品末尾に、主人公がかつて恋い焦がれていた女性が「あやしいまでに色の黒い、一個の頑強な兵士」の胸板に「ぴつたり抱きついてゐた」という箇所がある。これが理由で単行本『黄金伝説』（中央公論社、一九四六年）の標題作であるにもかかわらず収録されないという事態があった。この小説には他にも女性が闇市のバラック店舗で広げたハンドバッグのなかに「ラッキイ・ストライク」や「チョコレートその他この国の産とはおもはれない品品」が入っている描写があるが、これもまた削除の対象となっている。闇市と占領軍の関係を示唆するものとして削除された一例と考えることができるだろう（図19）。

舟橋聖一の『横になった令嬢』（大元社、一九四六年）や『白い腕』（鹿水館、一九四七年）も同様に、女性の性売買も含めた闇取り引きと占領の関係を扱った箇所が削除処分を受けていることがプランゲ文庫所蔵の検閲稿からわかる[16]。

このようなあからさまな検閲による削除指定がわかる場合もあるが、十重田裕一が「この時期のすべての出版物が、アメリカ軍の占領下で発表されている以上、本文の異同にGHQ／SCAPの直接的・間接的介在を考慮に入れることが不可欠である[17]」と指摘するように、占領期に出版された作品、特に削除対象になりやすかった闇市を描いたものは、検閲の影響を考えざるをえない。それは、これまで挙げた占領期小説にも当てはまることだろう。

一九四八年七月以降は、プレスコードがメディアに「浸透」していく。別の言葉で言えばメディアや作者が〝自粛〟と呼ばれる内部検閲（または自己検閲）をおこない、占領軍のプレスコードを内在化させていくに伴って、新聞をはじめとして多くの媒体が事前検閲から事後検閲へと移行していく。[18] しかしそれでも、占領軍の批判に該当する可能性があるもの、もしくは占領という事態を言外にも示唆してしまう表現には、占領の終了時期まで厳しい事前検閲が課せられていたことがわかっている。特に在日朝鮮人が発行するメディアには、多くの日本の総合雑誌への検閲が減少するのと反比例して、四七年末から修正、削除、および発刊禁止処分が増加することが明らかになってきた。[19]

このように、占領期の検閲は文学の表現に多大な影響をもたらした。特に闇市に関しては、同時代に生きていた人間であれば誰もが当然のように知っていた占領軍と闇市の関係が執拗な削除の対象となることで、生活における占領の直接的な影響が誌面上では見えない領域と化していた。それでも小説は闇市を同時代の世相として描きながら、その描写のなかに「新しい日本」への違和感を書き込んでいる。その違和感こそ、「戦後日本」の枠組みから排除されたものへの通路であり、検閲の存在を意識しながら闇市表象を考えていくことで、敗戦直後という空間の新しい地景が得られる可能性がある。

本書では第2部でいくつかの文学作品を分析する際に検閲の問題を取り扱うが、この章では具体的な作品分析に踏み込むのをひとまず先送りして、敗戦直後以降の闇市像について検討してみる。

3　大江健三郎『万延元年のフットボール』

一九六七年は闇市と文学があらためて結合する年だったのかもしれない。大江健三郎が『万延元年のフットボール』（講談社編「群像」一九六七年一—七月号、講談社）[20]を連載する一方で、野坂昭如は自らの故郷と呼ぶ闇市を描いた代表作「アメリカひじき」（文藝春秋編「別冊文藝春秋」一九六七年九月号、文藝春秋）や「火垂るの墓」（文藝春秋編「オール讀物」一九六七年十月号、文藝春秋）を世に出した。六七年という年を考えてみれば、三年後に日米安保の自動延長を控え、全共闘（全学共闘会議）が活発化する直前であり、また新たな闘争のための六〇年安保の再検討が喫緊の課題となっていた。六〇年安保闘争で当時首相の岸信介が右翼テロをデモ隊に対して仕掛けたが、まさにその右翼集団のなかに、敗戦直後の新宿で巨大な尾津マーケットを統括していた大親分・尾津喜之助がいた。彼が自民党世話人の児玉誉士夫の呼びかけに応えて組織編成を手助けしたことは、丸山眞男の「日本におけるナショナリズム」[21]によってよく知られている。

『万延元年のフットボール』の主人公「蜜三郎」の弟の「鷹四」もまた、「ロクジュウネンアンポ」のときに、デモ側から右翼へ転向し、暴力団に参加してデモ隊を強襲したのだった。この鷹四は、物語の現在では「スーパー・マーケットの天皇」と呼ばれるアメリカ式のスーパーマーケットチェーンで成功した在日朝鮮人の経営者とアメリカで知り合い、曾祖父が建てた「倉屋敷」を売り払おうとしている。先祖伝来の「倉屋敷」の近くには、戦時強制労働によって形成された朝鮮人部落があり、日本敗戦後にその土地は朝鮮人たちに払い下げられていた。しかし、その朝鮮人経営者は朝鮮人同胞の土地を独占的に買い上げてしまい、そこから発展して現在の経済的地位を得ていたのだった。鷹四は「谷間」と呼ばれる地元の村の経済がそのスーパーマーケットによって独占されつつあり、谷間の人々が不満を抱えていることを知ると、一転してスーパーマーケット襲撃を計画するようになる。しかし、皮肉なことに、その襲撃の主体となる谷間の若者を中心として組織されたフットボールチームは、「スーパー・マーケットの天皇」に「倉屋敷」を売り払った金で創設されたのだ。この襲撃はただ単にスーパーマーケットを略奪するだけの行為だったのだが、鷹四はこれを過去に谷間で起こった曾祖父の弟が率いる農民一揆と重ねることで、自分らの暴力を英雄視し、また正当化する。

この鷹四が首謀する襲撃事件に参加する村の人々は、鷹四の扇動に乗せられて朝鮮人に対する憎悪をいっそう強めていく。「倉屋敷」のかつての使用人であり、現在の管理人である「ジン」は、こう言う。

> この窪地に朝鮮人が来てからというもの、谷間の人間は迷惑をこうむりつづけでしたが！戦争が終ると、朝鮮人は、土地も金も谷間から掠ぎとって、良い身分になりましたが！それを少しだけとりかえすのに、なにが同情してかからねばなりませんかの？[22]

この直後で蜜三郎がジンの偏見を正しているように、実際には敗戦直後の谷間の人々は朝鮮人の「闇集団」から闇米を買って急場をしのいでいた。しかもジン本人もまた、朝鮮人の闇米の「渡りをつけて」いたのだった。さらに朝鮮人に虐殺されたとされる蜜三郎や鷹四の次兄である「S兄さん」は、実のところ村の「無法者グループ」が朝鮮人を殺したことを発端とした日本人と朝鮮人の抗争に巻き込まれたために死亡していた。結局のところ、「自分たちの先細りの生活の悲惨さ」に甘んじていた谷間の人間が、突如持ち出された朝鮮人の（朝鮮人部落を搾取したうえでの）成功者である「スーパー・マーケットの天皇」を襲撃するという計画に「戦前・戦中の朝鮮人への優越感の甘い記憶」を思い出したのだった。

まさに、先に見た朝鮮人に対する「第三国人」言説の構造がここに現れていると言っていいだろう。のちに「スーパー・マーケットの天皇」が鷹四らの襲撃を不問にすることで、谷間の人々は少しの「戦利品」とおこなった暴力に対する「みじめなうしろめたさ」も感じず、そのまま忘却して生きていくことになるのだが、ここに小森陽一は一九六五年の韓日／日韓基本条約の構造を読み取っている。

「韓日条約」／「日韓条約」締結にあたって、日本は韓国に無償供与三億ドル、政府借款二億ドルを支払ったが、それを戦争と植民地支配に対する賠償や補償として位置づけるのではなく、あくまで「独立祝賀金」という名の経済協力だとしてきた。直接遂行された暴力について、何らの責任も取らなかったのである。[23]

朝鮮戦争によって「特需」を経験した日本が急速に経済を回復し、その経済力の威容を持って戦後の韓国に植民地支配の責任を不問にさせるよう迫ったさまは、まさにこの谷間の人々によって象形されていると言っていいだろう。「万延元年のフットボール」は、日本人の自らの暴力に対する忘却と、忘却することから発する自己憐憫の醜悪さを、この谷間の人々と朝鮮人部落との関係のなかから描き出す。そのひな型になるのが、敗戦後の「闇米」をめぐる抗争だったのだ。

4　被災と責任の記憶——野坂昭如、井上ひさし

野坂昭如は一九六八年に「アメリカひじき」と「火垂るの墓」の二作で直木賞を受賞している。「火垂るの墓」は八八年にスタジオ・ジブリによってアニメーション映画化され、繰り返しテレビでも放映されたために、人口に膾炙した作品でもある。この小説は、神戸市三宮の高架下闇市で「清太」が息を引き取る場面から始まる。

九月に入るとすぐに、まず焼けた砂糖水に溶かしてドラム缶に入れ、コップいっぱい五十銭にはじまった三宮ガード下の闇市、たちまち蒸し芋芋の粉団子握り飯大福焼飯ぜんざい饅頭うど

ん天丼ライスカレーから、ケーキ米麦砂糖てんぷら牛肉ミルク罐詰魚焼酎ウイスキー梨夏みかん、ゴム長自転車チューブマッチ煙草地下足袋おしめカバー軍隊毛布軍靴軍服半長靴、今朝女房につめさせた麦シャリアルマイトの弁当箱ごとさし出して「ええ十円、ええ十円」かと思えば、はいている短靴くたびれたのを、片手の指ひっかけてささげ持ち「二十円どや、二十円」[24]

引用部では、一九四五年九月の初旬から清太が息を引き取る二十一日までの間に徐々に形成された三宮高架下の闇市の様子を描いている。読点が極端に少ない文章で羅列された食物や物資は、餓死寸前の清太が駅のトイレまではうようにして移動した際の視線をなぞるように描出されている。餓品から品へと目移りし、空腹がその視線の移動を加速させるさまを表現している。先に見た「焼跡のイエス」の引用に比べると、主人公の身体感覚がより強調されていて、清太の見る風景が「いま・ここ」にある現実として読者の前に現れてくる。この餓死寸前の少年の前に現れる、非情なまでに物資が氾濫した闇市の現実性は、この物語がなぜ清太の命の「終わり」を提示するところから始まるのかという構造的な問題につながっているように思える。

「火垂るの墓」は作者・野坂昭如が自伝的に書いた小説であり、そのため清太のモデルは野坂自身だとされている。しかし野坂は戦後も生き延び、清太は闇市で餓死してしまう。この違いは、作者の戦争の記憶に対する態度に起因する。直木賞受賞の際に発表した「焼跡闇市派の弁」[25]で、野坂は自身を「焼跡闇市派」であると規定する。野坂は、空襲や闇市は単に歴史の一回的な出来事ではなく、自らを作り上げたものはすべて「焼跡闇市」にあるからこそ、小説で「焼跡闇市への回帰を、鳥の声のようにくりかえす」のだと、自らの作品について言及している。つまり野坂にとって、戦争の記憶は「焼跡闇市」にすべて収斂するのだ。彼がこのように「焼跡闇市」を称揚するのは、そこに戦争のもたらす害悪が露骨に現れるためであった。それは自分が妹を餓死させてまで生き延びてしまったことまでをも含み込む。そのために、彼の作品では闇市が常に再生産されなくてはならない。それが野坂にとっての鎮魂の儀式であるのだ。「火垂るの墓」と同時受賞した小説「アメリカひじき」でも、敗戦から二十年たった社会で生きる主人公「俊雄」の脳裏には、彼が敗戦直後の闇市でとった行動や見た光景が常にフラッシュバックする。その脳裏で絶えず再生産される闇市が、俊雄の戦後の生活を束縛しているのもこの鎮魂の儀式ゆえだろう。

「火垂るの墓」で闇市が清太の「いま・ここ」という身体性をもって描出されるのは、野坂の記憶にとって「いま・ここ」が一九六七年ではなく、敗戦直後の闇市だからである。清太とは、野坂の戦争をめぐる記憶が擬人化した存在であり、野坂の記憶は闇市に収斂する。そのために、清太は闇市で息を引き取らなくてはならないのだ。「火垂るの墓」が描く闇市は、すなわち記憶の終着地としての闇市なのである。[26]

こうした戦争の記憶の終着地としての闇市という野坂が描いたイメージは、井上ひさしに批判的に継承されているように思える。野坂からさらに約二十年後、井上ひさしは演劇「昭和庶民伝」三部作を上演した。その二作目である『闇に咲く花』[27]と、そのひな型になった『花よりタンゴ』[28]の二作品のなかに闇市が登場する。『花よりタンゴ』では、「高山金太郎」という元華族月岡家の運転手だった男性が、敗戦後の新橋の闇市で連合軍兵士相手のみやげ屋を営み、闇成り金となって没落した月岡家の四姉妹の前に登場する。四姉妹はダンスホールを経営していたが、経営難のために「金太郎」にホールを買い取られそうになる。一方、『闇に咲く花』では、愛敬稲荷神社の神主「牛木公麿」が登場する。「公麿」は神社経営のかたわら、玩具のお面工場を経営していたが、お面だけでは生活は立ち行かず、工場で働く四人の女性とともに地方に出て闇取り引きをしながら、闇物資の仕入れもしている。「金太郎」にしろ「公麿」にしろ、闇市のなかで闇取り引きをしながら、したたかに敗戦直後の困難な生活を生き抜こうとする活力ある人物である。しかし二人はそれぞれ、戦時中に積極的に周囲の人々を総力戦体制のなかに送り込む役割を担っていた人物でもあった。「金太郎」は地元の警防団員として「非国民」を取り締まり、「公麿」は神主として出征兵士を神道の名の下に送り出していた。

井上はこの二作のなかで、闇市に生きる人々や必死に生きる庶民の姿をユーモアを交えて描いているが、同時に、生活のなかで埋もれていく庶民たちの戦争責任、そしてその忘却を問題視している。ここに「万延元年のフットボール」との共通項を見いだせるだろう。野坂の「火垂るの墓」に登場する清太や妹の節子といった幼い子どもたちと金太郎や公麿といった大人たちを同一視することはできないという指摘があるかもしれない。しかしながら、野坂が「火垂るの墓」で試みたような戦争の記憶の終着地としての闇市のイメージが、一九八〇年代も存命していた過去の戦争指導者たちによって、ひいては日本という国家によって隠れ蓑のように利用されることに、井上ひさしは危機感を覚えたようにも思える。すなわち、戦争の被害者として清太や節子のような「無垢なる庶民」が強調されることで、日本国民全体が戦災によってもたらされた焼跡で生きる〝被害者〟として記憶され、一般化されるのだ。この一般化では、明治近代化以降日本がおこなってきた植民地支配とそれを支えた庶民の存在が安易に忘却されてしまう。そうした井上の問題意識は、公麿の息子で記憶喪失から立ち直った牛木健太郎が植民地の人に対する残虐行為を問われ、C級戦犯として裁かれる前に残した次のような言葉に代弁されている。

父さん、ついこのあいだおこったことを忘れちゃだめだ、忘れたふりをしちゃなおいけない。過去の失敗を記憶していない人間の未来は暗いよ。なぜって同じ失敗をまた繰り返すにきまっているからね。[29]

闇市に生きる公麿へ向けられたこの言葉は、戦争をめぐる記憶を闇市に埋没させ、忘却してしまうことへの警鐘なのである。野坂の「火垂るの墓」がアニメーション映画として再演されるのに先立って、これら井上ひさしの演劇作品が上演されたのも偶然ではないだろう。一九七〇年代に『日本人のへそ』や『十一ぴきのネコ』で「戦後日本」という歴史認識自体を疑問視し始めた井上ひさしが八〇年代に見いだしたのは、戦争責任を問う舞台としての闇市だったのだ。

5 記憶の起点として――浅田次郎、梁石日

さらに、闇市を扱った後年の小説はどのような闇市像を提示しているのだろうか。『地下鉄に乗って』[30]は、一九九四年に出版された浅田次郎の小説である。主人公・小沼真次は経済界の伝説的人物・小沼佐吉の息子であるにもかかわらず、兄・昭一の自殺をきっかけとした確執によって父親と絶縁し、小さな下着メーカーのうらぶれた営業マンとして生活している。そんななか、彼は兄の命日に偶然開かれた同窓会の帰り道、地下鉄赤坂見附駅の地下道で不思議な出口を見つける。そこを出てみると、まさに兄が自殺した当日である、東京オリンピックの年の六四年、地下鉄開通の日の新中野駅にいることに気がつく。真次は兄の死の真相に近づいていくなかで、父・佐吉の「記憶の起点」である闇市の時代にも降り立つことになる。新宿駅前や銀座・有楽町の間に広がっていた闇市で壮絶に、しかし義理堅く生き抜く佐吉の姿を目の当たりにし、知らされていなかった父の苦悩と家族の歴史を知ることになった。

父の影の下で生きる息子が父と決着をつけて自らの人生を歩み始めるという一種のオイディプス的「父殺し」の物語は、これといって目新しいものではないかもしれない。しかしこの小説が高い評価を受け、人気を得た理由としては、そうした典型的なプロットよりも、むしろ家族の物語の背景をなす「戦後日本」の歩みが明瞭に描き出されている点が大きいだろう。バブル崩壊に始まる一九九〇年代の停滞した経済状況のなかで、この小説は、占領期の混乱からの復興の象徴である東京オリンピックを経て、高度経済成長を遂げる日本の復活物語をなぞる。そのことによって、困難な時代を生きるためのナショナル・アイデンティティの確立を描いた物語と言い換えることもできる。佐吉の「記憶の起点」である闇市は「見知らぬ国の見知らぬ町の、飢えと寒さに被いつくされた市場」と、一見無国籍な場として表現されているが、そこで活躍する佐吉の表情からは「かつて多くの日本人が持ち、繁栄とともにことごとく失われてしまった、再生する民族の表情」が読み取られる。そこにこの物語を解釈する契機があるのだろう。さらに、この小説が二〇〇〇年にミュージカル化、〇六年に漫画化、テレビドラマ化、そして映画化という再生産を繰り返されたのも、バブル以後の「暗黒の二十年」を耐え忍ぶ日本人の教科書的役割を望まれたためではないだろうか。

しかしながら、こうした受容と再生産のあり方とは裏腹に、実のところ、このテクストには「戦後日本」物語を相対化するような層があることも指摘しなければならない。月島の博徒と芸者を親（母親は義母）に持つ佐吉が闇市での商売をきっかけに成り上がり、銅像が建てられ、「ここでは社長が法律なんだ」「ここでは神様だもの」と言われるほどの人物になったことや、出版された佐吉の一代記には「悪いことなんてひとつも書いていない」ように、過去の闇を葬って神格化されたことを、昭和天皇と重ね合わせるのは無理なことだろうか。さらに佐吉の愛人で元「パンパン」だった時子の間に生まれた子どもが、「この何年も、生まれる娘はみんなミチコって決まってるんだ」と、当時の皇太子成婚ブームにあやかって「みち子」と名づけられたのも看過することはできない。

また、東京オリンピックに沸く社会を「風景がひどく脆弱に、心もとなく見えるのは、それらのすべてが半年後に控えた壮大な復活の儀式に向って、あわただしく準備されたからにちがいない」と、冷めた距離感を持って描いていることなどにも、無批判に復興物語を描いたと言いがたい点がある。つまり、過去の忘却のうえで機能する天皇の再中心化の虚構（象徴天皇制）のなかで復興する日本を、家族の物語の姿を借りて壮大に戯画化したといっても間違いではないように思えるのだ。

真次の過去への導き手が、かつての満州で日本軍に見放された開拓団の引率者だった「のっぺい」と呼ばれる老人であることも、この物語に一義的な解釈を許さない複層性を加えているだろう。

ここでは、「日本復興」物語を相対化するということに作者・浅田次郎が意識的だったか否かは問わない。だが、闇市が「戦後」の「記憶の起点」であるとする話型が存在することは確かだ。この話型は、同じ一九九〇年代の最後に発表された梁石日（ヤンソギル）の「夢の回廊」「さかしま」[31]という二編の連続する短篇小説にも共通している。

梁石日の作品で最も人口に膾炙したものは、おそらく「血と骨」（徳間書店編「サンサーラ」一九九六年七月号―九七年四月号、徳間書店）だろう。「血と骨」は一人の在日朝鮮人男性の、戦前から戦後までの強欲と暴力に満ち満ちた壮絶な一生を描いている（この作品は二〇〇四年にビートたけし主演、崔洋一監督で映画化され、大きな反響を呼んだ）。翌年に出版された「夢の回廊」「さかしま」は、知名度はいささか低いものの、「地下鉄に乗って」と同じ話型、すなわち「記憶の起点」として闇市を描いたものであり、この二編の連続する短篇小説のほうがより明確な共通点を見いだすことができる。

「さかしま」では、敗戦後の大阪・鶴橋の闇市が舞台であり、「南洋」からの復員兵である「西岡洋次」が連続殺人を犯す経緯が、兵士としての過去と絡み合いながら提示される。「さかしま」で描かれる激烈な死と生のグロテスクさは、「夢の回廊」では、闇市時代に少年だった在日朝鮮人男性の悪夢のなかに現れる。これらの物語には、「戦後復興」物語や新しい時代に向けて歩みを新たにするような楽観主義的ロマンティシズムは介在する余地がない。つまり、「地下鉄に乗って」が軟着陸したような「日本復興」というナショナルな読みのコードからは、在日朝鮮人という存在は取りこぼされてしまうのだ。では、梁石日が描く闇市は、どういうコンテクストで読むことができるのだろうか。既に触れたように、「さかしま」に描かれた闇市の空間は、現実感を伴った悪夢となって「夢の回廊」の「私」を繰り返し襲う。そうした強迫的な性格を持つ闇市は、次のような場所に位置づけられている。

「弁天市場の両側には朝鮮人長屋が密集している。この朝鮮人長屋を囲むような形で、日本人長屋がある。朝鮮人長屋の子供はあまり小遣い持っていないさかい、日本人長屋寄りの場所を選んだ方がええ。そしたら小遣いを持っている朝鮮人の子供も紙芝居を見にくる。タダ見は絶対させたらあかんで。くせになるさかい。タダ見する子供はきまってるんや」

引用は、紙芝居屋の元締めが主人公の「西岡」に営業場所を指示する際に用いた言葉である。日本人長屋に囲い込まれた朝鮮人長屋というミクロな空間に「在日の少年」だった「私」の記憶が滞留してしまうことは、在日朝鮮人が置かれた戦後社会での八方ふさがりの状態を示唆しており、それがこの小説を支える問題意識として存在する。これは先に見た敗戦直後の金達寿の作品と共有されたものであり、一九九〇年代まで解決されずに放置されてきたこととつながっている。こうした闇市の強迫的な恐怖から、九〇年代の在日朝鮮人が抱えた問題を読み取ることができるかもしれない。

一九九〇年代とは、折しもアジア太平洋戦争と日本の植民地支配をめぐる記憶が、再び社会の表面へと浮上するきっかけを得た十年間でもある。すなわち、「従軍慰安婦」をめぐる問題だ。「さかしま」の「西岡」は、「南洋」の戦場で現地の少女を強姦し、食人したことが小説中で明らかになる。「西岡」の罪は、彼が闇市で朽ち果てることによって埋もれてしまうが、「夢の回廊」の在日朝鮮人男性の夢を媒介にして、九〇年代の日本社会で再び掘り起こされる。二つの短篇小説を結び付けるこの連関は、「従軍慰安婦」問題として旧日本軍の罪が暴露される同時代の状況と重なり合っているのだ。そしてこうした記憶の浮上は、「解放」から五十年にわたって「日本人」に「囲い込まれ」無視されてきた旧植民地出身者たちが、あらためて認知される機会でもあった。梁石日の「夢の回廊」「さかしま」は、戦後五十年間見えない存在とされていた在日朝鮮人たちの苦難を、闇市の記憶を起点とする現在との「回廊」のなかに描出しているのだ。

浅田次郎の「地下鉄に乗って」と梁石日の「夢の回廊」「さかしま」は、それぞれ闇市の記憶を起点として、戦後日本の五十年を描いた作品である。しかしそれらは実に非対称な表裏をなしている。片方は、敗戦を起点として、高度経済成長を経て、大国に返り咲くという「戦後日本」という大きな物語をトレースしているが、もう一方は、悪夢という強迫的な記憶の断片が物語を構成しないシークエンスとして繰り返されるのである。

6 ミステリーとしての闇市

これまで敗戦直後から近年の文学作品まで、闇市がどのように描かれてきたかを考えてきた。しかし最後に、闇市にはもう一つの大きな像（イメージ）があることを指摘したい。それはミステリーの舞台としての闇市である。一九五〇年に近づくにつれて、闇市と呼ばれた空間はその姿を消し、あるいは別のものへと変化していった。こうした時代の推移のなかで闇市で起きた犯罪などの記憶も、文字どおり闇に葬り去られたことだろう。それは隠匿物資であり、戦争の記憶であり、または生と死の記録だったかもしれない。そうした過去が埋もれる空間としての闇市は、推理・ミステリー小説の格好の舞台であった。

闇市を舞台にした推理・ミステリー小説の最も代表的な例であり、おそらくその後のミステリー小説群の原型をなした小説は、「ゼロの焦点」（一九五八年連載開始）などの松本清張の手による作品だろう。後続する例として、結城昌治の『終着駅』（中央公論社、一九八四年）が挙げられるだろうし、また、先に見た浅田次郎の「地下鉄（メトロ）に乗って」も、家族の記憶を解き明かすという意味では、このカテゴリーに入るかもしれない。また近年のものでは、京極夏彦の「百鬼夜行」シリーズ（講談社、一九九四年―）やデイヴィッド・ピースの『Tokyo Year Zero』（酒井武志訳、文藝春秋、二〇〇七年）に始まる「Tokyo Trilogy」が挙げられる。これらの作品は、物語の冒頭で起きた事件の原因を追求するうちに、闇市の時代に真実を発見するという筋書きである。闇市が敗戦から今日までミステリーの舞台として再生産され続けてきたのは、闇市の表象を考えるにあたって示唆的なことである。ミステリーの舞台として闇市が描かれる際、物語の冒頭では常にうさんくさい物資や人々があふれた混沌の空間として提示される。敗戦直後に闇市と呼ばれた空間が実際にそうした場だったかどうかは問題ではなく、むしろ実際はどうであれ、つかみどころがないカオスとして描かれることが重要なのだ。しかし、物語が展開していく、つまり事件の真相がつまびらかになるにつれて、闇市という空間が最初に提示されたような無秩序なカオスではなく、人々が日々を生きる日常的な空間として立ち現れてくる。つまり、一見ミステリーに見えたものが、原因と結果が解きほぐされることによって条理の場、つまり社会そのものとして再提示されるのだ。

このような展開が明らかにするのは、内部構造がわからないために、そこに様々な憶測や疑惑、そして意識されない差別的視線を投げ込むことができるブラックボックス的なものとして闇市が一般に記憶されてきたということだろう。しかし、これまで見てきたように、本章が扱った物語のなかの闇市はそのような無知からくる欺瞞を覆してきた。闇市をただ混沌の空間としてではなく人間が生きてきた場として描くことで、日本社会が忘却しようとする過去の暴力とその責任に向き合い、またその視座から「戦後日本」という歴史認識を相対化するような物語の運動がある。

そして二〇一〇年代に入っても、様々な媒体で闇市を描いている。例えば漫画雑誌では浦沢直樹「BILLY BAT」（講談社編「モーニング」講談社、二〇〇九年―）や、王欣太「ReMember」（講談社編「モーニング」講談社、二〇一一年―）、山田参助「あれよ星屑」（エンターブレイン編「コミックビー

図20
（出典：浦沢直樹『BILLY BAT』第1巻、講談社、88ページ）

ム」エンターブレイン、二〇一三年九月―）など、現代を代表する漫画家たちが闇市を描いた作品を矢継ぎ早に連載している。特に「BILLY BAT」や「ReMember」では、闇市は過去の忘却と現在の支配の構造（日本の政治家や旧軍人たちのアメリカ従属、そしてその背後にある歴史の反復性）を垣間見ることができる空間として明確に描かれている。また、NHKの連続テレビ小説はいわゆる「女一代記」を扱う傾向があるが、一〇年以降は特に敗戦直後が描かれる場合、闇市にまつわるストーリーが頻繁に現れるようにも思える。[32] そこでは闇市は、従来のような混沌や非日常性の象徴というよりも、むしろ過去から現在へと連続的に流れる生活の時間と、それゆえに戦争による不可逆的な喪失（身近な人の死や変節）が現れる場として描かれている。どちらの場合も「戦後日本」という国家単位の大きな物語が覆い隠していたものを再び個人の目線で確認し、歴史として再構成しようとする姿勢があることを指摘することができるだろう。三・一一以後に戦後の原発政策の実態があらわになると同時に、「がんばろう東北」とオリンピック招致ですべてを曖昧にする放射能の被害の組織的な隠蔽がおこなわれた。さらに一二年以降の自民党の復権と立憲主義の形骸化、ヘイト・スピーチに代表される排外主義と偏狭なナショナリズムの勃興は、これまでの国家としての日本のありようを明らかに変化させている。このような時期に闇市を描き直そうとする動きがあることは、あらためて戦争と敗戦、そしてその後の社会を見つめ直す必要性に迫られているからだろう。物語のなかの闇市という表象は、まさに「戦後日本」への違和感と密接に結び付く。闇市表象は、「戦後日本」を成り立たせてきた様々な言説の「破れ穴」としての役割を担っていると言えるだろう。

注

（1）最新のものでは、安丸良夫／菅孝行『近代日本の国家権力と天皇制』（御茶の水書房、二〇一四年）が最も簡潔にこの議論をまとめている。特に「戦後国家における天皇・天皇制、その延命の根拠」で、一九六〇年代以降の議論をまとめながらイデオロギー装置としての象徴天皇制の機能を説明する。

（2）「わたしの語ろうとしている都市（東京）は、次のような貴重な逆説、すなわち――いかにもこの都市は中心をもっている。だがその中心は空虚である――という逆説を示してくれる。禁域であって、しかも同時にどうでもいい場所、緑に蔽われ、お濠によって防禦されていて、文字通り誰からも見られることのない皇帝の住む御所。そのまわりをこの都市の全体がめぐっている。毎日毎日、鉄砲弾のように急速に精力的かつすばやい運動で、タクシーはこの円を周回してやり過ごす。この円の落ち込んだクレーター、不可視性の可視的な形、これは神聖なる〈無 vide〉を隠している」（ロラン・バル

ト『表徴の帝国』宗左近訳〔ちくま学芸文庫〕、筑摩書房、一九九六年、五四ページ）

（3）石川淳「焼跡のイエス」、新潮社編「新潮」一九四六年十月号、新潮社（『石川淳全集』第二巻、筑摩書房、一九八九年）

（4）同書四六七ページ

（5）同書四七一ページ

（6）織田作之助「世相」、鎌倉文庫編「人間」一九四六年四月号、鎌倉文庫。本文引用は『織田作之助全集』第五巻（講談社、一九七〇年）から。

（7）太宰治「メリイクリスマス」『太宰治全集』第十巻、筑摩書房、一九九九年、三ページ

（8）椎名麟三「深夜の酒宴」『椎名麟三全集』第一巻、冬樹社、一九七〇年

（9）安藤宏は、太宰や石川、坂口安吾などのいわゆる無頼派と第一次戦後派を分かつものとして「自己」の捉え方とその立脚する時間の違いを指摘している。安藤は次のように論じる。無頼派に属する作家たちは敗戦時には既に中堅作家たちであり、彼らにとって敗戦後の風俗は「八・一五以前」からまなざされるものであった。一方、戦後に自らの立脚点を築き上げなければならない椎名麟三や野間宏のような戦後派の作家たちにとって、戦後の風俗は自己とともに内面から格闘するものであり、メタレベルで描写する対象にはなりえない（安藤宏「交差する「自己」」〔『近代小説の表現機構』岩波書店、二〇一二年〕の議論を参照）。

（10）金達寿「八・一五以後」『金達寿小説全集』第一巻、筑摩書房、一九八〇年、一四四ページ

（11）本書第3章の「第三国人神話」に関する議論を参照のこと。

（12）当作品での民族の問題に関しては、第8章で具体的に検討してみる。

（13）プレスコードは以下の十項によって成り立つ。引用は津田正夫『日本新聞年鑑 昭和23―24年』（日

本新聞協会、一九四八年）。

1、ニュースは厳格に真実に符合しなければならぬ。
2、直接たると間接たるとを問わず、公共安寧を紊すような事項を掲載してはならぬ。
3、連合国に関し虚偽又は破壊的批判をしてはならぬ。
4、連合国占領軍に対し破壊的な批判を加え、又は占領軍に対し不信若くは怨恨を招来するような事項を掲載してはならぬ。
5、連合軍部隊の動静に関しては、公式に発表されない限り発表又は論議してはならぬ。
6、ニュースの筋は事実通りを記載しかつ完全に編集上の意見を払拭したものでなければならぬ。
7、ニュースの筋は宣伝の線に沿うよう脚色されてはならぬ。
8、ニュースの筋は宣伝の企画を強調し若くは展開すべく針小棒大に取り扱ってはならぬ。
9、ニュースの筋は重要事実又は細部を省略してこれを歪曲してはならぬ。
10、新聞編集に当ってはニュースの筋は宣伝の意図を盛上げ又は展開する為め特に或事項を不当に顕出してはならぬ。

（14）占領期の検閲に関しては、江藤淳『閉ざされた言語空間――占領軍の検閲と戦後日本』（文藝春秋、一九八九年）や山本武利『占領期メディア分析』（法政大学出版局、一九九六年）を先駆的な研究として挙げられる。

（15）榊原理智「〈敗戦後〉への想像的読みに向けて」、山本武利／川崎賢子／十重田裕一／宗像和重編『表現される戦争と占領――1946・8―1947・7』（「占領期雑誌資料大系　文学編」第二巻）所収、岩波書店、二〇一〇年

（16）『横になった令嬢』（大元社、一九四六年）では「戦争が終われば、商売口は忙しくなるばかりだ。

姐ちゃんさへその気があるなら、これからでも案内してあげるぜ」（二八四ページ）、『白い腕』（鹿水館、一九四七年）では女主人公のパトロンである財閥の大人物がいまだに占領軍によって検挙されていないことを書いた箇所（四一ページ）や「赤坂では、アメリカ大使館だけがポツンと残つて、あとは、きれいに焼けてゐた」（五六ページ）などが削除されている。

(17) 十重田裕一「横光利一の著作に見るGHQ／SCAPの検閲——『旅愁』『夜の靴』『微笑』をめぐって」、早稲田大学大学院文学研究科編「早稲田大学大学院文学研究科紀要」第五十七巻、早稲田大学大学院文学研究科、二〇一一年

(18) 十重田裕一「内務省とGHQ／SCAPの検閲と文学——一九二〇—四〇年代日本のメディア規制と表現の葛藤」、鈴木登美／十重田裕一／堀ひかり／宗像和重編『検閲・メディア・文学——江戸から戦後まで』所収、新曜社、二〇一二年、九二ページ。十重田は、江藤淳が占領期の出版空間を「閉ざされた言語空間」と呼んだことに対して、プレスコードを利用する検閲者だけではなく、被検閲者にも自己検閲という見えない形での内的な抑圧が機能することによって、「解放されると同時に閉ざされるという、引き裂かれた言説空間の様相を呈していた」（九四ページ）と論じ、占領下での検閲とメディア、そして表現者という三者の折衝の模様を作品分析に織り込むという方法論を実演して、占領期小説読解の新たな地平を開いた。

(19) この事態に関しては、本書第9章で在日朝鮮人作家・金達寿の作品を扱いながら詳しく検討するが、在日朝鮮人発行の出版物に対する重要な先行研究として、前掲「GHQの在日朝鮮人認識に関する一考察」、小林知子「GHQによる在日朝鮮人刊行雑誌の検閲」（在日朝鮮人運動史研究会編「在日朝鮮人史研究」第二十二号、緑蔭書房、一九九二年）、小林聡明『在日朝鮮人のメディア空間——GHQ占領期における新聞発行とそのダイナミズム』（〔ブックレット《アジアを学ぼう》〕、風響社、二〇〇

七年）、高榮蘭「占領・民族・検閲という遠近法――「朝鮮／韓国戦争」あるいは「分裂／分断」、記憶の承認をめぐって」（前掲『検閲の帝国』所収）が挙げられる。

(20) 本文引用は、大江健三郎『大江健三郎小説３――『万延元年のフットボール』『われらの狂気を生き延びる道を教えよ』』（新潮社、一九九六年）。

(21) 丸山眞男「日本におけるナショナリズム」『丸山眞男集 第五巻 一九五〇―一九五三』岩波書店、二〇〇三年。児玉誉士夫に関しては竹森久朝『見えざる政府――児玉誉士夫とその黒の人脈』（白石書店、一九七六年）や有馬哲夫『児玉誉士夫 巨魁の昭和史』（〔文春新書〕、文藝春秋、二〇一三年）などを参照。

(22) 前掲『大江健三郎小説３』一六六ページ

(23) 小森陽一『歴史認識と小説――大江健三郎論』講談社、二〇〇二年、一六三ページ

(24) 野坂昭如「火垂るの墓」、野坂昭如／五木寛之／井上ひさし『野坂昭如・五木寛之・井上ひさし集』（〔筑摩現代文学大系〕第九十二巻）所収、筑摩書房、一九七六年

(25) 野坂昭如「焼跡闇市派の弁――直木賞を受賞して」、前掲『野坂昭如エッセイ・コレクション２ 焼跡闇市派』所収

(26) 五十嵐恵邦は「回帰する敗戦のトラウマ――野坂昭如の戦争と戦後」（岩波書店編「思想」二〇〇五年十二月号、岩波書店）で、「「火垂るの墓」は主人公の死に始まり、終わる。その、死によって縁取られた物語は、主人公の死を過去への憧憬のうちに閉じ込め、戦後という時間を拒絶する」と指摘して、この作品の記憶の問題を論じる。

(27) 『闇に咲く花――愛敬稲荷神社物語』初演：一九八七年十月九日、こまつ座、新宿紀伊國屋ホール（初出：講談社編「小説現代」一九八八年一月号、講談社）

(28)『花よりタンゴ――銀座ラッキーダンスホール物語』初演：一九八六年九月二十七日、こまつ座、新宿紀伊國屋ホール。単行本（井上ひさし『花よりタンゴ――銀座ラッキーダンスホール物語』集英社、一九八六年）として十月に出版。

(29) 本文引用は、井上ひさし「闇に咲く花――愛敬稲荷神社物語」（『井上ひさし全芝居 その四』新潮社、一九九四年）から。

(30) 浅田次郎『地下鉄（メトロ）に乗って』徳間書店、一九九四年

(31) 梁石日『さかしま』アートン、一九九九年。引用は『夢の回廊』（〔幻冬舎文庫〕、幻冬舎、二〇〇六年）。

(32)『ゲゲゲの女房』（二〇一〇年前期）、『おひさま』（二〇一一年前期）、『カーネーション』（二〇一一年後期）、『梅ちゃん先生』（二〇一二年前期）、『ごちそうさん』（二〇一三年後期）、『マッサン』（二〇一四年後期）と、ほぼ毎年の前期か後期のどちらかに敗戦前後が物語の舞台となり、闇市もしくは闇屋、闇酒などが登場する。

第2部　戦後日本から冷戦期日本へ——国民的地景（ナショナル・ランドスケープ）と異郷

第1部では、敗戦直後の東京の都市空間がメディアや行政、そして映画や文学作品のなかでどのように捉えられてきたかについて考えてきた。戦争によって荒廃した土地、いわゆる焼け野原に対して様々な態度が示されていた。ある者は、かつての帝都の無残な姿を忌むべきものとして見ないようにし、ある者はそれを新たな時代を描き出すための白紙と捉える。このような過去からの遺産を拒否して周縁に追いやる一方で、「新しい日本」というまやかしのベールで本土の空間を包み込む、そのような認識のあり方を〈焼跡〉の論理として捉えた。

第2部では、第1部で得られた知見をベースとしたうえで、様々な空間イメージを個別テクストを通して分析していく。〈焼跡〉のベールを取り去ったときに、どのような空間が立ち現れてくるのか。第5章ではその最初の分析として「肉体の門」を扱う。闇市という空間が、「戦後日本」という新しい時代からあぶれ出してしまう人々が向かう空間であり、同時にその時代の矛盾を浮き彫りにする場であることをテクストの読解から示していく。

第５章

田村泰次郎「肉体の門」論——「新生」の物語と残余としての身体

1 「肉体の門」の「書きえない領域」

田村泰次郎の「肉体の門」（「群像」一九四七年三月号、大日本雄弁会講談社）は、敗戦後の社会の混乱を如実に示した作品としてしばしば取り上げられる、いわば敗戦後の文学カノンの一つである。前作の「肉体の悪魔」（日本電報通信社編「世界文化」一九四六年九月号、日本電報通信社）とともに「肉体文学」の代表作として数えられてきたことも、「肉体の門」がその地位を獲得するのに一役買っている。戦時期に「上からの思想」によって抑圧を受けてきた世代の一人である田村が、戦後、精神のよりどころとして「肉体」を称揚すると宣言したことは、当時の若者たちに大きな衝撃と高揚をもたらした。発表当初は、そうした同世代の若者だけでなく伊藤整や中野重治、青野季吉といった文学者たちからも肯定的な評価[1]を得ていたが、「肉体文学」の過激な言葉遣いと扇情的な肉体描写は次第に過剰なエロティシズムであるという批判を受けるようになり、つい近年まで「通俗小説」というレッテルが貼られ、ある種のイロモノとして扱われてきた感が強い作品群だった。しかし、二〇〇〇年代以降、カルチュラル・スタディーズの観点から同時代の政治・社会状況が色濃く反映された文学作品として再検討されてきた。[2]そういった田村と「肉体文学」の再評価の流れのなかで、小説「肉体の門」に対する充実した個別論も尾西康充[3]や天野知幸[4]らが書いている。

例えば天野は、田村が作品のなかで描いていた本質的な問題意識が、舞台化という再生産の過程で通俗的な欲望と同一視され、大衆化されていくことを明らかにしている。そして田村の本来のねらいは、弱者であるはずの「街娼」を強者として描くことで「敗戦」という記憶をテクストに刻み付け、敗戦直後の「制度を相対化してみせようとした」ことだと評価している。[5]

本章でも、天野と同様に「肉体の門」を個別に扱い、その登場人物の間に存在する力学を中心にテクストを読解する。そして、その力学が物語の展開する都市空間とどのように関わるのかを考察してみたい。

手始めに物語の冒頭で「有楽町から勝鬨橋までの区域[6]」と説明する場所性について考えてみたい。新橋・有楽町周辺は新宿に次ぐ早さで闇市が発生した地域でもある。この闇市は規模としては新宿をしのぎ、東京圏内では最大規模のものであり、物品も大量に扱っていた。そのため縄張りを広げようとするテキヤなどの組織同士の抗争が激化し、銃撃戦もたびたび繰り広げられた。[7]また、この地域、特に有楽町は俗称で「ラク町」と呼ばれ、「闇の女」たちの発祥の地と言われるほど買売春が盛んにおこなわれていた場所だった。[8] ＰＸ（軍売店）などの占領軍関連施設が多く存在した銀座と近接していたためアメリカ兵を客としてとることが多く、新宿の主に日本人を相手にしていた「街娼」と区別して「洋パン」と呼ばれていた。

しかしながら、「肉体の門」では占領軍兵士が一人も登場しないばかりか、その存在をにおわせるような描写もない。この「アメリカの不在」に関しては丸川哲史[9]や川崎賢子[10]が既に論じている。当時、占領軍兵士と日本人との性的関係の描写は占領軍のプレスコードが禁じていたために、田村自身が「自主規制」をしたとされている。川崎は、それが田村の「時代風俗に対する無批判無自覚」から出てきているものではなく、意識的だったにもかかわらず「書きえない領域」だったと論じた。わざわざ有楽町を物語の舞台として設定することからも、田村自身が占領軍兵士と「洋パン」である女性たちの関係に気づいていなかったとは考えられない。また作者の意図以前に、有楽町という地名自体が占領軍兵士と「街娼」間の売買春と結び付けられて認識されていたことを考慮するのであれば、テクスト上には現れないその「書きえない領域」こそ、この物語を成立させている背景として分析上に意識化されなければならない。そのために、本書でも結論に至る過程で占領と性について考えることにする。

2　田村泰次郎の「肉体」観と少女たち

さて、具体的なテクストの分析に入る前に、まず「肉体」という語について検討してみよう。田村泰次郎が「肉体の門」の発表の二カ月後に同じ「群像」誌上で発表した「肉体が人間である」[11]というエッセーには次のように書かれている。

今日、「思想」は頭から私たちを、ただ威嚇して押さへようとしてゐるだけである。日本民族のなかでは、「思想」は強権的色彩を帯んだ専制政治を、長いあひだつづけてきたが、いまや肉体はそれに対してあきらかに反逆しようとしてゐる。「思想」への不信は徹底的である。私たちは、いまやみづからの肉体以外のなにものも信じない。肉体だけが真実である。肉体の苦痛、肉体の欲望、肉体の怒り、肉体の陶酔、肉体の惑乱、肉体の眠り、――これらのことだけが真実である。これらのことがあることによつて、私たちははじめて自分が生きてゐることを自覚するのだ。

田村はこのエッセーで、戦時下の経験的実感を伴わない「思想」がいかに脆弱なものだったかを長い戦場体験のなかで痛感したことを述べ、敗戦してもなお「思想」を掲げる人々に強い嫌悪感を示している。そのような表面的でただちに交換可能な「思想」は、自分が経験した戦場という危機的状況下でも、いま直面している敗戦の貧困と混乱のなかでも何の役にも立たず、「肉体」だけが人間の生きるための根拠である、と訴える。この肉体観、すなわち戦中・戦後にそれぞれ掲げられた「思想」を相対化するための「肉体」への徹底的な信頼を背景として「肉体の門」の物語世界が構築されている。

「肉体の門」に登場する「街娼」たちは菊間町子という二十三歳の、夫を硫黄島で亡くした未亡人を除けば、十八、九歳の身寄りがない少女たちである。「まだ情慾の神秘を知らぬ彼女たち」にとって、肉体を売るということは「生きんがための必死なしやうばい」（傍点は原文）である、と書いている。この記述は、「情慾の神秘」を知らないからこそ少女たちの「必死なしやうばい」が成り立つ（＝情欲があると商売でなくなる）、という前提がこの物語を支配していることを表している。こうした前提は、少女たちが自発的な性欲を憎悪することの理由としても、序盤から示されている。

「小政のせん」と名乗る浅田せんは集団のリーダー的存在であり、物語は彼女が刺青師・彫留の仕事場で「関東小政」の四字を彫ってもらっているところから展開する。彫留は戦前からの有名な彫師であり、あるヤクザの親分の愛人の背中に彫った牡丹の刺青が傑作として知られている、という設定になっている。しかしせんは、図柄ではなく勘亭流の文字を左腕に彫ってもらっている。せんは、この「関東小政」の四文字で、彼女たちの縄張りを荒らす他の街娼たちを威嚇することを夢想しているのだ。彼女は、性に対する興味で体を売る「お嬢さん面したパンパン娘」を憎悪しているのだった。のちの場面で、同じように浅草の芸者が太ももに蜘蛛の刺青を彫ったという話を聞いたせんは「いやらしいったら、ありゃしない」と、図柄が暗示する芸者の官能性の誇示に対して嫌悪を示す。
せんだけでなく他の少女たちもまた男を誘うようなしぐさをみせる女性たちを憎悪しており、そのために仲間であるはずの未亡人・町子と距離を置いている。こうした彼女たちの官能に対する憎悪は、「協同生活体」として行動する際の「掟」に原因するものである。

たとえば、正当な対価をもらわずに、自分の肉体を相手にあたえるものが一人でもあれば、それは自分たちの協同生活体の破壊者である。何故なら、そんな行為は自分たちのしやうばいを脅やかすことになるからだった。

このような官能に対する憎悪の感情は、しかしながら羨望と表裏一体のものとして描かれてもいる。ある中年男性と恋仲になった町子は、掟を破った制裁として他の少女たちからリンチを受ける。しかし、リンチの最中に少女たちは「町子の爛熟した肉体」を前にたじろぐ。少女たちの一人であるボルネオ・マヤは、町子の「肉体」に暴行を加えながらも、その行動をかき立てる憎悪の感情が「自分の理解の限界を超えるものに対する、恐怖と崇拝との入りまじった複雑な気持ち」であることをはっきりと自覚する。町子の「肉体」に対して少女たちはなぜたじろぐのか。それは、町子の「肉体」が彼女たちには欠落している「肉体の意味」を示すものでもあるからである。「肉体の門」という小説で、「肉体の意味」とは、すなわち性交の快楽を知ることである。この「肉体の意味」

は復員兵・伊吹が町子と少女たちを区別する際に語られる。

意識的に町子におもねるのではなかつたが、町子の官能のみづみづしさを見ると、ふだんマヤたちに感じてゐる、肉体の意味さへ知りもしないくせに、一人前面してゐる彼女たちへの小面憎さが、ひとりでにおもてに出るのだ。（傍点は引用者）

町子と他の少女たちの身体は「官能」の有無によって描き分けられており、それはひいては人間／動物を分ける境界線でもある。テクスト上で、「官能」を知らない少女たちは繰り返し「獣」として表現される。

みんな人間の少女というよりも、獣めいている。それも山猫か、豹のような小柄で、すばしっこい猛獣である、そういう猛獣たちが獲物をねらって、夜のジャングルをさまようのとかわらない、必死な生存慾に憑かれて、彼女たちは宵闇の街をうろつくのだ。背広のサラリーマンであろうと、復員服の闇屋であろうと、闇肥りの年配者の工場主であろうと、みんなこの猛獣たちの獲物である。

これに対して性交の快楽（＝「肉体の意味」）を知っているとされる未亡人の町子は、少女たちから差別化されている。「町子には世間の眼が気になった。中身はいいんばいであろうと、よそ眼には素人の奥さんに見られたいのであった」（傍点は原文）というように、町子は人目を気にしない少女たちのような「獣性」を帯びることはできない。同様に、物語の後半に伊吹に陵辱されたマヤは、「肉体のよろこび」を知り、「いま自分がはじめて、この世に誕生するのを感じ」たうえで、「新生」する幸福を感じながらも「こんな真裸のぶざまな格好を」帰ってきた伊吹に見られるのが「恥ずかしいと」思うようになる。伊吹との性交以後のマヤは、「官能」の感覚を得ることによって「肉体の意味」を知る。そのことでマヤのなかに羞恥心が生まれ、他の少女たちが持つ「獣性」を捨て去ることになるのである。

以上のように、「肉体の門」における少女たちの物語は、「肉体の意味」＝「官能」という前提をもとに描かれている。田村の作品に対して比較的好意的に論じていた十返肇は、一方ではこの前提に作品の限界をみている。

> 肉体の勝利とは愛欲官能を意味しているところに、僕はわれわれ男性のエゴイズムが露呈されているのを否定し得ない。[12]

また十返は他の著作でも「男性の封建制で女を自分の都合のよいように考えている勝手な点があるのは否定し難い」[13]と批判している。十返が指摘するように、「肉体の門」が女性の「肉体の意味」を異性との性交による快楽だけに結び付けている以上、この作品が短絡的な女性差別以外の何物でもないことは事実だし、それが田村の「肉体主義」という主張の限界性を示すものだろう。しかし、その明らかな欠陥を一度棚に上げて、この「肉体の門」というテクストにある、単一的な少女の「肉体」の「新生」物語には回収されえないものについて考えてみたい。そのために、次節は伊吹という男性の身体描写について考察してみる。

3　「獣性」の身体

伊吹新太郎は、ちょうどせんの刺青が完成した日の夜に少女たちの寝床がある焼けビルの地下室に転がり込んでくる。彼は警察に追われ、太ももに一発の銃弾を受けて負傷している。傷が治るまで少女たちとともに過ごすことになるが、次第に彼女たちは伊吹に引かれていき、彼を中心に動くようになる。伊吹は精悍な顔つきをした二十三、四歳の若者で、戦時中は中国の前線の修羅場をくぐり抜けてきた復員兵である。その経験から、負傷した傷が「自然に治癒するものであることを信じて疑わない」。「肉体の粘り強さについての自信を」持っている伊吹は、現に「獣のように快調」に回復していく。

伊吹は、戦場をくぐり抜けた経験によって獲得した自らの「肉体」に対する「自信」を持っているがゆえに、「肉体の意味」を知らずに「世間の裏表を知ったような口のきき方」をする少女たちに対して憎悪の感情を抱いている。伊吹は、その少女たちに対する憎悪を街で会った町子（この時点では、町子は少女たちのグループを既に追い出されている）に次のように吐露する。

あいつらを憎んでるのは、俺が一番じゃないかな。嘴の黄いろい奴らの心得たような顔つきをみると、へどが出るよ。絞め殺してやりてえくれえだ。

特に伊吹がむきになって少女たちをどなりつけるのは「しけてん」（見張り）や「えんた」（タバコ）などの「隠語」に対してである。「隠語」を使うことで、自らを世間と差異化する少女たちの口ぶりに伊吹は我慢がならないのである。伊吹はその憎悪のために、「あんたを殺して、あたいも死ぬよ」と迫ってきた少女たちの一人であるマヤを逆に組み敷いて陵辱する。

伊吹はこの生意気な小娘を責めて、責めて、ぐうの音もでないまでに責めさいなまなければ、自分の憎悪はおさまらないと直感した。あの火線で機関銃を操作している時の、闘志と本能的恐怖とで、気の遠くなるような生命の充実感と同じ感覚を、いま彼は感じた。

伊吹の少女たちに対する憎悪とマヤ陵辱の場面で語られている伊吹の「肉体」観とは、戦時中の、特に戦闘の最中の「闘志」と「本能的恐怖」を感じている「肉体」である、ということがわかる。この「肉体」に刻まれた経験を信じて、それにすがり、暴力によって他人を組み伏せようとすることで伊吹は自らの「肉体」を再確認するのである。伊吹の「肉体」が戦中に獲得した身体であることは、他の箇所からもわかる。それは伊吹の身体を描写する以下の場面である。

拳銃の弾痕傷は、かすり傷ではあるが、右の腿の肉を鋭利なナイフかなにかでざくりとえぐりとつたようになつていた。けれども、大陸の戦場で、胸に一回と、右上膊に一回貫通銃創を受けている彼には、そんな傷など屁でもなかつた。

伊吹の身体には戦争で受けた銃痕が、刻印のように刻まれているのだ。伊吹の銃痕は、「マヤの瞳にも、伊吹の胸と腕と太ももとに弾痕のある、よく発達した肉体がまぶしく見え」るというように、後半の酒宴の場面で再び伊吹の身体を象徴するものとして描かれる。兵士だったことの刻印のようなこの銃痕をどのように解釈することができるか。

前田愛は『都市空間のなかの文学』の「焦土の聖性」という章で、せんが刺青を彫るというエピソードがテクストの冒頭で語られていることについて「マヤの肉体との対照的な効果が託されているにちがいない[15]」と述べ、「せんが左腕に彫りあげる「関東小政」の文字は、禁圧された肉体の表徴そのものなのだ」と指摘している。文字によって「禁圧された肉体」というのは、先の田村のエッセーからの引用にある「今日、『思想』は頭から私たちを、ただ威嚇して押さへようとしてゐるだけである」という一文にそのまま当てはまると考えることができる。そのためにこの前田の指摘には説得力がある。それでは、このことと、伊吹の銃痕をどう関係づけられるか。ここでは、伊吹が少女たちの寝床を初めて訪れたのが、せんの刺青が完成した夜だったことを考えてみたい。

前田は、せんの刺青が「文字」であることに注目して、それを「思想」と結び付けたが、刺青が彫られる際の描写に注目すると、刺青が持つもう一つの要素に気がつく。

三つ束ねの墨を含んだ絹針が、ぷつ、ぷつと皮膚を噛む痛さを、歯を喰ひしばってたえながら、ひそかに口のなかで〔他の街娼たちを威嚇する台詞を：引用者注〕つぶやいてゐると、いつか痛さも忘れてたのしくなるのである。

ここで描いてあるように、せんの刺青は単に「文字」を肌に書いたものではなく、肌の表皮を傷つけて墨を染み込ませ、それを繰り返すことで「文字」となる。つまり刺青は「文字」であることの前に、身体に刻まれた傷跡であるのだ。前田が刺青を「禁圧された肉体の表徴」というのであれば、その刺青が「文字」であることとともに、肉体の傷跡であることも重要なはずである。ならば、せんの刺青と同様に、伊吹の身体に刻まれた銃痕もまた「肉体」を禁圧する印――つまり「思想」である、と考えることもできるだろう。

さらに、伊吹の身体はもう一つの特性を持って描かれている。それは「獣性」である。伊吹は「肉体の意味」を知っているにもかかわらず、その身体は少女たちと同じように「獣」のように描かれている。

傷ついた猛獣が、その当座は洞窟の奥深く、じっと隠れて、傷の癒えるのを待っているのだが、少し良くなると、そとの世界に出て、自由で凶暴な生活にかえりたくなるのと同じようなものだった。

この後、伊吹を意識するようになった少女たちが、彼を中心に据えて生活する様子が「恰度、一疋の牡犬をまんなかにして、四疋の牝犬がお互いに睨みあっているよう」と表現されている。伊吹は少女たちに憎しみを抱いているにもかかわらず、描写のうえでは「肉体の意味」を知らない少女たちの共同体に獣として同化しているのである。繰り返しになるが、伊吹が少女たちを憎むのは、彼女たちが玄人めいた「隠語」を使うためであり、伊吹にとって、少女たちの「隠語」は「肉体」を伴わない表面的なものである。

しかしながら少女たちにとっては、「隠語」を使うことはせんの刺青と同じく、自分自身を他の社会から差異化するための言語でもある。先にも述べたように、少女たちは町子のように振る舞うことを侮蔑する。「うはべだけとりつくろうとするそんな分別が、彼女たちにはなにかいまわしく、不純に思」われるのである。つまり彼女たちも、「いやらしさ」を持ちながら、表面だけを取り繕おうとする他の女性たちを嫌悪するのである。伊吹の「隠語」に対する憎悪と、少女たちの「官能」に対する憎悪は、表面的な偽装に対する憎悪という点で同質のものであることがわかる。

まとめると、伊吹がことさら少女たちの「隠語」に感情的になるのは、それが言語や文字（刺青）＝「思想」によって「肉体」を束縛することだからである。しかし、その憎悪はそのまま、伊吹自身の「思想」（弾痕）が刻印された身体に跳ね返ってくるのである。つまり、伊吹の身体の獣性とは、「肉体の意味」を知っているかどうかにかかわらず、「思想」に緊縛された身体が発するものであり、それは少女たちの獣性と似通ったものであるのだ。

この伊吹の身体における「思想」と「獣性」の関係性では、「肉体の門」というテクストは、作者・田村泰次郎の「肉体が人間である」というエッセーが打ち出した「肉体」観からのズレを生じさせている。一見、伊吹は「肉体の意味」を戦場で実感し、そのために少女たちを侮蔑し、さらにはマヤに「肉体のよろこび」を与える、一種の超越的人物として捉えることができる。しかしながら、田村がエッセーのなかで訴えたような「肉体」と「思想」の二項対立的図式は、伊吹の身体上では成り立っていない。「肉体の意味」を語っている伊吹の身体そのものが、むしろ「思想」によって緊縛された身体としてテクストのうえに現れてしまうのだ。

こうした田村の「肉体」観と伊吹の身体描写との歪みは、物語のクライマックスであるマヤの「新生」の場面で伊吹が忽然と姿を消してしまうことを必然的に呼び出してしまう。前述したように、伊吹がマヤを陵辱したことで彼自身の「肉体」を実感したことはテクスト上に描かれている。しかしながら、それが伊吹の身体に何らかの変化を起こしたわけではない。その場面の直後、伊吹は残った牛肉の処分のために闇市へと消えてしまい、物語が終わるまで再び登場することはない。マヤが伊吹との性交の後「肉体の意味」を悟って「新生」するのとは対照的に、伊吹の身体については何も語られないまま物語は幕を閉じるのである。

伊吹が物語に登場してから、マヤの陵辱のシーンに至るまで、この小説の三人称の語りは、比較的伊吹に寄った視点を持っていると言えるだろう。伊吹の少女たちへの憎悪を語るシーンも然り、伊吹の心理は語り手によって細かく描写されてきた。しかし、マヤが「肉体の意味」を得た瞬間、語り手は伊吹から離れてしまう。この語りの比重の移動によって、伊吹の身体の問題を宙吊りにしたまま、「肉体の門」はマヤの「新生」の物語として読み手に印象づけられるのである。

4　獣性・思想・肉体

ここまで、田村のエッセーの肉体観をもとに「肉体の門」で描かれる身体を考察してきた。確かに物語のなかでは、肉体への信頼は伊吹の口を借りて述べられており、それへの実感と希望のようなものはマヤの「新生」を通して語られている。だが、同時にせんをはじめとする少女たちや伊吹の身体描写の獣性と思想の問題など、田村がエッセーでいう「肉体」が「肉体の門」というテクスト上の身体とは必ずしも一致していないことがわかる。

最初から「獣性」を持っていない町子や獣性を捨て肉体へと「新生」するマヤが、その肉体を所持する（もしくは獲得する）ための条件として挙げられているものは「肉体のよろこび」＝官能を知ることである。これがないがゆえに他の少女たちは右の二人とは区別される。しかしながら、伊吹は戦地での経験から「肉体の意味」を知っていると語られていながらも、彼の身体は「肉体の意味」を知らない少女たちと同じ獣性を持つ身体として描かれている。それでは、「肉体の門」で伊吹と（マヤを除く）少女たちの身体が異質なものとして取り残されるのはなぜか。

既に見たように、町子・マヤ的「肉体」とは、「肉体のよろこび」、つまり十返が言う「愛欲官能」の経験を有する。またこの「肉体＝愛欲官能」というテクスト上に設定された定式が、時間や空間的規定に束縛されていない普遍性を帯びたものであることにも着目しなければならない。物語中盤で町子の「肉体」が他の少女たちの身体と差異化され「恐ろしい神秘」として捉えられているのは、町子が既に「愛欲官能」を経験しているからにほかならない。そして彼女がそれを知っているとされている理由は、彼女が戦争で夫を失った未亡人だからである。つまり、町子が「女性の肉体」を獲得したのは戦時中、生前の夫との性交を通して、ということになる。また、マヤはそんな町子を憎悪しながらも羨望しており、実際に彼女が獣性を持つ身体から「女性の肉体」へと「新生」するのは戦後だが、町子の「肉体」との時代的な差異は描かれていないのである。町子・マヤ的「肉体」は、普遍的であり、脱歴史的であるがゆえに、少女の「新生」の物語としてひとくくりにされるのである。

一方、伊吹や他の少女たちの「獣性」を帯びた身体は、前述したように「思想」によって禁圧された身体である。それでは、ここでいう「思想」とは何か。伊吹の身体に刻印として残っている弾痕は、まさに兵士としての身体の印である。戦時下、中国戦線にいた伊吹は、「大日本帝国」の帝国主義的拡大という「思想」を実現するための身体を獲得した。彼が自身も所持していると訴える「肉体」とは、前線で死闘を繰り広げた兵士の身体のことを指すのだ。しかしながら、敗戦して「大日本帝国」が消え失せた戦後の社会では、彼の身体——戦中の思想が刻印された身体は、ただの「獣」として漂うばかりである。それは兵士の身体ではない以上、もう既に彼が思う「肉体」ではないのである。

それでは、少女たちの身体を禁圧する思想とは何か。敗戦後の社会とは、もちろん占領下にある社会であり、それは新しい植民地主義に組み込まれた社会でもある。しかし、これは「肉体の門」のなかに占領兵が出てこないことで、背景の奥に隠されている。このことについては本章冒頭に、川崎論文を参照して「書きえない領域」である、と述べた。

ＧＨＱ／ＳＣＡＰが敷いたプレスコードは、日本人同士の買売春の描写は容認しながらも、占領軍兵士がそれに関わることを描いたものは許さなかった。これが意味するところは、男性と女性の間に存在する支配／被支配の構造は認めるが、アメリカと日本の支配／被支配の関係を象徴ないし示唆するものは認めない、ということである。

川崎はこれを「ナショナリズムの問題系とセクシュアリティの問題系とを切り離すこと」であり、またその切り離しは「占領下の女性達への配慮というよりは、占領下の男性たちへの配慮、彼らの性的支配や所有関係を侵すことへの配慮というべきだろう[16]」と指摘している。少女たちの身体は、本来は明らかに新植民地主義に組み込まれたがゆえに――占領という事実が生み出した状況に生きる身体であるがゆえに――売る身体、取り引きする身体になったのだと言える。その空間性が「有楽町から勝鬨橋までの区域」とテクスト上に明記されたことで、占領軍とのより強い関係性が指し示されていることは冒頭に述べたとおりだ。せんの刺青や少女たちの「隠語」は、そんなアメリカによる新植民地主義という「思想」で支配された社会を生き抜くために身につけた手段である。しかし実のところ、少女たちは伊吹とは違ってまだ「新生」する可能性を残している。

伊吹は少女たちの「隠語」を使った生き方に憎悪を抱く。それは、伊吹同様に言語や文字（刺青）＝「思想」によって「肉体」が束縛されていることに対する反抗であると先に論じた。しかしこれを裏返せば、伊吹の憎悪を敗戦後の社会に溶け込めないことへの恐怖としても捉えることができる。現時点では、まだ少女たちは伊吹と同様の獣性を持つ身体である。しかし彼女らもいつかマヤたちのように「肉体の意味」を知って「新生」する可能性、つまり脱歴史化する可能性を持つ。歴史を断絶して、さらに占領という新たな「思想」をも忘却して「戦後日本」という仮構のなかに生きる可能性、「戦後日本」に再統合される可能性が少女たちにはある。もちろんそれが新たな抑圧のシステムへの参入であり、救済を意味するわけでは一切ないのだが。

それに対して、伊吹は自らの生命力というものを根拠にして立ち向かおうとしている。しかしながら、その生命力を蓄えている身体こそ古い過去の「思想」が刻まれてしまった身体なのであり、敗戦後の現在ではもう二度と脱歴史化できない、兵士だった過去によって裁かれる対象としての身体を抱えていることになる。伊吹と少女たちの獣性を帯びた身体がテクスト上に現れるとき、敗戦と占領の事実という「書きえない領域」は可視化される。そしてそのうえで、「戦後日本」で少女たちが「肉体の意味」を実感して「新生」するという物語の主旋律の後景で、帝国主義／植民地主義という「思想」が刻み込まれた伊吹の身体は、寄る辺ない残余として闇市に追いやられていくのだ。

5　小結

「肉体が人間である」として打ち出した「戦後日本」にはびこる「思想」への徹底的な不信と、それに対抗する「肉体」への絶対的な信頼という田村泰次郎の哲学がこの「肉体の門」の根底にあることは、繰り返し述べてきた。「肉体」を絶対視し、戦後を戦中の「思想」から切り離して「新生」させるという田村の主張は、マヤの「肉体」の獲得を描くことによって、物語のなかに具象化されたと言えるだろう。

しかし、そのような田村の「肉体」への信頼は、「肉体」をなんの歴史的な縛りもない普遍的な実在として設定したことによって物語化されるものである。脱歴史化、すなわち過去と現在の政治的状況を切り離したときにしか、そのような普遍は成立しない。はたして、田村の「肉体」思想は「肉体の門」の他の登場人物たちによって裏切られる。

占領下に生きる伊吹や、せんをはじめとする他の少女たちが持つ獣性の描写から読み取ることができるのは、戦争が終わってもいまだ「思想」に禁圧される身体である。戦後の伊吹の身体は、戦中に会得した「肉体の意味」を携えながら「獣」へと変化する。過去の印を刻まれた身体は「戦後」と世の中の呼び方が変わっても、引き続き残ってしまう。一方、少女たちの身体も敗戦と占領という新しい刻印を刻まれ、「書きえない領域」をその「獣性」のうちに示してしまうのだ。しかし、それでもせんをはじめ少女たちにはまだ「肉体」を獲得する猶予がある。この物語で、女性が「肉体」を得るためには性的快楽という「本当の意味」を得ることが条件になっているのだから。この物語のなかでは、「肉体」を得た少女たちは「戦後日本」に自らの場を落ち着けることができるということになっているのだ。

では、なぜ女性だけが「戦後日本」に自らの場を持つことができるのか。「肉体の門」におけるこの「肉体」をめぐる男女の差は、単に田村の偏屈なジェンダー観というだけですませられるようなものでもない。占領期当時から近年に至るまで、「戦後日本」を女性の身体に例える言説は一種の基調となってきた。[17] 敗戦によって去勢された日本人男性と、その負けた男たちを尻目に、アメリカの兵士たちへ身体を委ねる女たち。このような日本人男性のねじくれた被害者意識が、「戦後日本」の社会を解釈する際に繰り返し再生産されてきた。そして、この被害者意識が先に論じた〈焼跡〉という記号と同調するものであることは想像にかたくない。一方で、その戦後における男性の劣等感のいびつな現れとして、戦時中の兵士の身体が理想的に描かれる。田村泰次郎が「肉体の門」と前後して「肉体の悪魔」や「春婦伝」[18] で中国人や朝鮮人「慰安婦」と日本兵士との恋愛を描くのも、帝国兵士の「肉体」への（加害意識が希薄化した）羨望として位置づけることができるかもしれない。このような戦後における日本人男性の劣等感が、国土回復という願望と女性への性的欲望を重ねる読解のあり方を成立させ、占領期文学の解釈として繰り返し生産してきた。

本章では、「肉体の門」で獣性を帯びた伊吹や少女たちの身体に着目することで、田村の「肉体」の概念の背後にある「戦後日本」認識のあり方を浮き彫りにすることをおこなった。マヤの

「新生」を通して描かれる「肉体」概念は、過去から現在へという時間の連続性を排除した普遍性を偽装することで獲得されるものであり、都市の廃墟を白紙の空間と捉える〈焼跡〉的な歴史認識と相同的なのである。

注

(1) 青野季吉／伊藤整／中野好夫「創作合評会(2)」「群像」一九四七年五月号、講談社

(2) 田村泰次郎、秦昌弘／尾西康充編『田村泰次郎選集』第三巻(日本図書センター、二〇〇五年)や濱川勝彦／半田美永／秦昌弘／尾西康充編著『丹羽文雄と田村泰次郎』(〔学術叢書〕、学術出版会、二〇〇六年)、尾西康充『田村泰次郎の戦争文学――中国山西省での従軍体験から』(笠間書院、二〇〇八年)などで、田村の思想や作家像を再検討する試みをおこなっている。

(3) 尾西康充「田村泰次郎研究(一)――「肉体の門」自筆原稿の検討」、三重大学日本語学文学会編「三重大学日本語学文学」第十六巻、三重大学日本語学文学研究室、二〇〇五年

(4) 天野知幸「〈肉体〉の増殖、欲望の門――田村泰次郎「肉体の門」の受容と消費」、日本近代文学会編集委員会編「日本近代文学」第七十五集、日本近代文学会、二〇〇六年、同「「救済」される女たち――被占領下で観られた「肉体の門」」、前掲『丹羽文雄と田村泰次郎』所収

(5) 前掲「「救済」される女たち」二七〇ページ。ただし、天野は「街娼」を「強者」として描くことは「歪んだもの」だとして距離を置いている。

(6) 本文三一ページ。以下、本文は田村泰次郎、秦昌弘／尾西康充編『田村泰次郎選集』第三巻(日本

図書センター、二〇〇五年）から引用する。

（7）前掲『ヤミ市 幻のガイドブック』二五―二九ページ

（8）高橋和夫「闇の女たち」、前掲『東京闇市興亡史』所収、二五六ページ

（9）丸川哲史「冷戦文化論（3）「肉体」の磁場」、早稲田文学編集室編「早稲田文学」二〇〇三年一月号、早稲田文学会

（10）川崎賢子「GHQ占領期の出版と文学――田村泰次郎「春婦伝」の周辺」、昭和文学会編集委員会編「昭和文学研究」第五十二巻、昭和文学会、二〇〇六年

（11）田村泰次郎「肉体が人間である」「群像」一九四七年五月号、講談社

（12）十返肇「文芸時評――堕落論と肉体主義の超克」「早稲田文学」一九四八年二月号、早稲田文学社

（13）十返肇『贋の季節――戦後文学の環境』大日本雄弁会講談社、一九五四年

（14）伊吹が中国にいたことは、牛の屠殺のエピソードで伊吹自身が中国北部にいたと語ったことと、酔って黄河を渡るマネをしたことでわかる。また伊吹と田村を伝記的読解を通して重ねるならば、田村が中国戦線に従軍していたことも参照できるだろう。

（15）前田愛『都市空間のなかの文学』筑摩書房、一九八二年。引用はちくま学芸文庫版第三版（筑摩書房、一九九六年）五三二ページから。

（16）前掲「GHQ占領期の出版と文学」

（17）その代表的な言説は占領された状態を強姦として例えることであり、そこで日本人男性は「寝取られた夫」として位置づけられる。同時代でも、「パンパン」と占領軍の兵士との関係が敗戦後の社会の姿として描かれることがしばしばあったことはよく知られている（前掲『敗北を抱きしめて』上・下、恵泉女学園大学平和文化研究所編『占領と性――政策・実態・表象』〔インパクト出版会、二〇

〇七年」を参照)。

(18) 田村泰次郎『春婦伝』銀座出版社、一九四七年。「春婦伝」は雑誌「日本小説」一九四七年四月号(大地書房)に掲載される予定が、ＧＨＱの検閲によって雑誌から削除された。検閲理由は、作中に朝鮮人らしき慰安婦が登場し、侮蔑的な言葉があるということで"Criticism of Koreans"にあたるとされた(「作品解題」、田村泰次郎、秦昌弘／尾西康充編『田村泰次郎選集』第二巻所収、日本図書センター、二〇〇五年)。

第6章

〈焼跡〉が闇市を周縁化する——石川淳「焼跡のイエス」論

1 「日本」の「戦後」

石川淳「焼跡のイエス」（新潮社編「新潮」一九四六年十月号、新潮社）は石川文学にとどまらず、敗戦直後という時代を代表する文学作品の一つとして数えられる。そのように代表作と言われるゆえんは、浮浪児の少年をイエス・キリストに見立てるという奇抜な語りが多くの読者に印象づけたこともさることながら、「戦後」という時代の初発段階を象徴的に提示した物語であるという解釈がこの作品の評価に重要な役割を担ったからでもある。

「焼跡のイエス」は発表当時にはそれほど評価が芳しい作品ではなかったが[1]、雑誌「近代文学」（近代文学社）に属する文学者たちはこの作品を肯定的に捉えた。「エゴイズム」を経由した近代的主体の獲得とそれを核とした戦後道徳の確立を提唱していた荒正人をはじめとする近代文学派は、石川の戦後作品を荒廃した社会に現れる人間の本質を描いたものとして捉え、自らの戦後観と軌を一にするものである、とした。[2] 時代は少し下るが、同じ「近代文学」の同人だった本多秋五の『物語戦後文学史』も、「どんな可能性もないとは断言できず、あらゆる可能性が空気中にざわめいて感じられた時代」を代表した作品として「焼跡のイエス」を取り上げている。[3]

このような近代文学派の「焼跡のイエス」を「戦後」という時代に対する作家の応答として肯定的に捉える流れは野口武彦の『石川淳論』に継承され、ここで戦後石川文学の評価の主流が形成されたと言っていいだろう。野口は、石川が戦争という状況下で「人間自身の精神と肉体の内側の粘膜的部分との直面」を経たことによって、「戦後の不逞で野蛮な風俗のうちにこの『実存』的状況を見据え、そこに未生以前の人種のイメージを造形すること」を「形而上学的な課題」として捉えた、と主張する。[4] 佐藤泰正は、野口の論を土台にしたうえで、〈聖と俗〉の二項対立で語られてきた物語を敗戦後の社会のなかに置き直し、「焼跡のイエス」が石川の再出発だけではなく「戦後日本」と「戦後文学」の「戸口」を示す作品であると論じた。[5] 西川長夫は、この「戦後の出発」という解釈を次の文章によって端的に示している。

「これから焼跡の新開地にはびこらうとする人間のはじまり」、これこそ作者が焼跡の闇市に出現した浮浪児のなかに見出した一つの「可能性」でした。その点で『焼跡のイエス』は愚かな戦争で壊滅した日本人の「再生」の物語であるという解釈もなりたつでしょう。[6]

以上のような戦後日本の始原を描いたものとして「焼跡のイエス」を評価する批評のあり方は、当作品の一見メタフィジックな語りと神話的なモチーフに呼応して説得的だったと言える。しかし他方で、具体的にテクストのどの部分が「戦後的」と名指すに値するものだったか、もしくはこのテクストでの「戦後」とは何なのかという点に関しては要領を得ないものでもあった。

こうした漠然とした「戦後」という時代認識に距離をとりながら、テクストに表現されている具体的な敗戦直後の社会を見定めようとする論者の立ち位置が表明されたのは、山口俊雄や島村輝の論考だろう。山口は、「わたし」の語りの構造を分析し、「わたし」が過去から決別して現在に直面するその転換こそが、キリスト教のモチーフに仮託された「《救いのメッセージ》の内実」だったと結論づける。そして、当作品が一九四六年一月のいわゆる天皇の「人間宣言」という「〈神〉が〈人間〉化されたという茶番に対する痛烈なアイロニーとして機能する」[7]と指摘する。島村輝は、「焼跡のイエス」の冒頭部分、闇市を描く異様な文体に注目し、身体性を喚起させる「行為」と呼べるような言語の使用法が敗戦直後の世相の混乱＝民衆の「野卑なエネルギー」と「時代の全体性」を示した[8]、とする。

山口や島村の論以降、物語に登場する様々な事象の同時代的な意味づけを明らかにしながら、同時にテクストがそれらとどのように共謀し、また相対化を図っていたかを考察する論考が提出された。天野知幸は「焼跡のイエス」を、「戦後という時代との遭遇を身体感覚として表象」し、「戦後認識や歴史の物語化の欲望と交流しているようでいて完全には交わらない」[9]物語として捉える。ロマン・ローゼンバウムは「焼け跡闇市」という空間が、「戦後社会の秩序の対局をなす反社会的な混沌を示す暗喩」であり、ミハイル・バフチンが言う「カーニバル性の強い文学の思想空間」として認められるとしたうえで、「焼け跡のイエス」が「占領下の日本に生き残った、戦争責任を持つ支配階級に対する市民の行政権を示す」物語だった[10]と主張した。また、山根龍一は、石川淳をGHQの検閲から「露骨な制約を被った作家」として位置づけ、占領と敗戦という現実がもたらす国民的アイデンティティの葛藤が寓話的に「焼跡のイエス」のなかに書き込まれている、と論じる。そのうえで、この物語に描かれる闇市・浮浪児・キリスト教の組み合わせが「GHQ/SCAPの対日占領政策に内在する非対称かつ暴力的な権力関係」を瓦解させ、「敗戦国国民」の「倫理を介した」「連帯」を示唆し、被占領からの〝救済の物語〟を提示する[11]、とする。

このように見てくると、「焼跡のイエス」という小説と「戦後」という時代との不/協和も含めた関係性という問題は、様々な観点から論じられてきたことがわかる。しかし、そのような研究の蓄積のうえで、なお議論の余地があるように感じられる。それは、これまでの議論が「日本」あるいは「日本人」というナショナルな枠組みの内部での解釈をあまりに当然視してきたのではないか、ということに対してである。

直截に言えば、本章ではこの小説が描き出している空間を、日本という国民国家の枠組みから外してみたい。このような提案をするのはいささか奇異なことのように思われるかもしれない。なるほど、「焼跡のイエス」という物語で描かれている時空間は、敗戦後日本の東京・上野、いまでいうアメヤ横丁から上野公園までだと特定できる。石川淳という日本人の作家が日本語で書いた小説であり、語り手の「わたし」も日本の近世の文化に造詣がある知識人である。この点からして、日本を描いたものであることのどこに疑いがあるのか。しかし、アジア太平洋戦争敗戦直後の日本という空間は、厳密には主権国家としての国土ではなく、またその空間に日本人だけが生活していたわけではなかった。そうであるならば、「焼跡のイエス」という小説が国家としての日本とは別の空間を描き、日本人でない人々を描き出したものである可能性を考察することは、さほど的外れの試みではないのではないか。ここでは、そのような可能性を追求することで、従来の研究からは提示されなかった物語の解釈を提示し、国家の枠組みがどのようにしてこの物語とその解釈を強固に囲い込んできたのかを論じたい。

2 「新興民族」の「今日的規定」

まずは、物語の開始地点である闇市という空間に注目することから始めよう。前述のように、「焼跡のイエス」の舞台となる闇市は上野のそれであると特定されている。「けふ昭和二十一年七月の晦日、つい明くる八月一日からは市場閉鎖という官のふれが出てゐる瀬戸ぎはで、そうでなくとも鼻息の荒い上野のガード下[12]」と物語の冒頭部分で明確に示されているためだ。従来の研究で闇市に注目したものはいくつかあるが、概して闇市一般の社会的意味を捉えようとしていた。しかし実際に上野の闇市がどのような場所だったかについては触れていない。そこで、ここではもう少しこの空間を具体化して示してみたい。

上野の闇市が他の東京の闇市と異なるのは、そこが東北・信越・北関東などの各方面から人や物資が集結するターミナルであり、人々と物資の集散の場だったということだろう。さらに上野の闇市が特徴的だったのは、朝鮮半島出身の人々が多かったということだ。一九四八年に仲御徒町四丁目に「国際親善マーケット」として移転するまで、上野御徒町間のガード下に広がる闇市は、朝鮮人露店主が強い影響力を持っていたことがわかっている[13]。つまり物語が設定された四六年七月末日は、まだ多くの朝鮮人が上野のガード下での闇市を活動の拠点としていたはずである。そうだとするならば、物語で登場する「ムスビ屋の女」をはじめとする露店で商売をする人々、そしてイエス・キリストと見立てられる浮浪児の「少年」でさえ日本人ではなく、朝鮮人である可能性は十分にあったということである。もちろん、上野の闇市に朝鮮人が多かったからといって、そのすべてが朝鮮人だと言いたいわけではない。第3章でも大阪や神戸を例にして確認したが、おそらく上野周辺の闇商人の全体からすれば朝鮮人の闇商人よりも日本人のほうが多いだろう。しかしここで留意したいのは、上野であれば他と比べて登場人物が日本人でない可能性も大いにある、ということである。

当時の上野の闇市がどういう特徴を持っていたかについてで、このような可能性を提示するのは乱暴にすぎると思われるかもしれない。それならば、テクスト上に手がかりを探ることはできないだろうか。語り手は闇市で活動する人々を次のように説明する。

ことに猛火に焼かれた土地の、その跡にはえ出た市場の中にまぎれこむと、前世紀からの生き残りの、例の君子国の民といふつらつきは一人も見あたらず、たれもひよつくりこの土地に芽をふいてとたんに一人前に成り上つたていで、新規発明の人間世界は今日ただいま当地の名産と観ぜられた。[14]

また、この部分のすぐ数行後でこれらの人々を「新興民族」と呼んでいる。ただし、その「新興民族の生態も意識も今日的規定の埒外には一歩も踏み出してゐない」「旧に依つて前世紀からの引継ぎ」とも言っている。以上の箇所をどのように捉えることができるだろうか。

まず、「例の君子国」とは直前に「昭和十六年」の話をしているので、戦前・戦中の帝国日本のことを指していることに疑いはないだろう。帝国日本の崩壊を機に「民族」として解放されたのは、植民地支配を受けていた地域、つまり台湾やほかならぬ朝鮮の人々であり、特に活発に民族運動を展開したのは在日朝鮮人でもあった。解放後の在日朝鮮人の民族運動や民族組織の立ち上げに関しての詳述はのちの章に譲るが、植民地支配から脱した朝鮮人たちの喜びの姿は、敗者となった日本人からは羨望とねたましさがない交ぜになった視線を向けられた。それだけに闇市で活動する朝鮮人は、少数ながらも目立つ存在であり、また当初はその法的地位が曖昧なこともあって、日本人のテキ屋組織と対抗できるだけの勢力を持てる場合もあった。

しかし、一九四六年三月に出された内務省警保局公安課長の示達事項では、連合国兵士以外の外国人には日本の法律が適用されるべきとされ、一切の摘発は日本の警察権力に委ねられることになる。結局のところ「解放」とは名ばかりで、帝国支配以来の民族的ヒエラルキーが「旧に依って」保存された「今日的規定」に旧植民地の人々は囲い込まれる――それが占領期日本の「外国人」対策の実態であった。

「新興民族」と同じ響きを持つ「種族を判別しがたい人間ども」という名指しがテクストにはあるが、これも「判別しがたい」だけで一つの種族だけ、すなわち日本人だけがここに存在するというわけではないことを読み取っても、テクストと矛盾することではない。そのように考えてみると、敗戦直後の日本の東京、さらに上野の闇市という特定の場所が描かれている「焼跡のイエス」という小説では、登場する人物が日本人でない可能性があるのであれば、その物語は日本人を中心とした読解にとどまらない可能性が開けてくる。つまりこのテクスト上の闇市を「占領者」に対する「敗戦国国民」のナショナル・アイデンティティの結束の場といったような日米の枠組みに当てはめるのではなく、帝国の崩壊後もなお存続する（ポスト）コロニアルな状況と、それに囲い込まれる人々の生活の闘争の場として読み直す回路も開けてくるはずである。

3　国土回復とヘテロ／ホモセクシュアルな欲望

実際の上野の闇市は多民族的空間だったこと、そしてテクストに現れる闇市の人々を描写する文言と照らし合わせても、その空間性となんら矛盾しないことを確認した。だが、それだけではこの小説が日本という国民国家の枠組みのなかで長らく議論されてきたことに異を唱えるに十分な材料とはならないだろう。ここでは、さらに「わたし」の「ムスビ屋の女」の「肢体」への「劣情」と、浮浪児の「少年」との格闘について考察することによって、従来の解釈の枠組みを明らかにし、それとは異なる代替の解釈を提示してみる。

まず語りという観点で見ると、物語の序盤からある時点まで、語り手の「わたし」は第三者の視点からの語りを装っていることに気がつく。闇市の様子を描き出している間「わたし」という語は一度も現れず、あたかも全知の語りを装っているのだ。[15] しかしながら、この超越的な語りはある出来事によって「わたし」という闇市を徘徊する一人の男という具体的な立場へと引きずり下ろされていくことになる。また、この偽装された語りが闇市全般の様子から「ムスビ屋の女」の描写へと移行するとき、それは「女」の「肢体」を「焚きたての白米という沸きあがる豊饒な感触は、むしろ売手の女のうえにあった」として前景化する。語りはさらに詳細に女性の身体の描写を進めていき、より抽象的な観念へと昇華させようとしていく。

そこに醜悪と見るまでに自然の表現をとつて強烈な精力がほとばしつてゐた。人間の生理があたりをおそれず、こう野蛮な形式で押し出て来ると、健全な道徳とは淫蕩よりほかのものでなく、肉体もまた一つの光源で、まぶしく目を打つてかがやき、白昼の天日の光のはうこそ、いつそ人工的に、おつとりした色合に眺められた。[16]

語りを超越的に装うことによって女性の身体への「劣情」が隠蔽され、「形式」「道徳」「光源」という言葉によってこの女性の身体が抽象化し、また「白昼の天日の光」よりもさらに「自然」であるとされる。先に挙げた「焚きたての白米」の「豊穣」さが、この女性の体に付与されていることまで勘案すると、「ムスビ屋の女」の「肢体」がそのまま空間化され、その後に現れる「大地」や「土地」という言葉と重ね合わせて語られていることを見て取ることができる。

語りの転換となる契機は、隣の鰯屋から突如現れた浮浪児の「少年」によってもたらされる。「少年」が件の「ムスビ屋」に突入し、ムスビに嚙み付いた後、「ムスビ屋の女」のはだかの足に抱きつく。その「ムスビ屋の女」と「少年」が結び付いたとき、語り手の超越的な地位は崩壊する。

女と少年とは一体になつて、搦んだまま店の外に出て来て、よろよろと倒れさうになつたのが、もろにこちらへ、ちやうどそこに立つてゐたわたしのはうにぶつかつて来た。そのとき、私はムスビ屋のとなりの飴屋のまへに立つてゐて、飴屋が石油缶の中にかくしてあるたばこを買ひ、その一本に火をつけかけたところであつた。(17)

ここではじめて語り手は「わたし」という名称を与えられ、さらに闇市という空間でその具体的な位置と行動が判明する。この後、「わたし」という一人称の露呈とともに「わたし」自身の「ムスビ屋の女」に対する「劣情」を吐露する。つまり、超越的な語りによって隠蔽されていた「わたし」の欲望が明らかになるのである。

この「ムスビ屋の女」の「肢体」は、物語終盤、再び「わたし」が上野の闇市に戻ってくる理由となるために、たびたび議論の対象になったものだった。塩崎文雄はこれが「戦後文学が課題の一つとして担った、肉体の復権という問題」と重ね合わせられることを指摘したが、それ以降の議論でもこの「肢体」と「戦後日本」を結び付けられて議論されてきた。[18] ここでいう「ムスビ屋の女」の「肢体」を欲望することがなぜ「戦後日本」の「肉体の復権」につながるかという疑問に対しては、江藤淳『成熟と喪失』以来の日本人男性のアメリカ人男性による去勢コンプレックスをめぐる議論を参照すれば了解できることだろう。すなわち、アメリカに占領された日本の国土を女性の身体――ことに日本人を再生産する〝母〟(産霊(ムスヒ))の身体――に見立て、それを欲望することで男性としての矜持＝ナショナル・アイデンティティを確立するという卜書である(これは、前章で議論した、「肉体の門」で女の「新生」と対照的に描かれる男性の身体と重なるものでもある)。これまでの「焼跡のイエス」論の多くでも、「ムスビ屋の女」の「肢体」＝「戦後日本の国土」というなじみの図式は特に問題とせずに受け入れられてきた。しかしながら、はたして「わたし」は「ムスビ屋の女」だけを欲望しているのだろうか。

天野知幸は、「わたし」の語りの転換が、厳密には浮浪児の身体を媒介にしてもたらされていることをいみじくも指摘し、そのことから一般的な戦後認識の物語化の欲望を相対化するものであると議論する。[19] ここではこの立場を共有しながら、さらに具体的にどう相対化するかに注目したい。イエス・キリストと見立てられるこの浮浪児の「少年」は「ボロとデキモノとウミとおそらくシラミ」にまとわれた不潔さが強調されるが、一方で「わたし」は次のようにも描写している。

しかし、ウミのあひだにうかがはれる目鼻だちはまあ尋常のはうで、ぴんと伸びた背骨の、肩のあたりの肉づきも存外健康らしく、もし年齢をあたへるとすれば十歳と十五歳の中ほどだが、いはゆる育つさかりの、四肢の発育がいぢけずに約束されてゐて、まだこどもつぽい柔軟なからだつきで、[20]

このような身体に対する具体的な描写は「ムスビ屋の女」に対するそれと同様におこなわれ、抽象化される。むしろこの箇所の後ろでキリスト教の救世主のイメージが付与されているために、その神学的抽象度は「ムスビ屋の女」以上とも言える。「ムスビ屋の女」の身体の抽象化には「わたし」の隠蔽された性的欲望があったことは先ほど見たとおりである。つまり、少年への「わたし」の性的欲望があるということができるのではないだろうか。さらに決定的なのは、少年と「わたし」が闇市を離れた上野の山で再びまみえ、格闘する場面である。

その無言の格闘の中で、わたしはからうじて敵の手首を押さへつけることができた。ひどい力で、すばやくうごく手首である。しかし、それはおもひのほか肌理(きめ)がこまかで、十歳と十五歳の中ほどにある少年の、なめらかな皮膚の感触であつた。(略) くるしげな息づかひであへいでゐる敵の顔がつい わたしの眼の下にある。そのとき、わたしは一瞬にして恍惚となるまでに戦慄した。[21]

「恍惚となるまでに戦慄した」というオーガズムに比するような描写のなかに、「わたし」の「少年」に対する性的欲望が一切ないと言いきることができるだろうか。「十歳と十五歳の中ほど」という言葉が先の引用部から繰り返されていることから、既に初見の際に「わたし」が「少年」に対して寵童的なまなざしを投げかけていたということも不可能ではないだろう。「わたし」の「少年」に対する性的欲望については、「柔軟なからだつき」や「なめらかな皮膚」というようなあからさまな描写があるにもかかわらず、これまで不思議と議論されてこなかった。それは、この引用の直後に続く「それはいたましくもヴェロニックに写り出たところの、苦患にみちたナザレのイエスの、生きた顔にほかならなかつた」という、「わたし」が「少年」をイエス・キリストであると認識する箇所があるために、その神学的意味の探求に捕らわれることで性的なニュアンスが見逃されてきたことが原因として挙げられるかもしれない。

しかし考えてみるなら、石川淳の敗戦直後のキリスト教的モチーフを借用した「黄金伝説」「かよい小町」「雪のイヴ」「処女懐胎」などの一連の小説群には、まさに主人公が女性との性的関係を結ぶ、もしくは欲望を発露させる契機としてそれらキリスト教のイコンが持ち出されてきたのではなかったか。そうであるなら、イエス・キリストの顕現という神学的絶頂を迎える場面で、「わたし」の少年に対するホモセクシュアルな欲望をテクストから読み取ることに不都合はないだろう。

さらに重要なのは、先の引用部から続く一連の出来事である。「わたし」が「少年」への欲望をむき出しにするのは、「手首を押さえつけ」て「組み伏せた」瞬間だった。これは力ずくで「少年」の性を領有しようとする強姦的状況であると言うこともできるだろう。振り返れば、闇市で「ムスビ屋の女」が「少年」と組み合って「わたし」のほうに倒れ込んできたとき、「わたし」は「とっさに判断をはたらかせて」「ムスビ屋の女」のほうに「抱きつ」いていた。その判断の理由が「公然とそれに抱きつくこと」ができなかった「劣情」を果たそうとするためだったことは、「わたし」が自ら告白したとおりである。いずれの場合でも、「わたし」の欲望から発する試みは失敗する。「ムスビ屋の女」にはその「張りきった腰のあおりを食って跳ね飛ばされ」、倒れ込む際にタバコの火を彼女に押し付けてしまったことによって弾劾され、また「少年」には「あごをはげしく突きあげ」られ、パンと財布を強奪される。「彼（女）ら」による、性を領有しようという「わたし」の試みに対して、明確な拒否の意志が文字どおり体にたたきつけられるのである。

「わたし」は「ムスビ屋の女」の「肢体」を語る際、確かに「土地」や「大地」になぞらえて空間にジェンダー化を施していた。そのことから、占領期日本における国土回復の願望をテクストに託して論じることは、戦後文学批評の伝統からしても説得的なことだっただろう。しかしながら、そうした国家的な読みのコードを解除してみれば、必ずしもテクストに示されている「わたし」の性的欲望を女性だけに向かっているものとして一元化する必要はないように見える。この「焼跡のイエス」というテクストには、ホモセクシュアルな欲望が存在する。それを認めることで、異性愛主義によるジェンダー・イメージを媒介とした国土回復というナラティブが成立しなくなる。つまり「母なる大地」や「豊穣」という言葉から連想させられる国土の女性的なイメージを前提に、男性がそれを欲望するという構図だけでは、ホモセクシュアルな欲望を回収しきれないということだ。

むしろここには「ムスビ屋の女」や「少年」を他者として対象化し、強姦という行為によって領有しようとする「わたし」の欲望に目を向けるべきである。

従来の解釈では、「わたし」の「ムスビ屋の女」への「劣情」や「少年」への「恍惚」は、新時代への同一化の欲求として読まれてきたきらいがある。そこにはやはり、江藤淳以来の「母体回帰」的「未成熟」のありようを読み取ろうとする流れがあったと言ってもいいだろう。しかしながら、この二人に対する「わたし」の欲望の発露のあり方は単に同一化を希求するだけの穏当なものではなく、より暴力的に他者の性／生を支配下に置こうとするような能動的な行為である。つまり「わたし」の欲望は国土回復へ向かっているのではなく、他者の生の領有に向いているのである。

また別の観点からも、「ムスビ屋の女」や「少年」の身体が「国土」にただちに同一化されないことはわかる。前節で見たように「ムスビ屋の女」や「少年」が日本人以外である可能性を考慮すれば、彼らの身体が直接的に日本の国土の比喩にはならないことが了解されるだろう。万が一「ムスビ屋の女」や「少年」が旧植民地の人々、もしくはその二世だった場合、彼らの生の領有への欲望はアメリカに占領された国土を取り戻すことだけでなく、むしろ「前世紀」の帝国主義／植民地主義が再演されることにさえつながる。いずれにせよ「少年」へのホモセクシュアルな欲望が顕現し、テクスト上に表徴されることで、この物語がヘテロセクシュアルな偏向を持った国土回復の読解にはやすやすと収まらないことは確認したとおりである。

それでは、「わたし」が「少年」を欲望し、その性を領有しようとする試みをどう解釈できるだろうか。この問いに答えるにあたって、次節では〈焼跡〉という記号とナショナル・ヒストリーとの関係性を導入する。

4　〈焼跡〉という記号

　これまで、上野の闇市の特性と「新興民族」の関係、および当作品に描かれるセクシュアリティのありようを考えることで、国土回復という物語からの逸脱可能性について論じてきた。これらのテーマはこれまで議論されてこなかったものだが、実はもう一つ「焼跡のイエス」の先行研究では取り上げられてこなかったものがある。それは、この小説のタイトルになぜ「焼跡」という語が冠されているかという問題である。「イエス」が浮浪児の「少年」を指すだろうことに異論はないだろう。だが、「戦後の不逞で野蛮な風俗」（野口）を描き出したことがこの小説の特徴であるならば、小説が具体的に描いたのは闇市という空間であって、焼跡ではない。ならば「闇市のイエス」と題されてもよかったのではないか。しかし、そうではなかった。本節ではこの「焼跡」という語がこの物語を覆う、その効果について考察してみたい。

　焼跡について誰も指摘しなかったというのは、ロマン・ローゼンバウムにとってはフェアではないだろう。[22] ローゼンバウムは、しばしば焼跡と闇市をひとくくりにして論じ、その空間が社会の中心部に対する両義性を内包した周縁的カーニバルの場であると指摘する。トリックスター的な「少年」がイエス・キリストに見立てられることで、戦前から引き継がれた戦後の価値体系を転倒する物語として「焼跡のイエス」を解釈する。「少年」は「十歳と十五歳の中ほど」であることからいわゆる「焼け跡世代」の範疇であり、「戦争構造とは無関係で純粋な存在」であるために、その「少年」と「わたし」との遭遇に「焼跡闇市に将来に対する縁起の良い前兆」を見いだす。それを描いた物語は「戦後社会の赤茶けた廃墟の中に人間を不死鳥のようによみがえらせる」「再生の可能性」を見いだしたものであると論じる。[23]

闇市が価値転倒の可能性をはらむ空間であり、「少年」が「戦後」を脅かす「他者」的存在であるという読解は、論者の主張とも共振するものがある。しかしながら、ローゼンバウムの読解は最終的にはその「闇市」や「少年」の「他者性」を「日本文化」「日本社会」そして「日本文学」にとって重要なもの、戦後日本社会が多様性を保持して「再生」するための〝素材〟として国家としての日本の枠組みのなかに囲い込んでしまっているのだ。

それでは、多くの論者をして「焼跡のイエス」という小説にもっともらしく「戦後日本」という枠組みを当てはめさせてきたものとは何か。それこそが、記号としての〈焼跡〉だと考える。驚くべきことに、この語が小説の題名になっているにもかかわらず、テクストの内部で焼け野原としての焼跡それ自体を具体的に描写する箇所がないのだ。試しに、「焼跡」の語、またはそれに相当する表現が登場する箇所を書き出してみよう。「焼跡から自然に湧いて出たやうな執念の生き物」（四六七ページ）、「ことに猛火に焼かれた土地の、その跡にはえ出た市場」（四七〇ページ）、「荒野に芽ばえる種族」（四七五ページ）、「焼跡の新開地」（四七七ページ）という具合である。この小説が闇市を微に入り細をうがって描いたことと比べれば、この「焼跡」という語は既に記号化された、抽象的な空間としてテクスト上で機能していると見ることができるだろう。では、その〈焼跡〉という記号が意味するところのものとは何か。

第１部でも論じてきたように、〈焼跡〉という記号が導き出すものとは、まずもって空襲であり、それによって焼かれた都市の残骸のことだろう。この大規模な爆撃の跡を前にして、人々は日本という帝国の崩壊をまざまざと思い知らされ、またこの光景に日本という国の被害者としての側面を象徴するものとしての意味を読み取ってきた。しかし皮肉なことに、この連合国軍による被害は同時に、総力戦体制からの解放と新しい日本社会をもたらすための基礎であるとも理解された。つまり、〈焼跡〉という記号は、荒廃した都市のイメージを媒介に、日本の被害者性と「戦後日本」の起源を意味するものとして機能するということである。

「焼跡のイエス」が様々な論者に多様な論点を与えたにもかかわらず、最終的には「愚かな戦争で壊滅した日本人の「再生」の物語」（西川）という解釈の枠組みから逃れられない理由は、まさにこの小説が題名に冠する〈焼跡〉という記号による。闇市という空間、そして「わたし」の「少年」への性的欲望という国土奪還の物語を相対化するものが表象されていながらも、この物語を絶対的に囲い込む〈焼跡〉という記号が「今日的規定」＝「戦後日本」というナラティブを呼び寄せるのだ。

ここで、前節の最後で発した問い――「わたし」が他者の生を領有しようとすることの意味を、「歴史」という語を通して考えてみる。「わたし」の性的欲望による領有のもくろみは、「少年」の明確な拒否によって失敗に終わっていた。しかしこれは、二重の意味で失敗していたのだ。「わたし」の外出の本来の目的は、江戸詩文の大宗である服部南郭による墓碣銘——日本という近代国家が成立する以前に記された「文字」を保存することにあった。しかしそのために用意した「白紙」は「少年」の反撃によってむなしくも散り、「文字」の保存を達成することはかなわなかった。これがもう一つの失敗である。

この失敗を、近代日本の加害の歴史を飛び越えて、それ以前の過去へと「今日」を直接結び付けようとする試みの挫折として読むことができるのではないか。テクストのこの箇所に関して、井上ひさしと小森陽一は『座談会昭和文学史』のなかで、「日附のうへではつい最近の昭和十六年ごろからかぞへて見ただけでも、その歴史的意味ではたつぷり五千年にはなる」というテクストの一文を受けて、「文字の発生」「文字による歴史記述の始まり」である「五千年」前と「昭和十六年」をつなげることで歴史記述の問題系がこの物語に内包されていることを指摘している。[24] しかし、服部南郭による墓碣銘のことまで含めて考えるなら、「昭和十六年」からの太平洋戦争の期間だけでなく日本近代史自体をショートカットして江戸を現在につなげようとする試みとしても考えることができる。

そうであるなら、「わたし」が他者の生を領有しようとする試みは、ホモセクシュアルな欲望の発現と同時に、「今日的規定」（戦後日本）を揺り動かす他者（過去の帝国主義の残滓）の存在を支配し、囲い込み、再び国家を前提とした歴史の枠組みに取り込もうとすることなのではないだろうか。そのために、その試みは「少年」や「ムスビ屋の女」の拒否によって挫折する。闇市を闊歩する（日本人であるとはかぎらない）「少年」や「ムスビ屋の女」は、その存在を「わたし」の体にたたきつけることによって、ナショナル・ヒストリーに還元されることを許さないのである。

しかし、この物語はここで幕を閉じるわけではない。翌日、懲りずに「少年」と「ムスビ屋の女」との邂逅を夢想する「わたし」は上野の闇市にあらためて出向くのだが、既に八月一日の「市場閉鎖」、いわゆる「八・一粛清」が実行に移され、闇市はすっかり撤去された後だった。「八・一粛清」は占領軍が日本政府に命じた経済統制・治安対策の一環である。闇市、そしてそこで生きる人々は国家による時局統制のために排除されたのだった。「わたし」による「少年」の囲い込みの試みは挫折に終わったが、より大きな歴史の流れは、国家的空間に対するオルタナティブを提示しえた闇市という空間そのものをのみ込んでいった。そして、テクストの最後にはこう記されている。

> 横丁のずつと奥のはうまで、地べたがきれいに掃きならしてあつて、その土のうへにぽつぽつとなにやら物の痕の印されてゐるのが、あたかも砂漠の砂のうへに踏みのこされたけものの足跡、蹄のかたちのやうに見えた。[25]

闇市は「焼跡の新開地」に建てられた。闇市が取り除かれれば、そこにあるのは現実の焼跡である。しかし右の引用のように、その空間は「あたかも砂漠」という比喩によって再び抽象化される。その抽象化の過程に侵入するのはこの物語の題名、すなわち〈焼跡〉という記号だ。ここで、テクストがところどころで示した「今日的規定」を揺るがす「間抜けな破れ穴[26]の」可能性は「戦後日本」のナショナル・ヒストリーに囲い込まれるのである。

5　小結——〈焼跡〉という国民的地景（ナショナル・ランドスケープ）

本章では、「焼跡のイエス」という作品を検討するにあたって、上野の闇市という空間の考察から出発した。そして「わたし」と、「わたし」によって語られ、欲望される「ムスビ屋の女」と「少年」を経由して、この物語を、そしてこの物語の解釈までを囲い込む〈焼跡〉という記号へと至った。このテクストに表出される闇市という空間は、「上野のガード下」という固有名を持つがゆえに、また微細な市場の描写があることから、具体的な歴史資料との照合が可能になる。そうすることで、敗戦直後の上野の闇市を戦後日本の始原的空間と捉えるナショナリスティックな一元化に抗うことが可能になる。

一方で、あくまで記号としてだけテクストに存在する〈焼跡〉という語は、空間の固有性を隠蔽し抽象的なイメージ、すなわち日本の国家としての「被害」と「再生」を呼び込む。その闇市と〈焼跡〉という二つの語の内実を区別しないかぎり、闇市は〈焼跡〉に囲い込まれ、ナショナル・ヒストリーのユニークな〝素材〟として、戦後日本に彩りを添えるものとして回収されてしまうのだ。「焼跡のイエス」という小説は、多少皮肉めいた言い方をすれば、闇市という「新しい国家」像を揺さぶるような空間を〈焼跡〉——国民的地景（ナショナル・ランドスケープ）によって領有する、その手続きまでを描いたことによって、「戦後日本」の文学を代表する作品として位置づけることができるのである。

注

（1）代表的なものとして、正宗白鳥「文芸時評」（潮流社編「潮流」第二巻第一号、潮流社、一九四七年）や、山室静「デカダンスの文学」（講談社編「群像」一九四七年六月号、講談社）、中野好大「創作短評」（鎌倉文庫編「人間」第四号、鎌倉文庫、一九四七年）がある。同時代評は塩崎文雄「石川淳における戦後の出発――生活の根源的収斂の意義をめぐって」（日本文学協会編「日本文学」一九七七年十二月号、日本文学協会）や若松伸哉「焼跡で虚構を立ち上げること――敗戦直後から見る石川淳「焼跡のイエス」」（昭和文学会編集委員会編「昭和文学研究」第六十五巻、昭和文学会、二〇一二年）で詳しく整理されている。

（2）山根龍一「石川淳「焼跡のイエス」論――被占領下における「倫理」の可能性をめぐって」（日本大学商学部／日本大学商学研究会編「総合文化研究」第十八巻第一号、日本大学商学部、二〇一二年）は佐々木基一が「焼跡のイエス」に対して「きはめて倫理的な小説」と評価したことを指摘し、佐々木を含む「近代文学」派の人々が「「民衆」と連帯していく人民戦線的な民主主義革命のあり方を志向」していたことと当作品が「思想的共軛関係」を持っていたという指摘をしている。

（3）本多秋五『物語戦後文学史』新潮社、一九六六年、八五ページ

（4）野口武彦『石川淳論』筑摩書房、一九六九年、二四四―二四七ページ

（5）佐藤泰正「戦後文学における神と実存――「焼跡のイエス」をめぐって」、至文堂編「国文学――解

釈と鑑賞」第三十五巻第一号、至文堂、一九七〇年
(6) 西川長夫『日本の戦後小説――廃墟の光』岩波書店、一九八八年、六〇ページ
(7) 山口俊雄「石川淳「焼跡のイエス」論――語り手《わたし》を編集する〈作者〉」、東京大学国語国文学会編「国語と国文学」第七十七巻第五号、明治書院、二〇〇〇年
(8) 島村輝「文体(スタイル)としての闇市――石川淳の戦後作品群」、昭和文学会編集委員会編「昭和文学研究」第四十一巻、昭和文学会、二〇〇〇年
(9) 天野知幸「〝感触〟としての戦後――石川淳、金子光晴が描いた〈皮膚〉と〈孔〉」、坪井秀人/藤木秀朗編著『イメージとしての戦後』所収、青弓社、二〇一〇年
(10) ロマン・ローゼンバウム「石川淳の「焼跡のイエス」をめぐって」、ウィリアム・J・タイラー/鈴木貞美編著『石川淳と戦後日本』(日文研叢書)所収、人間文化研究機構国際日本文化研究センター、二〇一〇年。また、同書に収録されているコルベイ・スティーブ「石川淳とパフォーマティヴィテ――野坂昭如と比較する」も、石川文学における焼跡や闇市の空間を日常と非日常が混在するパフォーマンスの空間と捉え、そこで活動することを描くことで戦後の集団的アイデンティティの確立を描いた、とする。
(11) 前掲「石川淳「焼跡のイエス」論――被占領下における「倫理」の可能性をめぐって」
(12) 本文は石川淳『石川淳全集』第二巻(筑摩書房、一九八九年)四六七ページから引用。以下、本文とページ数を記す。
(13) 上野の闇市に関しては以下の資料・研究を参照した。塩満一『アメ横三十五年の激史』東京稿房出版、一九八二年、前掲『アメ横の戦後史』、前掲『ヤミ市 幻のガイドブック』、前掲「引揚者が生みだした社会空間と文化」。また、「国際親善マーケット」に関しては、長田や松平の著書の他、「東上

野コリアンタウン」のウェブサイト（〔http://www.u-korean.com/history/index.html〕［二〇一五年三月二十四日アクセス］）も参照している。

(14) 本文四七〇—四七一ページ

(15) これに関しては前掲「石川淳「焼跡のイエス」論——被占領下における「倫理」の可能性をめぐって」や永淵道彦「焼跡の「少年」とは何者か——石川淳「焼跡のイエス」論」（筑紫女学園短期大学紀要編集委員会編「筑紫女学園短期大学紀要」第四十号、筑紫女学園短期大学、二〇〇五年）にも指摘がある。

(16) 本文四六九ページ

(17) 本文四七三ページ

(18) 前掲「石川淳における戦後の出発」。前掲「石川淳「焼跡のイエス」論——語り手《わたし》を編集する〈作者〉」、前掲「焼跡で虚構を立ち上げること」、前掲「「石川淳「焼跡のイエス」論——被占領下における「倫理」の可能性をめぐって」それぞれの論文にも、この「ムスビ屋の女」の「肢体」に対する「わたし」の「劣情」の吐露が、「戦後日本」の「現実」と向き合うことへの証しだと議論している。

(19) 前掲「〝感触〟としての戦後」六〇—六一ページ

(20) 本文四七二ページ

(21) 本文四八〇ページ

(22) 氏は、前掲「石川淳の「焼跡のイエス」をめぐって」の他にも Rosenbaum, op.cit で戦後日本文学の「焼跡」の役割について議論している。

(23) 前掲「石川淳の「焼跡のイエス」をめぐって」

(24) 井上ひさし／小森陽一編著『座談会昭和文学史』第四巻、集英社、二〇〇三年、六五ページ

(25) 本文四八二ページ

(26) 本文四七一ページ

第7章
「居たたまれなさ」を越えて
——宮本百合子「播州平野」をめぐる「戦後」の陥穽

1　宮本百合子と戦後の文脈

本書ではこれまで「戦後日本」の国民的地景（ナショナル・ランドスケープ）としての〈焼跡〉と、それによる空間の一般化・画一化とは相いれない要素を見いだせる場としての闇市を論じてきた。そして〈焼跡〉に親和的な言説として主に権力側の言説、あるいはナショナリズムによる自己保全を図ろうとする右派の議論を取り上げてきた。しかし、敗戦を機に「新しい日本」というレトリックを用いて自らの主張をおこなったのは必ずしも右派だけではなく、ファシズムによって抑圧されてきた左派に属する人々もまた同じであった。本章では、その左派の代表的知識人である宮本百合子と彼女の小説「播州平野」を扱い、そのなかで敗戦後の空間がどのように描かれ、そして解釈されてきたのかについて考えてみたい。

宮本百合子の小説「播州平野」は、一九四六年三月、「新日本文学」の創刊号に第一節が掲載された。物語として完結したものが世に提出されるのは、翌年の四月、単行本として刊行されるのを待たなければならなかったが、戦後左派知識人にとって中心的な役割を果たす雑誌だった「新日本文学」の創刊号の小説欄を飾ったこの作品が、戦後民主主義文学の嚆矢の一つとして位置づけられることにまず異論はないだろう[1]。

そのような文学史上の位置づけからうかがえるように、「平和国家としての戦後日本」という認識が当たり前に了解されている間、この「播州平野」という作品への高い評価は疑いようもないものだった。島村輝が言うように、この作品は戦前・戦時の圧迫にひるまず信念を貫いた宮本百合子という作家自身と、その存在を評価する「〈戦後〉的文脈」と切っても切り離せない関係にある[2]。しかしながら、戦前・戦中に対する反省および再出発としての戦後が問い直され、その歴史化が進んでいる現在、宮本百合子と「播州平野」という作品についてはあらためてその価値を問い直されている。

そのために本章では、戦後民主主義文学の代表作である「播州平野」を再検討することを主な目的とする。その際には、これまでの評価に強く結び付いてきた「戦後」という文脈を具体的に掘り返す作業が必要になるだろう。そのために、本章の前半は宮本百合子とその署名が入った作品としての「播州平野」に対する評価の変遷に注目し、「戦後」という時代認識のなかでおこなわれた評価を歴史化する。

一方で、「戦後」という時代認識を批判的に見つめ直すとき、その大いなる陥穽である植民地主義の忘却を指摘しないことには、再び無反省な言説の生産をおこなうことになる。その意味で、「播州平野」での朝鮮人表象の問題は、必然的に最も重要な論点となりうる。本章では、この作品を分析する際の中心的なテーマとして、朝鮮人の表象を扱う。中根隆行や羽矢みずき、そし李英哲が鋭くえぐり出した、「播州平野」で主人公の「情景」として描かれる朝鮮人の一面性[3]は、あらためて繰り返し検討されなければならない。ここにおいて、作者・宮本百合子と新日本文学会を中心とした人々の敗戦直後の朝鮮認識を参照する必要も出てくるだろう。小田切秀雄、中野重治、平林たい子、譲原昌子などの作品や文章と当作品の内容を織り交ぜながら、戦後民主主義文学と在日朝鮮人運動のすれ違いを照らすことで、「戦後」の陥穽としての植民地主義の忘却をよりはっきりと浮かび上がらせる。

本章の後半では、もう一度「播州平野」のテクストに立ち返り、主人公ひろ子の移動のありようについて考える。テクスト上でのひろ子の移動をたどることによって、作者・宮本百合子の意識を超えたところで、「戦後」という認識のほころびが生じてしまうモメントを捉える。「戦後」の時代認識を批判的に検討しながら、その枠組みを外した果てにどのような空間の認識がありえるのか。その可能性を検討することで、「戦後」に築き上げられた言説と運動を発展的に継承することを目的とする。

2　「播州平野」評価の変遷と六全協

一九三〇年からプロレタリア文学運動に参加し、翌年に日本共産党に加入した中條百合子は、三二年には同じ党員である宮本顕治と結婚した。しかし、治安維持体制による弾圧のため、顕治は検挙される。その後宮本姓を名乗り、獄外で顕治を支える文筆活動をおこなうも、百合子自身もたびたび検挙や執筆禁止を経験し、獄中で体調を崩すこともあった。それでも非転向を貫き、文学活動を続けた。

敗戦後、GHQ／SCAPの思想犯解放令によって一九四五年十月九日に宮本顕治が出獄する。この時期の出来事が小説「播州平野」の内容と一致する。百合子は雑誌「新日本文学」の創刊準備号で「歌声よ、おこれ」を発表し、戦後民主主義の到来と日本の再出発を謳い上げた。さらに「播州平野」の続篇として「風知草」、また「伸子」に連なる作品として「二つの庭」「道標」を発表し、その他様々な評論を執筆した。五一年、髄膜炎菌敗血症によって五十一歳で急死する。

宮本百合子は、戦前・戦中を通して非転向を堅持した作家として、また敗戦後からアメリカによる占領の終了までの間は、左派の言論を先導した戦後民主主義文学の第一人者として、文字どおり全身全霊で活動し続けたことで肯定的に評価されてきた。しかしながら、実のところ彼女に対する高い評価は一九五五年の日本共産党第六回全国協議会（いわゆる六全協）以後に固まったものであり、それ以前には宮本百合子に対して私小説、または小市民（プチブル）文学の作者として否定的評価があった。そうした否定的評価が提出された媒体として、同じ左派であり、日本共産党執行部との距離がより近かった雑誌「人民文学」がある。岩上順一は「宮本百合子の生涯と文学」で以下のように宮本百合子批判を展開する。

宮本百合子は、大衆からきりはなされ、自分のプチブル的な生活のなかで孤立することをよぎなくされたので、従来の中産階級的な生活感覚を削りおとす機会はいよいよ少なくなり、それが、彼女の生活感覚から飛び離れた被抑圧階級の生活を描くことを困難にしていった。[4]

「人民文学」創刊初期には、こうした岩上に代表されるような宮本百合子批判が断続的に掲載された。宮本の死の直後という時期に、故人を苛烈に批判したことで「人民文学」に対する反発はのちのちまで続くことになるのだが、この宮本に対する苛烈な批判には、いわゆる「五〇年問題」と呼ばれる当時の共産党周辺を取り巻く状況が作用している。[5]

事の発端は、一九五〇年一月、ソ連コミンフォルムの機関誌に発表された「日本の情勢について」と題した日本共産党批判であり、その是非をめぐって党は二派に分裂することになる。先の「人民文学」は徳田球一・野坂参三といった党の主流派が構成する「所感」派を支持する雑誌として創刊され、江間修・徳永直・岩上順一などがこれに参加した。一方、コミンフォルムへの共感を表明する宮本顕治・蔵原惟人らの国際派と歩みをともにする中野重治・宮本百合子・小田切秀雄などをはじめとした雑誌「新日本文学」が、これと対立することになる。ここではさらに詳しく「五〇年問題」発生の経緯について触れる余裕はないが、六全協によって分裂状態に終止符を打つまでの間[6]、百合子評価には二つの潮流があったことに留意する必要がある。

以上のような戦後初期の百合子批判に言及する理由は、小説「播州平野」の文学史的位置づけと、その評価の変遷をたどるうえで重要だからである。島村輝は、「〈戦後〉的文脈」から距離をとることで、「播州平野」の語りにおける「モノローグ的」側面――主人公ひろ子が旅の途上で出会う様々な事柄を彼女の意識を通して意味づけしてしまい、本来それぞれが語りえた意味を覆い隠してしまうという点――を指摘した[7]が、この指摘は一九五三年の岩上順一による批判と相似的である。すなわち、岩上が宮本百合子の私小説的(=モノローグ的)な「創作方法の当然の結果から出てきた欠点」として、「彼女の生活感覚から飛び離れた被抑圧階級の生活を描くことを困難にしていった」という批判に重なるということである。

確かに、六全協以降の共産党の統一という文脈は作品の評価にも影響を及ぼし、「新しい日本の人民生活の文学[8]」として絶賛され、以降このような肯定的評価が長らく定着する。しかし、真に「〈戦後〉的文脈」から離れるためには、「人民文学」で展開された百合子批判を素通りすることは難しいだろう。これらの批判の焦点は、ひろ子という主人公の「観念だけで見る世界」によって、ひろ子が感知しない事柄、彼女が思い描く「日本の新しい出発」という枠組みからこぼれ落ちる諸事情が、物語のなかで追求されないという「宮本の文学の「弱さ」」を指摘することだった[9]。そしてこの「弱さ」は、「播州平野」での朝鮮人表象の問題に顕著に現れる。ひろ子、そして宮本顕治をモデルとする夫・重吉の、抑圧からの解放に、「解放」された朝鮮人との差異を無視した「「調和」的一元化[10]」を施すという「播州平野」の語りは、羽矢みずきが言うように、ひろ子が「支配者としての日本人の一人であったという事実に対する無自覚さを逆照射している[11]」ことの証しになるだろう。

六全協以降の宮本百合子と「播州平野」の肯定的評価には、この植民地主義に対する忘却、もしくは見逃しがその決定的な瑕疵として見いだせる。実際のところ、六全協以降の日本共産党での決定的な変化として、分派の統一と同時に朝鮮人共産党党員の事実上の切り離しを挙げることができるだろう。この時期、民族対策委員会（民対）では「在日朝鮮人運動の転換について」が議題となり、朝鮮人党員の日本共産党からの離党、民対の解散が決定されている。このことは、共産党の内部でエスニック・アイデンティティを前提とした革命の言説構造が完成したことを意味していた[12]。つまり、日本人以外を除外したうえで「人民」を立ち上げようとする思考が、「播州平野」を評価する態度にも見いだせるのである。例えばそれは塩谷郁夫の「文化評論」での次のような言葉に明らかだろう。

それは長く暗く重くるしく日本国民全体の上に等しくのしかかっていた戦争という死の恐怖からの解放の喜びを、明るく謳いあげると共に、未来への限りない期待を込めて、ファシズム権力の持つ非人間性の無慚に対する厳しい告発を行なった作品であった[13]。

以上のように、「播州平野」という小説をめぐる評価の変遷をたどるにあたって、一九五〇年からの分派抗争と五五年の六全協の影響は非常に強いものだったことがわかる。分派を再統合する過程で行使された日本民族主体の戦後民主主義を進めるという政治的選択は、「播州平野」での植民地主義への意識の欠如を指摘し批判する土壌を長らく失わせる結果になった。[14]

3 「播州平野」の朝鮮人表象

ひろ子の朝鮮認識

本節では、前節で見た「播州平野」の戦後的評価における植民地主義に対する意識の欠如を具体的にテクストの朝鮮人表象から検討していきたい。

まず当作品のプロットを確認しよう。敗戦直前に主人公のひろ子は、夫・重吉が思想犯として収監されている網走の刑務所に行くために東京を出発するが、青函連絡船が不通のために福島県の弟の家に滞在している。青函連絡船の復旧を待つ間、山口県にある重吉の実家から、重吉の弟・直次が広島で生死不明との報が送られ、すぐさま、ひろ子は重吉の実家へと旅立つ。重吉の実家で直次の捜索を計画するも、台風による水害で足止めされる。そうこうするうちに、十月六日、新聞で重吉が釈放されることを知り、ひろ子は再び東京へと向かう。このように、「播州平野」という物語のなかで、ひろ子、そしてひろ子が出会う様々な人々が敗戦後の日本という空間を移動している。

その人々のなかに、何人もの朝鮮人の姿が描き出されているのである。

前節では、この作品に対する「戦後的」評価に植民者としての自己規定が忘却されていることを示したが、テクストの「解放」された朝鮮人の描写に対する言及がそれらの評価のなかになかったということではない。むしろ、朝鮮人の「解放」の喜びを描いたことへの肯定的評価はなされてきた。例えば金達寿は「日本文学の中の朝鮮人」のなかで、「当時の、解放された朝鮮人がそれこそ「充ち溢れる」ような姿で生き生きと描きだされ」、「これもまた、宮本百合子のうけた実感であったにちがいない。朝鮮人とおなじように、長い冬を越してきたもののみがうけることのできた実感であったのである」[15]と高く評価している。また、渡邊一民も以下の評価を与えている。

夫重吉へのひたむきな愛情のみずみずしさによって読者の感動を呼びおこすのだが、それが折に触れて祖国解放のよろこびにあふれる朝鮮人の心のはずみとこたえあい、『播州平野』は期せずして戦争直後の朝鮮人をみごとに描きだした小説ともなっている。[16]

しかしこうした評価が、朝鮮人の帝国日本からの「解放」にひろ子が躊躇なく同一化しようとしたことに対する植民者の無責任さを免罪してしまうことにつながるのだ。[17]

「解放」された朝鮮と「居たたまれない」広島

こうした「朝鮮人」を「解放」された民族として一元的に意味づけ、それに対照されるように

「日本人」を省みるという構造は、ひろ子が重吉の実家に向かう過程で立ち寄る広島の描写でより明らかになる。広島の駅に入る直前の車内で、ひろ子は一車両にいっぱいになった朝鮮へ帰郷する人々に出会う。

そのとき、隣の車室の薄ぐらい陽気な混雑の中から、少女の澄みとおった一つの声が、突然アリランの歌をうたい出した。

アリラーン
アリラーン
アリラーン　越えてゆく……………

メロディーをゆったりと、そのメロディーにつれて体のゆれているのも目に浮かぶような我を忘れてうちこんだ声の調子でうたい出した。それにかかわりなく男女の話し声は沸騰していて、間に年よりらしい咳や笑声が交る。

うたでしかあらわされないい気持ちのいい、よろこびの心が、暗くて臭い車内から舞い立っているように少女はアリラーンをうたっている。ひろ子は、しんを傾けてその歌をきいた。

こうした「よろこびの心」を表す少女の歌声と対照的な、広島駅で見た一面の廃墟とそこで旅客をあざ笑う「小さい鬼」のような隻腕の少年の描写が直後に現れる。

たった十四五のその少年駅手は左腕がなかった。青服の子供らしく短い肩袖が尖った方から垂直にたれている。片腕のない少年駅手は両足をはだけて段の上に突っ立ち、何もかも無くなっている駅で戸惑いながら、ひろ子のように間の抜けた質問をする旅客の一人一人に、復讐的な鋭い悪意の輝いた嘲弄で応酬しているのであった。

壊滅しつくしている市街と駅。そして小さい鬼のような少年駅手。ひろ子は、次の汽車までそこに居たたまれない気がした。また雨の中を馳けて、まだ停まっている急行へよじのぼった。

（傍点は引用者）

この「アリランの歌」を歌う朝鮮人の少女と、「小さい鬼」のような広島駅の少年とをなぜひろ子は対比するように語るのか。この対比によって何を伝えようとしたのか。ひろ子が少女の歌声に日本にあるべき「解放」の姿を見いだしていることは確かであり[18]、一方でそれと正反対な姿として壊滅し身も心もささくれだっている広島の少年がいる。ひろ子はこの少年に敗戦後の日本人の姿を見ようとしているのだろうか。「解放」された朝鮮といまだに敗戦の荒廃から立ち直れない、だからこそ導かれるべき日本民衆の姿なのだろうか。「播州平野」全般のひろ子の調子を考えると、そのように考えるのが自然だろう。しかし、ひろ子はこの「小さい鬼」のような少年と空間を同じくすることに「居たたまれなさ」を感じて逃げるようにもとの列車に飛び乗り、広島駅を後にする。この「居たたまれなさ」の感覚にひろ子の原爆を問題としながらも、それを正面から受け取らずに日本という国家の問題へと論点をすり替えてしまうような態度が読み取れる。

そしてまた、こうした広島の被害を日本人の被害として一般化してしまうような構図からまずこぼれ落ちてしまうのは、推定二万五千人から二万八千人にものぼる朝鮮人被爆者の存在である。[19] また原爆について直接的に言及しない（できない）で、結果的にその話題を避けるところに、問題を日本という枠組みのなかだけで収めようとし、荒廃をもたらしたアメリカと現在も続く占領に対する問題意識の低さを指摘することもできるだろう。[20]

このような構図は他の箇所にも見いだすことができる。例えば、ひろ子が広島から東京に戻る道すがら、大雨による列車の停止で徒歩連絡を余儀なくされる際、ひろ子はトラックに乗って反対方向（西にある下関のほうへ）に向かう朝鮮の復員兵たちと、それを「羨望と嫉妬」で見送る日本人男性に出会っている。


「チェッ！」

羨望と嫉妬で舌打ちする男があった。

「――あいつら、みんな朝鮮人なんだぜ」

朝鮮の若者たちは、戦争の間志願という名目で、軍務を強制された。志願しない若者の親たちは投獄されたりした。そういう話はひろ子もきいていた。今、彼らのトラックが、どうしてフール・スピードで駛らずにいられよう！この秋晴れの日に。その故郷へ向かう日本の道の上を。（傍点は引用者）

一見、朝鮮の人々におこなわれた日本の植民地政策に対する非難になってはいるが、朝鮮を既に「解放」されたものとしてまなざすひろ子にも、その「羨望」は共有されたものだろう。実際、朝鮮人たちの生活は、文字どおりの「解放」とはほど遠いものであったことがわかっている。

在日朝鮮人は、「解放国民」として遇するとGHQが覚書を出していながらも、優先順位が低い存在として捉えられており、日本の占領軍と朝鮮軍政（USAMGIK）は、正式な手続きを踏まない帰郷者を「密航」として拘束し、大多数を強制収容所に収監した。朝連をはじめとした朝鮮人団体が組織的な帰郷支援をおこなったとしても、帰郷志願者すべてに対応することはできなかった[21]。つまり、同時代の朝鮮へ帰る人々の生活をしっかりと見つめていれば、手放しに「解放」を言んでいるだけではない人々が当然目に映るはずだった。それにもかかわらず、「解放」後の朝鮮人を言及する際の主人公・ひろ子の無理解／無責任な「羨望」が、そうではない可能性としての実態を見えにくくさせてしまったということだろう。

ひろ子が朝鮮人を日本人と比較して見つめるとき、そこには既に「解放」された朝鮮人と、本当の解放に導かれるべき荒廃した日本人、という前提が横たわっていることは明らかだろう。こうしたひろ子の朝鮮人へのナイーブな共感と羨望は、「播州平野」という語りの志向性が旧植民者としての自覚を欠いたものだった、と言わざるをえない証左となるだろう。

宮本百合子の朝鮮認識

ひろ子の朝鮮人への認識、特に日本人と対照される際のそれは、彼らの「解放」を所与のものとして捉える見方であった。それでは、ひろ子のその認識を作者・宮本百合子は共有していたのだろうか。結論を先取りするならば、それは異なると言えるだろう。なぜならば、「播州平野」の執筆・刊行時期には、宮本百合子には明確な朝鮮への思考を見いだせないと言えるからだ。

雑誌「民主朝鮮」は金達寿が中心となって、日本人に対して朝鮮人の現状と連帯を日本語で訴えかけることを目的とした媒体である。創刊は一九四六年四月で、五〇年七月まで続いた。その創刊趣旨とも相まって、初期の「民主朝鮮」には断続的に主に「新日本文学」で活動している日本人知識人が寄稿している。中野重治などは「四人の志願兵」という文章で、「播州平野」で描かれた朝鮮人の帰郷と自らの体験を重ねて、日本と朝鮮の未来を語っている。[22]また「終戦日記」で「播州平野」と同じように「解放」後の朝鮮人の歓喜を描いた平林たい子も、「朝鮮の人」という題で張赫宙の解放後に関して踏み込んだ批評をおこなっている。[23]他にも徳永直、岩上順一、小田切秀雄、窪川鶴次郎といった、宮本百合子と最も近い人々の寄稿があるにもかかわらず、彼女は「民主朝鮮」への寄稿をおこなっていない。金達寿が小説「日本の冬」で、大幅な紙数を割いて宮本百合子と「播州平野」について肯定的に評価したことと比較すると、百合子側からのアプローチがあまりに少ないように思える。

宮本百合子のその他の論説文を見ても、調べたかぎりでは「中国・朝鮮との連帯」を呼びかける文言があっても、そこから具体的に連帯への思考を深めている形跡は見られない。例外的に、譲原昌子への追悼文で、譲原の遺稿である「朝鮮ヤキ」を評するなかで朝鮮の独立運動に言及する箇所があるが、紹介にとどめている。[24]

さらに言えば、「播州平野」の続篇である「風知草」[25]では、朝鮮という語は一つも現れない。李英哲が言うように、十月十日の政治犯釈放を東京・府中で出迎えた人々のほとんどが朝鮮人であり、政治犯釈放のために積極的に動いたのが朝鮮人共産党員だったことは、共産党指導部に近い位置に顕治とともにいた百合子には確実に耳に入ったことだろう。[26]にもかかわらず、釈放後の重吉とひろ子の生活を描いた「風知草」にはそれに関する一切の言及がないのは、むしろ不思議なほどである。「日本民衆の生き生きとした未来への志向、朝鮮人民へのつきない連帯の新しい文学的出発は、宮本百合子によってしるされ、きりひらかれた[27]」とまで称賛された作家にしては、「播州平野」以外に朝鮮の人々を踏み込んで描いたものは見当たらないのだ。このことからも、宮本百合子自身に在日朝鮮人が抱える諸問題を主体的に引き受けようとしたとする論拠は見いだせない。

それでは逆に、なぜ「播州平野」というテクストには朝鮮人が登場しえたのだろうか。数ある同時代の文学作品のなかで、なぜことさら「播州平野」が朝鮮との関わりのなかで論じられるだけの素材を提供したのか。次節では、その答えを移動の観点から考察する。

4　移動を内包するテクストとしての「播州平野」

移動の解釈と二つの空間

再び「播州平野」というテクストに立ち返ってみる。そもそも「播州平野」という小説は、敗戦直後の日本を縦断するようなひろ子の旅程、すなわち移動が内包されたテクストである。そしてまた、テクストには様々な人々、そして物資の移動もしくは移動の手段（＝交通手段）が象徴的に登場する。ここではテクストの内部で起こる人々の移動に焦点を当てて分析してみるが、その前に移動という運動自体が持つ意味についてひとまず考えたい。

移動はこれまで長い間、様々な研究の分野で非日常のものとして捉えられてきた。すなわち安定した静的なものを基準（＝日常）として、移動はそこへ至る過程にすぎないという見方である。これが近代国家の領土認識の基礎になる。国民国家の境を所与のものとし、そこを越境する主体は、最終的にはどちらかの境の内（国家の枠）に収まるべきものとして把握される。この前提によって移民や移住、難民から貿易、流通、通信、放送の分野に至るまで、国家による移動の制限が正当化されるのである。しかしながら、伊豫谷登士翁は次のように言う。

> 社会科学の諸研究から小説や詩にいたるさまざまな表現において、人の移動は、国民国家という物語の中に組み込まれ、位置づけ直されてきたと言える。
>
> （略）
>
> 人の移動は多様であり、個々の人の移動を大きな物語に回収することはできない。それを国民国家の物語にしてきたのは、眺める側、そして研究者の側、小説の書き手の側であった。[28]

この引用を踏まえたうえで、「播州平野」での移動を考えると、そこには移動自体の表現と、それを解釈しようとするひろ子のまなざしがあることに気がつく。それをわかりやすくするために、ここでは「播州平野」における二つの空間について少々考えてみたい。

まず、小説の冒頭、ひろ子は疎開先の福島にある「富井の家」と呼ばれる家に滞在している。この富井の家はひろ子の弟・行雄一家が住む家ということがわかるだけで、小説内での詳しい説明があるわけではないが、宮本百合子の伝記的事実からすると、この屋敷は祖父・中條政恒が明治期に福島県典事として開拓事業をおこなって以来のものであることがわかる。そのことから、周囲の農民とは一線を画した社会的地位にある一家であり、ひろ子も、その一族の娘であるために一般的な疎開人とは言えない。八月十五日、天皇のラジオ放送で日本の敗戦が伝わると、社会は一斉に騒がしくなる。村の近くにある連隊から軍需物資が横流しされ、村の人々はその恩恵を受けようと日夜連隊に集まっていた。しかし、そのような情報はいつも一通りの狂騒が収まった後に富井の家にもたらされる。富井の家は周囲の農家の人々に仲間として、同じ空間を共有するものとして認められていない。そのような同じ村に住みながらも別の空間としてある富井の家は次のように表現される。

> 五兵衛たちのぬけ目のない日暮しの才覚が縦横に走っている村人の生活の流れの筋は、富井の屋敷のぐるりを四角く囲んで、白いどくだみの花を咲かせている浅い溝まで来て、ぴたりと止っている。ひろ子は切実に、それを感じた。村の人々の生活の流れはそこまで来て一応とまった。また折れ曲って、次のどこかへ流れ込むにしろ、決して富井の内庭までぴたぴたと入って来ることはないのである。

このように他の農民たちと空間を共有しないのは、「富井という家がこの土地でもって来た家としての性質」に由来しているという。村の人々からひろ子たちは「東京」という国家の中心に生活の基盤を置く人々として、要するに住む世界が違う人たちと思われている、ということだろう。そしてひろ子は、連隊から横流しされる闇物資に夢中になる農民たちに冷ややかなまなざしを向け、次のように語る。

人民の歴史が飛躍する大きいテーマの一つと感じられた題目の一つ〔ポツダム宣言：引用者注〕は、少くともこの界隈の農民の欲求として、その時期には把握されていなかった。そのまま種板はもう別の一枚にとりかわって、目先の物資の奪い合いに、焦点がずれて行っているのであった。

そしてひろ子は「重吉の妻としての我が身の立場」に立って、日本の変革を実感しながら生きてみたいと考え、この「居たたまれない」福島を離れることを決意するのだ。しかしこのような村での生活空間の分析は、ひろ子によってなされている。農民たちを富井の一家とは違う人間と考えるのは、村の生活からの疎外感によって得た実感だろうが、その差異を国の変革という歴史と関連づけているのはひろ子の見方だろう。このようにひろ子は「新しい日本」の創設に参与できる人々の空間とそうでない人々の空間を、敗戦後の日本を移動しながら分け隔てていっているように見える。

広島にある重吉の実家でのつや子（そして日本の「後家」全般）への視線も、その一つとして考えられる。

重吉の実家には、八月六日の原爆以降行方がわからない弟の直治の妻・つや子と重吉の母・豊代が暮らしている。ひろ子はつや子に同情する一方で、つや子の存在を「近よりにくいひと」と感じている。それは元来体の弱いつや子が、頼るべき夫を失い、それでも懸命に生きるために「きつく」ならざるをえないのだとひろ子が考えているためだ。それは次のような言葉で表される。

> 母とつや子と二人の幼い息子たちの生活のネジをまき直し、幸福をとり戻すために、重吉は必要な全てのことを理解しなければならない。なぜなら、母やつや子にいるものは、その一言によって自分たちの感情の整理までをしてきた男の言葉、男のさしずである。

ひろ子がつや子と母の生活を、男が欠如した空間として見るのには、彼女自身が重吉との夫婦生活を基準／日常として据え、それが中心化されているためである。そしてその回復が最重要視され、彼女は自らの日本を縦断する移動がそれを回復させるためのものであると位置づけている。さらに、ひろ子が自らの夫婦生活を回復することは、本文で繰り返される「新しい日本」という語にそのまま重ね合わせられるものでもある。つまり男を中心化した夫婦生活の回復が、「新しい日本」への道筋ということだろう。それは彼女が「後家町」を説明する際に顕著に現れる。

「後家町」の裏の新道を、工廠の方向から時々トラックが走った。ドラム罐をつんでいるのもあるし、材木をつんでいるのもあり、時には山の方へ疎開させた家財道具が逆戻りしてくるトラックもあった。しかし、そのどれもが、直接「後家町」に縁はなかった。何故なら、最後のドサクサの間にうまいことをしてドラム罐をどこかへうつしていたり、工廠用の木材を流用する役得をせしめたりしたのはみんな工廠関係の男たちであったから。そういう男たちがいる限り町の名は、「後家町」と呼ばれたりはしないのであるから。

「ドラム罐」や「疎開させた家財道具」そして「木材」は、新しい生活のための資材になるものである。そしてそうした資材は男によって運ばれ、男が中心となった生活へと向かっていく。「後家町」はこのような流通のなかから除外され、ただ取り残されるだけである。(29)

ここで注意したいのは、このような工廠からの物資もドサクサに紛れてせしめたのだろうから、闇物資であることが予想できる。一方、福島の農民たちが夢中になった連隊からの横流し品も同じ闇物資であるのに、その行動は国の変革を認知できない人々の行動として認識される。同じ物資の移動に対して、ひろ子が違う解釈を施すのはひとえに夫の重吉の解放が明らかになったからである。要するに、福島のときはまだ重吉の釈放は不明であり、農民たちの動きから阻害された空間に「居たたまれずに」飛び出してしまう。しかしいったん、重吉と再会できることが明らかになると、世に起こっている出来事も「新しい日本」への運動として位置づけることができるようになるのだ。

ひろ子が見る新しい生活への運動は、最終的には男によって導かれるものである。だからこそ、ひろ子自身だけでなく、義母やつや子も含めた家が重吉によって再び統括されなければならないと考える。そのようなひろ子にとって、男という中心が回復されない「後家町」は「哀れ」で「きつい」ものと感じられ、そしてまた自分にとっては「近よりにくい」ものとなる。ひろ子は、直次の捜索のために重吉の実家に来ていたにもかかわらず、重吉の解放を新聞で知ると直次の捜索のことはほとんど顧みない。そしてつや子を「哀れ」と感じながらも、重吉の解放は「みんなのために、本当によかったわ」と言って重吉の実家を離れる。

ひろ子が人々の移動に施す解釈は、敗戦直後の様々な事象を「新しい日本」という国家復興という大きな物語の枠内に位置づけ直そうとする作業と連動して捉えることができる。しかしながら一方で、そうしたひろ子の解釈は「後家町」と「つや子」を「新しい日本」の枠内に取り込むことに失敗している。男が欠けた生活を送る女たちは解決されるべきものとして認識されながらも、「きつい」もの、「近よりにくい」ものとして取り残され、置き去りにされる。言い換えるなら、ひろ子自身が移動する過程で発見したものが、ひろ子の移動の解釈によって思考の対象から除外されていくプロセスがテクストに刻まれているのだ。このように「播州平野」のなかには「新しい日本」という物語に枠取られる空間と、そこから除外される空間が存在する。

在日朝鮮人がいる空間

朝鮮人表象の問題から少し離れたが、ひろ子の「後家町」の扱いと同様のことを朝鮮人表象にもあてはめることができるだろう。例えば、これまで「播州平野」に関する論考で多く取り上げられたのは、「解放」の喜びに満ちて帰郷する人々の姿だった。しかしながら、ひろ子は帰郷していない／とどまらざるをえないだろう朝鮮人家族にも出会っていて、その出会いはテクストに刻まれている。ひろ子たちが大水害を受け、集落の寺に避難する箇所がその場面である。その寺の構内でひろ子は水害を被った朝鮮人農家の一家と出会う。

本堂に灯明がついて、もうそこに、黒い人影が群れていた。朝鮮人の家族が多かった。石田の家の先に小川が二股になった三角地があり、そこに朝鮮人の農家があった。豊代が様子をたずねた。

「はア家もなんもありゃせん」

それは誇張ときこえないのであった。

彼らは農業を営んでおり、単身者ではないことから徴用以前からの渡航者である可能性がある。そのような人々は、既に「内地」に渡っている親類や知人の紹介を通して渡航する、いわゆる「縁故渡航」と呼ばれる手法で日本に来て、それから長い年月をかけて生活の基盤を日本で作ったために「解放」直後にはすぐに帰郷できない状況であることが多かった。こうした人々は、「解放」後も依然として劣悪な環境のなかで生活を送らなければならないことがあった。[30] そして、この水害によって家を基礎だけ残して跡形もなく流されてしまった朝鮮人一家も、おそらくはさらに苦境に立たされ、貧困のなかで生活を送ることになることが予想される。

そもそもこの大水害を集落に起こした最大の原因は、「新道」と呼ばれる山を無理に切り開いて作られた軍用道路だった。本来は水を止める役を担っていた山が切り開かれたことで被害が拡大し、死人も出るような最悪な事態になったのだった。ひろ子はこの「新道」が、国家が遂行する戦争のために町を破壊してまで作られたことに怒りを覚える。しかし、それによって起こった水害で実際に家を破壊された朝鮮人一家については認知するだけで、ひろ子の「新しい日本」に向かう移動という解釈の枠内にはその場所を与えられていないまま、置き去りにされているのだ。

李英哲は、「播州平野」末尾に描かれた「西」ではなく「東」に向かう朝鮮の若者たちを、「戦前から日本共産主義運動と深い関係にあり、かつ戦後の在日朝鮮人運動に置いても主導的な位置にあった、朝鮮人共産主義者ないしはその周辺にて積極的に運動に参加した人々」としてあえて捉え、そのように「主体的」で個別的なそれぞれの朝鮮人として認識していないひろ子のナイーブなまなざしの問題を指摘している。李は作者、そして作者が投影された主人公が植民地支配の責任に無関心だったことによって、「播州平野」が戦後世界における朝鮮人との「出合い損ないまでも想起させるテクスト[31]」であると論じたが、確かに作者の宮本百合子と主人公ひろ子が自ら設定する移動の目的が日本人を前提とした「新しい日本」の建設である以上、朝鮮人を真の解放を勝ち取るための同志として認識することは望めないだろう。ひろ子は朝鮮人はみな「解放」された帰るべき「故郷」を持つと認知しているために、解放されず、帰郷することができない朝鮮人の存在を位置づけることができない。だからこそ、彼女はそのような朝鮮人を見ると驚きを覚えるのだ。

国民国家的枠組みを持つひろ子の移動の解釈を脱臼させてしまうのは、まさにひろ子が移動したことによって出合った事柄である。農民たちの闇物資の獲得や、広島の少年、「後家」としてのつや子や、水害によって苦境を余儀なくされる朝鮮人一家、「解放」に喜びを感じる帰郷者や復員兵、そして「東」へ向かう朝鮮人青年運動家たち。このような人々がテクストに顕在化するのは、語りがひろ子の移動をたどりながら描写するからである。たとえ、ひろ子がどのように「新しい日本」への道程として自らの移動を解釈しようと、その解釈からこぼれ落ちる事象がテクストには違和として現れるのである。ひろ子が重吉の実家周辺で唐突に発見してしまう風景のなかに朝鮮人の老人たちの姿がある。そこにもこの違和を見いだせる。

新道が山の切り通しを抜け切ったところに、新しい朝鮮人部落が出来ていた。長いきせるをくわえた二人の老人が、部落のはずれにしゃがんで、のんびりした声で話している。一人の方が珍しく紗の冠をつけて、黒い紐を黄麻の服の胸の前に垂らしていた。そこだけ眺めていると、いつか絵で見た京城かどこかの町はずれのような印象である。

それは民族性が強調された服装と植民地主義に裏打ちされた旅行絵図的な様式であり、まさにひろ子が朝鮮人をステレオティピカルに見る民族分離的な意識の反映であると指摘することができる描写だが、しかし、同時に、ひろ子が自分とは異なる民族の生活を同じ国内で発見してしまう瞬間でもあるのだ。つまり移動の表象が「播州平野」という作品にもたらす重要な要素とは、主人公ひろ子にとって思いもつかない空間――「新しい日本」に納めることができない空間――を日本の国内のあちこちで発見してしまうことであると言える。

5　小結

本章では、戦後民主主義文学という枠組みのなかの作者・宮本百合子と「播州平野」評価の変遷を確認した。具体的には日本共産党の分裂から統一の過程での単一民族主義による戦後という歴史認識の形成であり、それこそが植民地支配を忘却するという陥穽を呼び込む。こうした言説は同時にテクスト内部の運動としても見いだすことができることを論じた。それは、ひろ子が構築する移動の目的が国民国家の枠組みへと収斂されることに代表される。

六全協以降の統一された共産党の周辺でおこなわれた「播州平野」への再評価は、ひろ子が想像する「新しい日本」という枠組みに沿った読解であり、植民地支配の忘却という土壌があったからこそ、「人民文学」が非難したひろ子、そしてひいては宮本百合子の独善性を見逃すことになった。それが「〈戦後〉的文脈」として長らく定着することになるのである。

そのために、本書では「播州平野」での移動の表象が「新しい日本」という物語に回収されない事象が存在するにもかかわらず、それが排除される過程を露呈してしまうことにも注目した。ひろ子の移動それ自体が刻み込まれたテクストで、ひろ子の「居たたまれなさ」の対象として表出される福島の農民たちの闇取り引き、広島の鬼のような少年、戦争未亡人、そして朝鮮人のそれぞれの存在が、実のところひろ子の移動の解釈を瓦解させるファクターとして機能することを提示した。

このように考えると、ひろ子の「居たたまれなさ」の感覚と「新しい日本」という枠組みは表裏一体の体をなしているようにも思える。「居たたまれない」と思う事象を見つけるたびに、彼女は国の変革や新しい日本という枠を持ち出そうとする。そしてその結論はいつも、夫という家の中心性の回復を優先することであり、そのためにはそれらの「居たたまれなさ」を置き去りにしてしまう。しかし、その置き去りにした「居たたまれなさ」は、たびたび別の形をとってひろ子の前に現れるのだ。

この「居たたまれなさ」の空間は、前章まで論じてきた闇市的空間の一例であるとも言えるだろう。〈焼跡〉という国民的地景（ナショナル・ランドスケープ）は「新しい日本」を作る土壌であり、その中央集権的力学が、過去を痛みとして引きずる「居たたまれなさ」の空間を置き去りにしながら周縁として囲い込む。このような中心性への欲求は、戦後民主主義を掲げる左派、その旗頭でもあった宮本百合子にも共有されていたと言わざるをえないだろう。

しかし、彼女が独善的ながらも二度と人民を蹂躙しない「新しい日本」の姿を真摯に考え、その思考のありようを「播州平野」という小説として発表したことは否定されるべきことではない。この小説に描いた移動の軌跡には、しっかりと「居たたまれなさ」の空間が刻み込まれている。それこそが、「播州平野」という小説をあらためて読み直す価値でもある。

次章ではひろ子の目から「居たたまれなさ」の空間の一つとしてまなざされた在日朝鮮人の生活空間を、在日朝鮮人作家の目を通して考えてみたい。当然、「居たたまれない」という感覚は、ひろ子のように自分が権力の中心地により近いという意識、もしくは中央集権的な論理を内在化したうえで保持されるものである。しかし、その空間に生活する人間にとっては「居たたまれない」ではすまない。そこに居なければならない状況に生きているのだ。

そして、そこでもまた闇市が重要な空間としてはたらいているのだが、そこには単に戦後日本の多様性や異種混交性をめでるようなノスタルジックな感覚とはほど遠い生の抵抗がある。そこから敗戦後日本という空間を見つめ返したとき、どのような風景が見えるのか。故郷に帰れない人々が異郷にとどまるとき、国民的地景（ナショナル・ランドスケープ）としての〈焼跡〉は、どのようなものに変貌するのか。それを次章では見ていきたい。

注

（1）大森寿恵子「解題」、宮本百合子『宮本百合子全集』第六巻所収、新日本出版社、一九七九年。なお、以降の本文引用は、この全集を用いる。

（2）島村輝「「播州平野」における〈戦争〉の発見」『臨界の近代日本文学』世織書房、一九九九年、三八〇ページ

（3）前掲『〈朝鮮〉表象の文化誌』二七五ページ、羽矢みずき「「播州平野」論――表象としての〈朝鮮人〉」、至文堂編「国文学――解釈と鑑賞」第七十一巻第四号、至文堂、二〇〇六年、李英哲「宮本百合子「播州平野」試論――「東へ」向かう朝鮮人とは誰か?」、朝鮮大学校編「朝鮮大学校学報」第八

巻、朝鮮大学校、二〇〇八年

（4）岩上順一「宮本百合子の生涯と文学」上、文学の友社／人民文学社編「人民文学」一九五三年二月号、文学の友社

（5）鳥羽耕史は「『人民文学』論――「党派的」な「文学雑誌」の意義」（「社会文学」編集委員会編「社会文学」第三十三号、日本社会文学会、二〇一一年）で、「党派的」として低評価のままに置かれた「人民文学」の実際の軌跡を時系列に整理し、「党派的」性格はその発行期間の前半だけに集中していることを明らかにしている。そのうえで「人民文学」の、サークル詩運動などの知識人以外の人々の言説発表の場を提供したという重要な役割をあらためて評価した。

（6）六全協で、所感派の筆頭である野坂参三が中国で死去していたことを発表し、国際派の中心だった宮本顕治を頭に日本共産党が再統合し、体制を整えることになる。

（7）前掲「「播州平野」における〈戦争〉の発見」三八〇ページ

（8）菱田悦弘「「播州平野」論ノート」、多喜二百合子研究会編「多喜二と百合子」第十一号、多喜二・百合子研究会、一九五五年

（9）徳永直「小林多喜二と宮本百合子1」、文学の友社／人民文学社編「人民文学」一九五二年二月号、文学の友社、同「小林多喜二と宮本百合子2」、文学の友社／人民文学社編「人民文学」一九五二年三月号、文学の友社

（10）前掲『〈朝鮮〉表象の文化誌』二七五ページ。「ひろ子の真摯な心性とそれを効果的に増幅する朝鮮の若者たちの形象描写による「調和」的一元化は、朝鮮の若者たちの声や姿態が日本人主人公の内面の表出として加工されたということでもある」

（11）前掲「「播州平野」論ノート」

(12) 前掲『「戦後」というイデオロギー』三〇五―三一七ページの議論を参照。
(13) 塩谷郁夫「「播州平野」」、新日本出版社編「文化評論」第百七十七号、新日本出版社、一九七六年
(14) もちろん筆者は、「人民文学」ひいては所感派が植民地主義的意識に自覚的だったと論じる意図はない。むしろ山村工作隊や火炎瓶闘争のような暴力革命を志向する動きに、在日朝鮮人党員たちを積極的に「利用」した責は、具体的に検討され批判される必要がある。そして、分派の再統合の過程でそれらの記憶も責任の所在もあやふやになったことは言及すべき事項だと考える。
(15) 金達寿「日本文学のなかの朝鮮人」、岩波書店編「文学」一九五九年一月号、岩波書店
(16) 渡邊一民『〈他者〉としての朝鮮――文学的考察』岩波書店、二〇〇三年、一三五ページ
(17) 高榮蘭は、日本共産党指導部の民族を主体とした言説構造を、金達寿のような在日朝鮮人文学者が、葛藤を抱えながらも「連帯」を志向するあまりに追認してしまったことで、共産党内部の植民地主義的意識の問題が見えにくくなってしまったことを指摘している(前掲『「戦後」というイデオロギー』三一六ページ)。
(18) 北田幸恵「沈黙と音の〈戦後〉――『播州平野』の方法」(日本文学協会近代部会編「近代文学研究」第六巻第七十三号、日本文学協会近代部会、一九八九年)は「播州平野」に表れる「音」と百合子の評論「歌声よ、おこれ」を重ねながら、〈戦後〉を描く手つきを論じている。
(19) 福間良明『焦土の記憶――沖縄・広島・長崎に映る戦後』新曜社、二〇一一年、三四六ページ。広島の被害を日本の被害として一般化する「原爆ナショナリズム」に関しては、Lisa Yoneyama, *Hiroshima Traces: Time, Space, and the Dialectics of Memory*, University of California Press, 1999、米山リサ『広島――記憶のポリティクス』(小沢弘明/小澤祥子/小田島勝浩訳、岩波書店、二〇〇五年)を参照。

(20) ここに、一九四五年九月二十一日以降のGHQ/SCAPの“SCAPIN 33”(いわゆるプレスコード)による検閲の実施とそれによる広島と長崎の原子爆弾の効果に関する記事の制限の影響を読み取ることもできる。堀場清子『原爆表現と検閲——日本人はどう対応したか』(〔朝日選書〕、朝日新聞社、一九九五年)を参照。

(21) 在日朝鮮人の帰郷に関しての研究は、高峻石『在日朝鮮人革命運動史』(柘植書房、一九八五年)や前掲『解放後在日朝鮮人運動史』が代表的だが、近年は占領初期日本における連合軍の出入国管理体制という観点から、マシュー・オーガスティン「越境者と占領下日本の境界変貌——英連邦進駐軍(BCOF)資料を中心に」(在日朝鮮人運動史研究会編「在日朝鮮人史研究」第三十六号、緑蔭書房、二〇〇六年)、強制収容所に関しては Tessa Morris-Suzuki, *Borderline Japan: Foreigners and Frontier Controls in the Postwar Era* (Cambridge University Press, 2010) などがある。また、こうした状況を描いた金達寿の小説「八・一五以後」に関しては次章で扱う。

(22) 中野重治「四人の志願兵」、民主朝鮮社編「民主朝鮮」一九四七年三・四月合併号、民主朝鮮社

(23) 平林たい子「朝鮮の人」、民主朝鮮社編「民主朝鮮」一九四七年一月号、民主朝鮮社

(24) 宮本百合子「譲原昌子さんについて」『宮本百合子全集』第十七巻、新日本出版社、一九八一年(初出:「民情通信」一九四九年四月号、民情通信社)

(25) 「文藝春秋」一九四六年九—十一月号に連載、翌年五月に文藝春秋新社から単行本刊行(「解題」〔宮本百合子『宮本百合子全集』第六巻所収、新日本出版社、一九七九年〕)。

(26) 前掲「宮本百合子「播州平野」試論」。また政治犯釈放の出迎えのほとんどが朝鮮人だったことは、金達寿「わが文学と生活」(『金達寿小説全集』第二巻、筑摩書房、一九八〇年)や近代文学派の荒正人の「第二の青春」(近代文学社/八雲書店編「近代文学」一九四六年二月号、近代文学社)などの

回想でも確認できる。

(27) 朴春日『近代日本文学における朝鮮像』未来社、一九六九年

(28) 伊豫谷登士翁「移動のなかに住まう」、前掲『「帰郷」の物語／「移動」の語り』所収、一四ページ

(29) テクスト外についてみると、同時代の実際の「後家」(戦災未亡人) たちを見てもまさに同様の状況が見いだせる。一九四六年六月に戦争未亡人を中心とする戦争犠牲者遺族同盟が結成され、生活改善要求をおこなっていくが、四七年十一月には男性遺族を中心とする日本遺族更生連盟に吸収され、「英霊」の公葬や慰霊を重視するようになる。最終的には靖国神社〝護持〟運動を展開することになる (大日方純夫「戦争の体験・記憶・認識とジェンダー」、米田佐代子／大日方純夫／山科三郎編著『ジェンダー視点から戦後史を読む』所収、大月書店、二〇〇九年、一七九ページ)。

(30) 外村大『朝鮮人強制連行』(岩波新書)、岩波書店、二〇一二年

(31) 前掲「宮本百合子「播州平野」試論」

第8章

「異郷」の空間性——金達寿「八・一五以後」

はじめに

金達寿「八・一五以後」は、敗戦直後の日本を舞台に、在日朝鮮人の主人公が解放後に起きた様々な出来事に心を砕きながら、同胞をまとめる活動をする様子を描いている。金達寿は解放以後、祖国回復への希求を描いた在日朝鮮人文学の嚆矢とされる作家であり、代表作としては「後裔の街」や「玄海灘」などの植民地時代の朝鮮を舞台にした長篇小説が挙げられる。[1] そして、これまでの金達寿を論じたものの多くは、主にそうした長篇小説を分析の対象として扱い、同時代の日本を描いた作品は副次的に論じられてきた。

先行研究のこの傾向は、ポストコロニアル文学としての在日朝鮮人文学をして、日本文学という自己充足的な文学史観に亀裂を入れるという企図がある。在日朝鮮人文学という枠組みは、解放の前後を問わず経験された植民地的状況を日本語で書き記すことによって日本の内部で「その集団的存在の政治性[2]」を主張するものであるとされる。金達寿はそうした在日朝鮮人文学者の最も代表的な作家として見なされてきた。とりわけ、金達寿の全作品を網羅した崔孝先の『海峡に立つ人』は、解放直後の作品群を「「在日同胞生活史」の流れの作品群」として位置づけている。本書で扱う「八・一五以後」という短篇作品も金達寿の伝記的側面が強い作品だとされている。[3]

しかしながら、そうした在日組織の運動を伝記風に記したという見方だけでは、このテクストがなぜフィクションとして敗戦直後の日本という空間に提出されたのかという意味を十全に捉えることができない。また、テクストに書き込まれている登場人物たちのアイデンティティのゆらぎや葛藤は、在日朝鮮人文学の政治性というくくりのなかで見えにくくなってしまう。

本章では、「八・一五以後」という作品で、在日朝鮮人という民族的主体の形成が抱えるジレンマが「異郷」という言葉にどのように反映されているか、またそうした「異郷」にとどまることがどういった意味と可能性を持つかを探ることで、敗戦直後の空間を日本という国民国家の枠組みを外して捉え直すことを目的とする。以下では、次の手順で論を進める。まず、同時代の日本の言説空間では、この作品と作家・金達寿にどのような評価が与えられていたかを確認する。次に、人物類型に着目し、この作品がフィクションとして提出されたことの必然性を明らかにする。そして、一九五〇年の改稿がオリジナルのものから削除したものと書き加えたものの意味を五〇年前後の独立運動の言説を背景にして考察する。そのうえで、この作品での「異郷」という言葉と民族意識の関わりを検討する。その際、同時代に存在した闇市という空間と在日朝鮮人社会との関係に言及し、その空間の特性が「異郷」という語が持つ緊張関係にどのように結び付いているかを示す。そして最後に、「異郷」として敗戦直後の日本をまなざすことの可能性を明らかにする。

1 「八・一五以後」発表時の「新日本文学」と金達寿評価

「八・一五以後」は雑誌「新日本文学」に掲載された金達寿の最初の作品である。以降、「新日本文学」は金達寿の主な発表の場の一つになった。それまでは彼が自ら編集・執筆をおこなっていた雑誌「民主朝鮮」が主な創作発表の媒体であり、そうした意味でこの小説は外部の主要雑誌に発表された最初期の作品でもあった。「新日本文学」への金達寿のデビューは、当時気鋭の文芸評論家だった小田切秀雄によって導かれた。小田切は「民主朝鮮」の創刊号から連載されていた「後裔の街」を読み、金に新日本文学会への加入を勧めた[4]。そして、入会直後の一九四六年十月末に開催された新日本文学会の第二回大会で、金達寿は常任中央委員に選ばれる。

しかし実のところ、金達寿の「新日本文学」誌上への本格的なデビューは、すぐさまなされたわけではない。高榮蘭は、金達寿が早い時期に常任中央委員に選ばれているにもかかわらず、創作を含めた彼の文章が誌上に掲載されたのはわずか三回だったことを指摘している。だが一九四九年を境として、金達寿だけでなく許南麒などの朝鮮人の書き手による創作が掲載されることが増え、この時期以降に朝鮮人作家が高い評価を受けるようになった。高は、こうした在日朝鮮人作家に対する評価の変化に、「新日本文学」誌上で展開された五〇年前後のサンフランシスコ講和条約をめぐる言説が影響していると分析している。それは「日本民族」がアメリカからの「被圧迫民族」であり、その点では植民地時代の「朝鮮民族」と同一であるとする、日本共産党周辺の知識人が用いた論理だった。つまり在日朝鮮人作家評価の背景には「日本民族」と「朝鮮民族」の「民族的連帯」を提示することで、「日本民族」の被害者性を強調する意図があったのだ。(5)

それでは、小説「八・一五以後」が発表された当初の金達寿に対する評価はどのようなものだったか。「八・一五以後」が掲載された号の「編集覚え書」には次のように評価されている。

> 現在、在日本朝鮮人作家はその数においては必ずしも多くないが、朝鮮内地の文学運動の目覚ましい発展に呼応して、これまで抑圧されていた才能のありつたけをあふれ出させようとしている。在日本朝鮮人という特殊な位置、朝鮮人が日本語で小説を書くということの問題、等々直面している複雑な問題も少なくないが、かれらはそれにめげずに進むだろう。(略)朝鮮の近代文学は「白樺」派の影響のもとにその時代に成立をはじめたが、日本の文学者との積極的な交渉がつくられたのは昭和初年のプロレタリア文学の時代であり、日鮮文学者のこの平等な、自主的な提携は日本の支配権力の層族政策に対立して日本人民の名誉の記憶となつている。
>
> (傍点は引用者)

ここでは、「在日本朝鮮人という特殊な位置」を指摘しながらも、あくまで「朝鮮内地の文学運動」に「呼応」した副次的なものとして捉えており、プロレタリア文学運動の記憶を召還しながら日本の支配権力に対立するための「連帯」が強調されている。ここからわかることは、「在日朝鮮人文学」は「朝鮮文学」に内包された一形態であって、同時代の日本で日本語によって書かれた作品であるにもかかわらず、「朝鮮人／日本人」という線引きが前提になっていることである。また「日本語で小説を書くことの問題」を「めげずに進むだろう」という言い方には、日本語でしか書けないという「宗主国の敗戦と同時に出現した在日朝鮮人の言語・文化的な植民地状況[6]」に対する突き放した態度が見て取れる。かつてのプロレタリア文学運動期における支配権力への「連帯」的対立に賛辞を呈しながら、植民地時代から継続して「直面」している在日朝鮮人の言語的問題に対しては距離を置いているのである。

こうした「新日本文学」側の態度は、金達寿をはじめとした在日朝鮮人文学者の作品を「解放民族」の文学として囲い込むことにつながっている。そして、そこには一九五〇年前後における、アメリカに対して「日本民族」を「朝鮮民族」と同一視するような論理が既に見いだせるのだ。つまり、「新日本文学」側の在日朝鮮人文学評価は、「朝鮮民族」というエスニック・アイデンティティを前提にしており、またその「民族」性を予定調和的に確認することに終始しているということだ。「八・一五以後」の発表当時の金達寿に対する評価は、このように「朝鮮人」という民族を「新日本文学」という雑誌上に顕在化させることに力点が置かれていた。こうした評価のあり方は日本と朝鮮を対置させながらも、大枠では日本の内部に朝鮮民族を位置づけるような不均衡な比較を成り立たせている。しかしながら実のところ、「日本人／朝鮮人」という二項的図式を用いての言説戦略は、解放運動を主導する朝鮮人運動家にも共有されたものだった。次節以降では、作品の人物類型と「解放」以後の独立運動の主体形成について考察する。

2　フィクションの形式と人物類型

「八・一五以後」では、当時の在日朝鮮人を取り巻く政治的・社会的状況が描かれていて、作品内でのそうした出来事は歴史的事実と相違しない。また登場人物の行動も、金達寿と見なされる主人公李英用（リヨンヨン）や元容徳をモデルとした宋庸得（ソングヨンドク）など、金達寿の自伝と照合しても一致している。自伝のなかでも「解放」直後の出来事を「「八・一五以後」という短編にも書いている」と言うように、ほぼ作者が体験したことをこの小説に書いていると考えていいだろう。そうしたことから、先行研究でもこの小説の自伝的な側面に注意を向けてきた。しかしながら、小説「八・一五以後」は自伝ではなくフィクションとして発表されたものである。これをどのように考えればいいか。本節ではまず、この作品に現れる三人の人物類型に着目することで、フィクションという形式の問題を考える端緒としたい。

まず、「八・一五以後」は大きく四つの場面に分かれる。冒頭部は、在日朝鮮人が「解放」以後に置かれた状況と組織（朝連）結成などの歴史的事実に基づいた記述、および主人公・李英用自身が経験した妻の死と母の抑留という二つの不幸に関する経緯を提示する。次の場面では、友人の宋庸得とともに佐世保の収容所に抑留されている母を迎えにいく様子を描いている。三つ目の場面では、大阪に住むいとこ・河圭秀（ハギュス）の自宅で一晩休息をとり、結末部では宋と別れた英用と母が横須賀の自宅へ戻り、そこで英用は妻の死を母に伝える。

この作品で英用と行動をともにする庸得の存在は、英用に独立運動家としての手本を提示する重要な役割を持つ。宋庸得には、元容徳という実在のモデルがいる。金達寿の自伝によると、元容徳は「立教大学の経済学部を出たクリスチャンのマルクス主義者」で「十月十日、マッカーサーの政治・思想犯釈放指令によって出獄した」左派知識人の運動家だった(7)。そのような特性を受け継いでいる宋庸得は、独立運動を主導する人物として一貫した論理と行動指針を持ち、たびたび英用を助け、ときに叱咤激励する人物である。

庸得の運動家としての一貫性は、彼と佐世保の朝連支部の外交部長黄一文（ファンイルムン）との口論の際によりいっそうあらわになる。黄一文は、朝鮮人が「解放」後に故郷へ戻ったにもかかわらず再び密航船で日本に引き返している状況に対して、「いくら同胞と言っても密航ということは良くないこと」であり、「日本にとっても迷惑」であると発言する。発言からもわかるように、この作品のなかで黄一文は、帝国日本の植民地主義的論理を内面化した「朝鮮人のうちにしばしば見受ける半知識人(8)」として描かれている。こうした黄一文の考え方に対して宋庸得は「君はなぜそのよくないことが行なわれているのだかを少し考えて見たことがありますか(9)」と問い返す。黄一文は庸得の発言を受け入れず、「日本の文化」は「古いわれわれの文化」からきたのであり、それに見合った「一等国民」としての自覚を持つべきだと訴える。

朝鮮人を「一等国民」とする黄一文の論理は、一見すると日本に対する民族的抵抗によるものとして捉えられる。しかしそれは、かつて帝国日本が朝鮮人を「帝国臣民」として取り込もうとした同化政策の「日鮮同祖論」の言説を反対側からすり直したものであると言うことができる[10]。そうした意味で、黄は無意識的にも植民地主義が深く内面化された存在であるのだ。一方で、庸得はこうした黄一文の発言に対して激高しながら「君もその傷痕を背負った一人なのではないか[11]」と言う。こうした庸得の言葉は、朝鮮人の内面で、「解放」以後であってもその思考の植民地的状況が根強いものであることに対する嘆きである。この嘆息は「教育すべきものそれ自体がまたその〔奴隷的教育の：引用者注〕残滓を蔽い被っていることである[12]」と述べる語り手にも共有されている。また、佐世保の朝連支部自体が「委員長や幹部というものを、日本の町会長などを見習って名誉職のように考えている」ということからも、「解放」後の朝鮮人たちの間にある思想的な植民地状況を見て取ることができるだろう。

母を引き取った後、英用と母と庸得の三人は大阪で河村という名で「キャバレー」を経営して成功しているいとこの河圭秀の自宅に寄る。「でっぷり」として日本人と区別がつかない顔を持つ河圭秀は英用に「金さえあれば誰にだって馬鹿にされることがあるものか、独立したって何だって君、金だよ」と金歯を光らせながら笑う。不快に思った英用と庸得は、母を連れて翌朝早々に河圭秀の家を出る。

この河圭秀という人物は、先の外交部長の黄一文と同様、在日朝鮮人が必ずしも一様でないことを示す存在である。河圭秀はおそらく独立運動には積極的に参加しない人物であることが予想できる。しかし彼の「金があれば馬鹿にされない」という発言や、解放後に「河村圭秀」という日本名の表札の脇に小さく貼り出した「河圭秀」という朝鮮名を記す名刺が、彼なりの民族的葛藤を表しているのではないだろうか。ここに、日本人社会に主体的に同化しようとしながらも、そう簡単には割り切れない民族への思いが示されていると言えるだろう。

このように本作品の人物類型には、当時の在日朝鮮人の間にあった立場の差異がよく示されている。そうした差異が強調された登場人物が提示された理由をどこに求められるだろうか。金達寿は「民主朝鮮」という日本語雑誌の創刊を思いついた際のことを以下のように書いている。

> その提案というのは、「朝鮮と朝鮮人とに対する日本人の誤った認識を正すための雑誌を出したいと思うがどうだ」ということだった。私としても突然思いついたようなかたちだったが、しかし考えてみると私は八・一五直後の激動のなかでしばらくそのことを忘れたようになっていたけれども、潜在的にはその考えをずっと持ち続けていたのである。[13]（傍点は引用者）

「誤った認識を正す」という金達寿の意気込みは、「新日本文学」という日本人読者が多い雑誌に初めて投稿することになった「八・一五以後」という小説に揚々と込められていたことが予想できる。そうであるならば、一様に認識されていた在日朝鮮人の本来の多様性とその内部での葛藤を的確に表現する必要があったのだろう。だからこそ、宋庸得や外交部長の黄一文、そして実業家の河圭秀という登場人物に独立運動家、植民地主義を内面化した人物、日本社会に同化する人物という、それぞれ当時の在日朝鮮人の類型的な人物像が割り当てられ、対立する場面が描かれたのだ。

また作者の意図の有無は別として、英用の妻と母にもまた類型的な「母」の表象としての役割が担わされていることを読み取ることができる。すなわち民族主義的な独立運動の場での自己犠牲的な女性像である。英用の母や妻は作品のなかでは名前が出てこない。ことに妻は「子供を産み落として」直後に死亡するにもかかわらず[14]、その「子供」は、英用の母の言葉のなかで「明均（メインギュン）」という名が出ており、自伝と照応すると男性の子どもであることがわかる[15]。

この小説では、英用の妻や母は民族運動の闘士を「生む」ためだけの献身的な役割であり、女性という性はイデオロギーに使役される無性的（asexual）な「母」として存在している[16]。名前を与えられない英用の妻のテクストにおける存在は、物語内部での彼女の沈黙と不在によって、民族主義的言説に支えられる独立運動の内部で再生産される抑圧の構造を暴露していると言えるだろう[17]。

「八・一五以後」での登場人物の類型化は、当時の在日朝鮮人の内部の葛藤と軋轢を明示している。それらの人物たちがそれぞれの立場を明に暗に主張する場として、フィクションという形式は機能していると言える。それでは、本作の主人公である李英用はどのように類型化されていると考えるべきだろうか。ここに、この作品における重要な問題を見いだすことができる[18]。それは、一九五〇年五月に発刊された単行本『叛乱軍』収録の際の初出からの大幅な改稿である。

3　改稿の問題と運動主体

まず目につくのは、初出からおよそ二千五百文字にわたる部分が削除されていることである。その箇所では、英用が数人の朝鮮人青年に向かって、白頭山に潜伏して日本軍と戦った金日成や中国の「同胞義勇軍」を挙げながら雄弁に団結を説くところから始まる。そしてその途中で「僕のように新聞社にいたことのあるものは敵であつた彼らの戦意を煽り立てたのだ」と述べた際に、「激しい後悔」に立ちすくむ様子が描かれている。その後、日本に来てから日本の敗戦に至るまでの英用の経歴が語られる。英用が「みんなは僕を許してくれるのですか、許してくれるのですか」と叫んだのち、「同胞の団結を誓って」「組織に着手した」という心情の推移が記されている。以上がそのまますっかり削除された箇所である。さらに、組織作りに奔走する場面が描かれた後に、「犯した自分の負い目がわずかでも軽減されたことに無限の喜びを感じるのだった。彼は働いた。彼は駆けまわった」[19]という一文が削除されている。これらの大幅な削除箇所には、英用が組織的な独立運動にコミットするに至る心情が事細かに示されている。そしてそれ以外に削除されたところは、自らの「負い目」に関して言及する箇所である。

まず、「新聞社」にいたことが「後悔」と「負い目」を英用に与えたとはどういうことか考えてみたい。英用は戦時中、新聞記者として、帝国日本の戦意を高めるための記事を書いていたことがわかる。しかし、日本の敗戦による「解放」ののち、民族組織である「朝連」の指導的立場として在日同胞を祖国の独立に向けて団結させる役割を担うことになる。その際に、直近の過去に日本の帝国主義を支えるような言説を生み出していた自らの経験が「負い目」となって、現在の自分のあり方にジレンマを与えているということになるのだ。

改稿以前のテクストには、日本の帝国主義に加担した「負い目」を抱え、自らの過去と葛藤する自己認識のゆらぎが確かに描写されている。尹健次の言葉を借りれば、「〈内なる天皇制〉との深刻な対決」を経てアイデンティティを形成しなくてはならなかった在日朝鮮人の姿が、テクストに刻まれていると言うことができるだろう。削除箇所で語っている英用の組織運動へのコミットメントのあり方は、「過去の「親日」的行為をひた隠しに隠し、自己と天皇（制）についての関わりについては沈黙し、ただひたすら日本・日本人を告発し、また新生の民族・祖国をさけびつづけることがひとつの現実的な生き方[20]」だったとする尹の説明と相似している。

では、こうした〈内なる天皇制〉を背負って葛藤する人物類型が一九五〇年の改稿段階で削除されることの意味は何か。作者の金達寿は、自伝その他の論考で自身の戦時中の行動について言及していることから、小説「八・一五以後」が単行本に採録される時点で、そのことをことさら隠し立てしようという意図があったとは考えがたい。また、この時期には既にＧＨＱによる検閲は終了しているために、検閲のために削除されたとも考えにくい。この作品に検閲が施されるとすれば「新日本文学」に発表した改稿前の初出のほうが、金日成への称賛や母の強制抑留などを理由にされる可能性がよほど高かっただろう。しかしそのような修正指示は検閲文書のなかには確認されないために、検閲が直接的に原因しているということはないだろう。[21] この問題に関しては、そのような検閲の要因よりもむしろ五〇年という時空間、とりわけ当時の在日朝鮮人をめぐる言説空間が、作品に要請した構造的変化に目を向けるべきだろう。

そもそも解放直後には、在日朝鮮人のなかでも祖国に対する認識のあり方は多様だった。小説「八・一五以後」でも、皇民的イデオロギーを内面化させた黄一文や、日本人社会への参入を試みる河圭秀のような人物にその多様性の一端を見いだせるのは先に論じたとおりである。しかし、一九四八年八月（大韓民国）と翌月（朝鮮民主主義人民共和国）に国家としての〝祖国〟が朝鮮半島に形成される。それを契機として、民団（在日本大韓民国居留民団へと同年十月に名称変更）と朝連は、前者が同年九月、後者が翌年二月に、それぞれの国家への帰属を表明する。そして五〇年六月二十五日に勃発する朝鮮戦争が、それぞれの祖国と在日朝鮮人一般の意識の一義的な結び付きに拍車をかけていく。

外村大は、こうしたどちらか一つの祖国と一義的な結び付きを図ろうとする意識のあり方を「祖国志向型ナショナリズム」と名づけた。[22] また、そうした民族が祖国という国家に所属しなければならないという意識は「結果として、「日本社会は日本人のみによって構成される」という日本人の意識と裏／表の関係にあったのである」[23] と外村は指摘している。自らを日本人から分離して、祖国と一義的な結び付きを図ろうとするこうした在日朝鮮人社会内部の意識は、「八・一五以後」という小説と主人公の人物類型にどのような影響を与えたのだろうか。

「八・一五以後」が単行本に収録されるのは一九五〇年五月であり、まさに朝鮮戦争勃発の直前である。当時、民団、朝連ともに在日朝鮮人社会の指導部には強固な「祖国志向型ナショナリズム」が浸透していた。「八・一五以後」という小説の主人公は、独立運動を導く立場でありながら、その活動のモチベーションは自分の過去の「負い目」の軽減にあった。だが、この五〇年という時点でそうした主人公のありようは許容されなかったのではないか。つまり、五〇年の改稿では、作品内の英用の言動には「祖国志向型ナショナリズム」に沿って民族主義思想の「純化」が施されたと考えられる。この英用の思想における純化の操作は、オリジナルのテクストが英用に担わせていた類型的役割、すなわち過去の「負い目」と闘う朝鮮人知識人像を排除し、五〇年の独立運動を先導するにふさわしい人物類型へと書き換えてしまったと言えるだろう。それは宋庸得的な運動主体への同化でもあるのだ。

4　「異郷」の内実——帰郷と同化のはざまとしての闇市

一九五〇年での改稿は、アイデンティティのゆらぎを純化し、運動主体の均一化を促した。では、物語全体としてはこの変更はどのような効果をもたらすのか。また、彼らが行動する舞台は、「八・一五以後」という小説のなかでどのように造形されているのだろうか。この作品では、日本を表す「異郷」という言葉がたびたび登場している。そのために、「異郷」の内実を探ることが作品の舞台である敗戦直後日本という空間を考えることにつながる。まずは、「八・一五以後」の導入部にさかのぼって見てみよう。

人々は起ち上がった。

長い年月を酬いられることもなく、蔑まれ、虐げられた底からえいえいと築いてきた生活はまるで夢のことのように投げ捨て、祖国へ、独立の朝鮮へと雪崩を打った。人々は一夜のうちに数年、或いは数十年の生活を一本の麻縄や風呂敷にくるんでただわれを先にと急いだ。日本の駅頭はこれらの群集、今や希望にさざめき、叫喚する群集で埋まり、下関、博多などの港は日夜これらの群集によって占拠された。[24]

この導入部では、解放に際して喜びを噴出させる人々の姿を描いている。そこに「異郷」という言葉が登場する。「彼等は異郷で右往左往し、ただ下関へ、博多へと犇めき合」（傍点は引用者）いながら移動した。[25] 日本に在住していた約二百二十万人にも及ぶ朝鮮人の多くは故郷に戻ることを望み、GHQの指導のもと十一月にようやく実行された日本からの計画輸送によって、またはそれを待たずに自力で朝鮮半島へと渡っていった。[26] しかしながらそうした人々が制限された所持金千円を手に釜山港などに到着するも、南朝鮮のアメリカ軍政は彼らへの救済対策をとらなかった。[27] 生活の糧を得られない人々のなかには、少なくとも見知った人々がいる日本へ――「手馴れた昨日までの生活がある異郷」（傍点は引用者）へと、引き返す選択をするようになる。[28]

こうして日本に許可なく「再入国」した場合、そうした人々は「密輸」をする「密航者」として見なされ、仙崎や佐世保に急遽建てられた強制収容所に収監され、強制送還を待つことになった。[29] テッサ・モーリス＝スズキは、当時のワシントンからSCAPに送られた日本人以外の外国人に関する指令書を分析したなかで、こうした在日朝鮮人に対する処遇は、「解放国民」と呼ばれながらも、優先順位が低い存在としてアメリカ本国から見なされたために生じた法的不確定さによって起きたと分析している。[30] 小説「八・一五以後」の英用の母親は、先に見た佐世保の強制収容所に収監された一人だった。

このように本作品に出てくる「異郷」という言葉には、日本列島と朝鮮半島という二つの空間を移動するときの緊張関係が内包されている。そして、冒頭部ではさらに「異郷」で船を待つ在日朝鮮人たちがある特殊な空間を形成していることがわかる。それが闇市である。

そこではすでにこの漂白の生活に手馴れた人々によって焼野原に板や菰の囲いがされ、焼トタンの屋根が張られて応急の必要におうじた飲食店が軒を並べて現出した。そして喜びに気負い立った人々の濫費がそこに吸いとられていった。しかし、これを吸いとる側もまた気負い立っていた。そのような利益などは人々の眼中になかった。船が来るとこれらの人々もそのまま店を後から到着した人々に譲って、万歳の声に送られて玄海灘を渡っていった。[31]

在日朝鮮人や中国人、台湾人などの旧植民地出身の人々を「解放国民」として処遇するというGHQの声明が出されたのは、敗戦から三カ月ばかりたった十一月三日のことである。そのため、解放直後のこの時期はまだ日本の経済は総力戦体制下にあり、配給以外の飲食の交換と売買は違法だった。[32]そのために、特別な許可がない飲食店が集まる空間は例外なく闇市であり、[33]そしてこれまで論じてきたように当時の闇市は、闇値によって暴利をむさぼるものとして非難されていた。そしてまた、日本という国家を堕落させる「道義に悖る」ものであるとされていた。

しかしながら「八・一五以後」の導入部で見られる売買は「利益など人々の眼中にな」く、船がくれば早々に店を人に譲ってしまうようなものである。法的にはいまだ旧宗主国の支配下にある朝鮮人が、応急の闇市で日々の生活をしのぎながら独立した朝鮮に帰郷する、という状況が見いだせるこの作品での闇市の様相は、急変する社会との折衝がおこなわれる空間として現れている。さらに、半島の実情が明らかになるにつれて、故郷に戻ることができない朝鮮人は日本人社会一般と同化せざるをえなくなる。在日朝鮮人の経済史を研究する韓載香は、植民地時代の日本における朝鮮人の集住的コミュニティーから戦後の散在型への移行が促され、その同化の過程のなかで敗戦直後の「ヤミ業」は一定の役割を果たしたと述べている。[34]

小説「八・一五以後」の導入部に見られるのは、日本という「異郷」から闇市を経由して朝鮮へ帰郷するという動線である。しかし実際には、在日朝鮮人社会が戦後たどった日本人社会への同化というまったく逆の方向性がある。それはテクストでも、母の抑留や河圭秀という存在によって示されることである。この闇市を媒介として、「異郷」でおこなわれた帰郷と同化という移動の緊張関係は、本作品を読み解くうえで非常に重要なものと考える。この緊張関係が生み出す「異郷」の内実は、テクストでのもう一つの削除箇所について言及することで明らかになる。

それは物語の最終部分、自宅に帰った英用が初めて母に妻が亡くなったことを伝え、遺骨を見せる場面である。泣き崩れる母の隣で留守中にたまった新聞紙を開いたときに「兇悪・二人組拳銃強盗捕まる」という見出しを見つけて、そこに載った「東京都淀橋区××町一二徐斗竜（二三）」という名前を目にした英用は涙を流す。そして、母を置いて朝連本部に向かって家を出ていくところでこの物語は終わる。次の箇所は英用が泣き崩れている母を家に残して朝連の本部へと出掛けていく最終場面である。

「今日は早く帰れるかい」といった。
英用は一つ頷いて、面へ出て行った。歩いた。「すべてはこれからだ」という宋庸得の言葉が彼の唇を突いて出た。（傍点は引用者）

傍点部分が初出からは削除されていて、単行本にはない文言である。[35] 闇市で「拳銃強盗」として捕らえられた在日同胞の新聞記事とこの削除部分の結び付きをどう捉えることができるだろうか。前述のように「淀橋区」はいまの新宿区の一部の地域にあたり、新宿駅周辺には巨大な闇市が複数存在した。そして一九四七年のこの時期は、闇市にはびこる暴力沙汰が在日外国人、特に朝鮮人と強く結び付いて認識されていた（いわゆる「第三国人」言説）。このような認識は一時的なものではなく、闇市が消えた後でも強い影響力を保っていた。例えば五二年九月に「中央公論」誌上に掲載された「在日朝鮮人の生活と意見」という座談会で、大宅壮一も「朝鮮人と共産主義、朝鮮人と火焔ビン、朝鮮人とやみ、朝鮮人と犯罪というふうに、常に密接に結びつけて印象され、強く頭に入っている」ことを指摘して、そうした偏見を取り除かなくてはいけないという発言をしている。[36]第3章でも確認したように、「闇」の問題は戦後社会全般にわたるものであり、在日朝鮮人だけが特別に闇市と結び付いていたわけではない。[37]

しかし、この物語の最後に登場する新聞記事にある「凶悪」「拳銃」「淀橋区」「徐斗竜」という言葉によって、英用は日本にいる朝鮮人が今後も受ける偏見と行く先の暗さを感じざるをえないのだ。改稿前の初出版では、最後尾に、「すべてはこれからだ」という言葉があることで、それでも未来に向かって歩みだしていくという希望が残っていたように感じられる。しかし、この言葉が削除されることで、未来への志向性が断たれ閉塞感だけが残るように思える。

ここで再び、テクストの冒頭の部分に戻ってみる。先に、冒頭で描かれている闇市を媒介とした「異郷」の日本から朝鮮へという解放感に満ちた帰郷の動線は、現実的には反転した在日朝鮮人の日本社会への同化という動線との緊張関係を生じさせていることを指摘した。こうした二本の動線の正反対の方向性は、行き場がない硬直した空間をテクストの内部に生み出す。ここで、このテクストの「異郷」という言葉の内実が見えてくる。それは本作品での「異郷」という言葉に、民族性が前提にされているということである。それは次の引用でも確認できる。

英用は朝鮮の老婆がこうして泣き出せば、ある限度が来るまでは止めても仕方がないことをよく知っていた。ことに母は若くして未亡人となり、英用を女手一つで異郷で育て上げて来な

がらこうして何度も泣いた。英用はその涙のうちにこうして成人したのである。[38]（傍点は引用者）

「異郷」とは他の民族の「郷」であり、本来帰属しない者からの視点による名づけである。一九五〇年における「祖国志向型ナショナリズム」によって在日朝鮮人社会の内部には「日本人／朝鮮人」という民族的対立図式が強まる。この作品でも改稿という作業をおこなうことで、その民族的図式の強度は明らかに高められたのである。そのために、一方の民族の側から他方を見た場合の「郷」の異質性はさらに高まる。つまり、そうした異質性が高まった「郷」にとどまり、生活のために同化しなければならないジレンマが、このテクストの「異郷」という語に託されている。

冒頭部にはさらに「万歳、万歳！／朝鮮独立万歳！」という言葉が刻まれている。この言葉が、一九一九年の三・一万歳運動で叫ばれた言葉と同一のものであることは、あらためて指摘する必要があるだろう。日本敗戦を機に「解放民族」となった在日朝鮮人は、朝鮮戦争が近づくにつれて自ら「祖国志向型ナショナリズム」の発展と確立に向けて民族的同一性を高めていく。こうした際に、帝国日本の植民地期の三・一万歳独立運動の民族的記憶が召喚されるのだ。しかしそうした民族性の強度が高まるほど、「異郷」にとどまらざるをえない状況に極度の緊張状態が生じる。「八・一五以後」が示すポストコロニアルな状況とはそういうものである。すなわち、「戦後日本」という閉ざされた「異郷」の空間の内に押し込まれ、しかも「解放民族」という言葉によって排除され、同時に自らもその民族という言葉とその記憶の檻に捕捉されてしまうようなアイデンティティの宙吊り状態が「八・一五以後」という小説に記されることになるのだ。

5　「異郷」にとどまることの可能性

ここまで見てきたように、解放直後の在日朝鮮人を描いた小説「八・一五以後」での「異郷」という空間は、民族的主体を立ち上げる際にその代償として、自らが排除されながら同時に包摂されるような空間である。こうした空間性はテクストの他の部分にも見いだすことができる。排除されながら包摂されているという空間の最も顕著な例として、英用の母が収監されていた佐世保の強制収容所がある。

佐世保は「相当に破壊されて片側だけの街」だったのだが、その佐世保の焼跡は暗緑の山に囲まれていた。その風景に英用と宋は「開城（ケソン）に似たところがある」と述べる。その山のなかの元海軍の施設が「H収容所」として使われている。語り手はこの収容所の内部を次のように述べる。

三方を山に囲まれていて峠を越えると突如表れた建物の街がそれであった。裳（チマ）をはいた女たちが疲れ切った様子で子供を背にし、水を運んで洗濯をしていた。高い木造の兵舎と兵舎の間には単色のチョゴリやチマや、子供のむつきなどが紐につるされてひらひらしている。どこからどのようにして作ったのか洗濯の女たちはバングマニ（きぬた）を振りあげていた。どこにいても洗濯の好きな女たち。英用は眼を向けて、濃緑の山を見た。(39)

開城に似た山に囲まれた空間は、郷愁を誘うような「のんびりとした」風景であった。ここに顕在化する「郷」の空間は、しかしながら「闇を働いた不法な第三国人」として「異郷」から排除され、一カ所に収容されたことによって生産されたものである。

この収容所と同様に大阪の焼跡に立つ河圭秀の自宅は、英用が「ややまごついた」ほど日本風の外見だったが、一歩門のなかに入ると庭の植木は朝鮮人の趣向だったり、また玄関で和服の女中が出てきた後に、奥から朝鮮服の夫人が出てきたりというように、内部空間に「郷」を感じさせるような空間構成になっていることをテクストから見いだすことができる。こうした抑圧的・排他的な「異郷」で「郷」の空間を見いだす、または作り出す行為に何を読み込むことができるか。

アンリ・ルフェーブルは『空間の生産』で、均質化された空間に対峙する「差異」の空間について次のように述べている。

差異は、均質化の周辺において自らを維持し、あるいは均質化の周辺から生じてくる。この差異の出現は、抵抗とか、あるいは外部性（側面的性、異常な位置に発生する異所性、異種構造性など）という形式をとる。異なるものとは、初めのうちは排除されたものである。(40)

ルフェーブルは、フーコー的パノプティックな近代空間の捉え方への批判として、周辺や外部に位置するもの（山口昌男的に言えば「周縁」となるもの）の重要性を説く。ルフェーブルはそこでとどまるが、この視点をさらに発展させて、排除された空間の可能性を論じた篠原雅武は、「こうした差異の空間が均質空間を成り立たせている論理とは別の論理を発案させていくことの可能な拠点ができる」[41]と主張する。つまり、「差異の空間」を生きることは、中央集権的な「均質空間」の論理とは別の論理に身を置くことでもある。そこで生活を成り立たせることは、中心を中心として捉えないことにつながるのだ。

これを本書に則して言えば、「民族」という言葉によって「戦後日本」を「異郷」たらしめる認識には、そのなかで生きていかなくてはならない在日朝鮮人のアイデンティティのジレンマをはらんでいる。しかしながら、「戦後日本」で差異を示し続ける在日朝鮮人という存在とその歴史は、「異郷」である「戦後日本」という空間に対してだけではなく、それを構築した国民国家の枠組み、そしてその中心が定めた法による排除と囲い込みの仕組みを構築した近代的論理とは別の論理を、抵抗として提示する可能性を持っていると言えるのではないだろうか。そうした視座からまなざされる光景は、どこか一つの国家が領有する国民的地景（ナショナル・ランドスケープ）――想定される「国民」に該当しない存在を排除するような「国土」――とは異なるものになる。つまり、「異郷」にとどまり、そのなかに「郷」の空間を作り出したうえで、もう一度「異郷」を見返すとき、「戦後日本」の基盤となった〈焼跡〉という枠組みから外れた風景を見いだせるのではないか。

英用と庸得は「郷」を見いだした佐世保の収容所を囲む山を、最初は「開城に似たところがある」と言うのだが、その後やはり故郷ではないことをあらためて確認する。しかし、その直後に次のような会話を二人の間で交わす。

「山が禿げていないことも違うだろう。山は肥えているし、実はいい国なんだ」
「うむ、いい国なのだ」

英用と庸得のどちらがどの発言をしたか明確でないこの会話で発話される「いい国」という言葉は、国民国家としての日本を指しているのではない。在日朝鮮人の民族独立運動を主導する立場の二人が、祖国を植民地にした日本を「いい国」と言うのは到底不可能なことである。しかしながら、この会話の最中に二人が見ているその風景は、「いい国」と思わせるだけのものだった。なぜなら、このとき彼らがまなざしているその空間は、国民的地景（ナショナル・ランドスケープ）としての〈焼跡〉、つまり国民国家の枠組みから外れた、単なる肥えた山だったからだ。

この一見すると不可解な会話のなかに、まさに国民的地景（ナショナル・ランドスケープ）を超えた風景が描かれている。それは抑圧的で、排他的な〈焼跡〉のなかで、「郷」を見いだし、差異を提示する存在としてとどまり続けたことによって――帰郷と同化の不断の緊張状態で――はじめて獲得された視界である。「八・一五以後」はそのモメントを描いたことで、空間の変革可能性を提示しているのだ。

6　小結

金達寿の「八・一五以後」は、「異郷」として敗戦直後の日本の空間を捉え直すことで、国民国家を前提とした領土的イメージ（国民的地景（ナショナル・ランドスケープ））とは別の風景を描いている。しかしそれは、民族という言葉によって法的にも概念的にも日本から排除され、また同時に内なる他者としての朝鮮民族として布置されるという囲い込まれた状態によって獲得された視界である。祖国が朝鮮戦争に突き進む状況のなかで、「異郷」からの帰郷もかなわず、さりとて「異郷」への同化もできない緊張状態が、主人公・李英用の人物類型の変化とともに高まっていく。そうしたアイデンティティの宙づり状態で、ヘゲモニーに対する差異の空間——「異郷」に対する「郷」の空間が生産された際に、抵抗として「異郷」を見返すモメントが生まれる。

本章で試みたのは、「八・一五以後」というテクストに描き出されている「異郷」の内実を探ることである。そして、ここで見いだされる「異郷」は、敗戦直後の日本という空間を固定的で閉鎖的なものとして見る国民的地景（ナショナル・ランドスケープ）を解体する視座を提供する。しかしそれと同時にテクストが示すのは、「異郷」へのまなざしにはアイデンティティの葛藤が刻まれていることである。そうした葛藤への絶え間ない想像力と自覚を抜きにしては得られない視界であることを忘れてはならないだろう。国民国家を乗り越える視点は、このような個別的・歴史的緊張状態に自身を置くことでだけ得られるのである。

このような試みは、金達寿と在日朝鮮人作家による解放直後の作品の読み直しの契機になるだけでなく、帝国主義・植民地主義の過去から「戦後日本」を切り離して捉える歴史認識に対してコロニアルな状況を突き付けることを可能にする。そしてまた日本とアメリカの関係という枠内だけで想定されるような、被害者意識が内包された〈焼跡〉的な戦後空間のイメージの再検討を促すものであると考える。

前章までの議論の流れに置き直してみるなら、在日朝鮮人たちが頼らざるをえない場が中央の権力から周縁化（外縁化）される闇市的空間（前章の言葉で言えば「居たたまれない」空間）ということになる。この周縁化の過程は、民族という言葉をめぐる力学によっておこなわれた。この周縁化された「郷」の空間に身を置くことは、中央としての「戦後日本」の論理に規定された国民的地景（ナショナル・ランドスケープ）、すなわち〈焼跡〉を「異郷」として見つめ返すことになる。ここに中央集権的な均質空間の論理とは別の論理が発見される。

このように「異郷」として〈焼跡〉を見返す際に、どのような「別の論理」が参入してくるのか。次章では、この「戦後日本」とは別の論理・別の文脈としての冷戦構造をコンテクストとして金達寿の別の作品を論じてみる。

注

(1) 金達寿「後裔の街」(初出：第一章・第二章「鶏林」〔同人回覧雑誌〕一九四六年四月号―四七年五月号、第三章―完結「民主朝鮮」一九四六年四月―四七年五月号、民主朝鮮社)、同「玄海灘」(初出：新日本文学会編「新日本文学」一九五一年一月号―五三年一月号、新日本文学会)

(2) 前掲『〈朝鮮〉表象の文化誌』二六四ページ

(3) 崔孝先『海峡に立つ人――金達寿の文学と生涯』批評社、一九九八年、一九―二〇ページ

(4) 金達寿「わが文学と生活(六)――「民主朝鮮」と「新日本文学」のこと」『金達寿小説全集』第五巻、筑摩書房、一九八〇年、三四四ページ

(5) 高榮蘭「第七章「植民地・日本」という神話」(前掲『「戦後」というイデオロギー』所収)の議論(特に二八一―二九八ページ)を参照。

(6) 前掲『〈朝鮮〉表象の文化誌』二六四ページ

(7) 前掲「わが文学と生活(六)」三三四ページ

(8) 本文一五二ページ。本文引用は前掲『金達寿小説全集』第一巻による。

(9) この宋の反論は、当時の朝鮮の政治情勢に重ねてみるならば、アメリカ軍政と李承晩の復権が挙げられる。アメリカ軍政はまず右派反共の李承晩を迎えて政治勢力を育て、南朝鮮内部の共産党を弾圧した。そのため、植民地時代の総督府に協力的だった保守的エリート層の権力と特権はそのまま保存されることになった。このことからも、在日朝鮮人の存在は単に日本政府との二者関係だけではなく、日本と日本占領軍、朝鮮半島のアメリカ軍政、そしてのちに確立する李承晩政権、さらには北朝鮮に進駐するソ連と人民委員会という幾層もの権力構造のはざまに位置していることがわかる。

(10) 小熊英二「第八章「民権」と「一視同仁」」(『〈日本人〉の境界――沖縄・アイヌ・台湾・朝鮮植民地支配から復帰運動まで』新曜社、一九九八年)での議論を参照。
(11) 前掲『金達寿小説全集』第一巻、本文一五三ページ
(12) 同書、本文一四八ページ
(13) 前掲「わが文学と生活(六)」三三五ページ
(14) 前掲『金達寿小説全集』第一巻、本文一四五ページ
(15) 金達寿「わが文学と生活(七)」、前掲『金達寿小説全集』第二巻、四二五ページ
(16) 前掲『「戦後」というイデオロギー』三四四ページでエレイン・キム『危険な女性――ジェンダーと韓国の民族主義』(朴ウンミ訳、サムイン、一九九七年、韓国語)を引用しながら、民族主義に使役される「母」表象について論じている。
(17) 上野千鶴子は「慰安婦」に沈黙を強要した根本的問題である「家父長制パラダイム」を論じるにあたり、「民族言説は女性を「民族主体」のなかに取り込むことによって(略)ナショナリズムの動員のために利用する」と指摘している(上野千鶴子『ナショナリズムとジェンダー』青土社、一九九八年、一三一ページ)。
(18) 「八・一五以後」は金達寿『叛乱軍』(冬芽書房、一九五〇年)、同『朴達の裁判』(「東風双書」、東風社、一九六六年)、同『小説在日朝鮮人史』上(創樹社、一九七五年)に収録されている。
(19) 金達寿「八・一五以後」、新日本文学会編「新日本文学」一九四七年十月号、新日本文学会、四〇―四一ページ
(20) 尹健次『「在日」を考える』(平凡社ライブラリー)、平凡社、二〇〇一年、一三〇―一三一ページ
(21) 『新日本文学』一九四七年十月検閲文書(CENSORSHIP DOCUMENTS)」(検閲官:K.

HARADA）プランゲ文庫所蔵、国立国会図書館憲政資料室で閲覧可。「八・一五以後」に関する記述があるが、「日本政府と朝連の間の理解」を促す小説と説明されているだけで、特別検閲の対象としては注意していないことがわかる。

（22）外村大「第六章　日本敗戦と在日朝鮮人社会の再編　第三節　戦後における在日朝鮮人の意識と活動」『在日朝鮮人社会の歴史学的研究――形成・構造・変容』緑蔭書房、二〇〇九年、四二五―四五八ページ

（23）同書四四九ページ

（24）前掲『金達寿小説全集』第一巻、本文一四四ページ

（25）同書、本文一四四ページ

（26）前掲『〈他者〉としての朝鮮』一四一ページ

（27）解放後の朝鮮半島で、北緯三八度線を境界とした南北の政治的闘争は実のところ既に戦時中の国際政治情勢に規定されていた。そもそも三八度線は旧日本帝国の関東軍と朝鮮軍の軍管区の仕切り線だったが、日本敗戦直後にはこの境界線上に米ソ冷戦構造が上塗りされる（姜尚中／小森陽一『戦後日本は戦争をしてきた』〔角川 one テーマ21〕、角川書店、二〇一一年、一〇一―一〇三ページ）。

（28）前掲『金達寿小説全集』第一巻、本文一四六ページ

（29）占領初期日本における連合軍の出入国管理体制に関しては、前掲「越境者と占領下日本の境界変貌」。強制収容所に関しては Morris-Suzuki, *op.cit* に詳しい。

（30）Morris-Suzuki, *ibid.*, pp. 59-60

（31）前掲『金達寿小説全集』第一巻、本文一四四ページ

（32）その後再び外国人登録されているにもかかわらず日本国民として法律によって裁かれる対象になる

ため、現実的に「解放国民」としての処遇は帰還援護以外にはなされていない。次章で、在日外国人の法的位置づけについてあらためて論じる。

(33) 鈴木久美「在日朝鮮人の帰還援護事業の推移――下関・仙崎の事例から」(前掲「在日朝鮮人史研究」第三十六号）で、下関・仙崎での闇市の形成と山口県を主体とした取り締まりについて詳しく論じている。また、小林聡明「朝鮮人の移動をめぐる政治学」(貴志俊彦編著『近代アジアの自画像と他者――地域社会と「外国人」問題』〔「地域研究のフロンティア」第一巻〕所収、京都大学学術出版会、二〇一一年）は当時の在日朝鮮人と闇取り引きの関わりをＧＨＱの資料から具体的に見た論考として特に重要である。

(34) 韓載香『「在日企業」の産業経済史――その社会的基盤とダイナミズム』名古屋大学出版会、二〇一〇年、一六―一七、四三ページ

(35) 前掲「八・一五以後」五二ページ

(36) 大宅壮一／金宗衡／高成浩／文東建／李珍圭／李哲三「在日朝鮮人の生活と意見（座談会）」、中央公論社編「中央公論」一九五二年九月号、中央公論社。この座談会では、「やみ」と結び付ける偏見の弊害だけでなく、強制送還、帰化、思想対立、教育問題など敗戦直後の日本の政策に取り残された在日朝鮮人の苦境を総括した注目すべき座談会である。

(37) 闇市は敗戦直後の民衆の混乱や「不道徳性」を示す例として頻繁に挙げられるが、実際に流通した闇物資は戦中の軍や高級官僚が隠匿した食料や軍需物資を横流ししたものも多く、戦中の権力者が戦後もそのまま経済的有力者として存続したことは、ジョン・ダワーが前掲『敗北を抱きしめて』上、一二四―一三四ページで具体的に説明している。

(38) 前掲『金達寿小説全集』第一巻、本文一六一ページ

(39) 同書、本文一五四ページ

(40) アンリ・ルフェーヴル『空間の生産』斎藤日出治訳・解釈(「社会学の思想」第五巻)、青木書店、二〇〇〇年、五三五―五三六ページ

(41) 篠原雅武『空間のために――遍在化するスラム的世界のなかで』以文社、二〇一一年、一九七ページ

第9章

「おかみさんたち（アジモニドゥル）」のたたかい——民族教育と濁酒

本章では、再び金達寿の小説を扱う。これまで見てきたように、東アジアで米ソ対立の緊張が増すことに伴って、在日朝鮮人に対する圧力も強まっていった。特に一九四八年以降に展開した民族教育をめぐる闘争は、そのような圧力に対する在日コミュニティー側からの生活をかけた応答と言っていいだろう。この頃に発表された金達寿の小説には当然この闘争が描かれている。だが、注目したいのはこれらの小説にしばしば登場する「おかみさんたち」と「濁酒造り」というモチーフである。本章では、まさに民族教育をめぐる闘いの性質とその二つのモチーフが深く結び付いていることを示したうえで、帝国崩壊後もなお存続する植民地主義と新たな国際政治の荒波のなかで、在日朝鮮人がどのように生活の場を確保するのかという問題について考えていきたい。

1　金達寿の占領期小説、「在日同胞生活史」という枠組み

　まず、占領期も半ばを過ぎたあたりに世に出された金達寿のこの作品がこれまでどのように位置づけられてきたかを確認しよう。崔孝先は、金達寿の全仕事を初期・中期・後期の三つに分類し、初期を在日朝鮮人の「悪条件の中でも〝生〟のために一生懸命に生きている姿」を描いたものとして「在日同胞生活史」としてまとめている。また、この発展系として中期の「社会主義者闘争史」があり、金達寿の社会主義思想が顕著になるのは小説「叛乱軍」以降からとも指摘している。[1]そして後期は古代史家としての仕事である。この分類に従うのであれば、本章が扱う作品はこの「在日同胞生活史」から中期の「社会主義者闘争史」への転換期の作品と見ることができるだろう。ただし、この分類法はエッセーや自伝からうかがえる作家自身の思想的変遷に則したものであるために、金達寿の「主義」が確立する以前に描かれた作品を素朴なリアリズムとして捉えてしまう傾向があることに注意しなければならないだろう。本章では、その生活の描写が単なる現実の反映ではなく、その生きんがための必死の闘いにこそ、イデオロギー主導の教条的な「主義」として固定化されない思想の現場性が描出されるものとして捉えたい。

　一方で、在日朝鮮人のなかでもとりわけ女性の声を前面に押し出すことも、本章で取り組みたい。日本では二〇〇〇年代から植民地期の朝鮮人女性、あるいは在日朝鮮人の女性たちの経験を書き留

め、またその歴史性を問い直す動きがジェンダー史の領域で始まってきた。だが、こと占領期には在日女性の声を直接雑誌などのメディアから抽出するのは難しい。なぜならば、それまでの朝鮮人女性たちにとって教育へのアクセスが極端に制限されてきたことによって、主張を刊行媒体に掲載すること自体がまれだったためだ。[2]だからこそ、本章が扱う民族教育をめぐる闘争とは、まさにこの植民地時代の政策の軛から脱出するための女性たちの闘いでもあったのだ。彼女たちの声を直接すくい取れない分、その歴史性を十分考慮したうえで、あえて金達寿という男性作家のテクストから「おかみさんたち（アジモニドゥル）」の声を引き出す、それが本章でおこないたいことでもある。

この二つの目的――教条主義に陥らない思想／運動の現場性を抽出することと在日朝鮮人女性の声をすくい取ること――は、相互に連関している。というのも、日々の生活に押し寄せてくる国際政治の荒波は、それに押し流されないような、あるいはその波にうまく乗れるような強固なナショナリズムを要請した。政治的な圧迫を受けているマイノリティーが、この波に対抗しようとすればするほど、そのマイノリティーの内部にナショナリズムが浸透していくことは、前章で見たばかりである。そのようなマイノリティー内部ではたらく同化圧力に最も傷つきやすい（vulnerable）のが、それまでもずっと抑圧され続けてきた女性たちだったことは言うまでもない。重層化した抑圧を、教育へのアクセスを勝ち取ることで突破しようとした女性たちの声をテクストの読解によって拡声することは、継続する植民地主義を、そして第二次世界大戦後に生じた新たな大国主義を内部から突き崩すことにつながると信じる。[3]

本章の分析の対象として、民族教育闘争を直接的な題材とする「四斗樽の婆さん」（一九四九年）

とその続篇として位置づけられる「前夜の章」(一九五二年)を中心に扱う。またそれらの教育闘争を描いた小説に「おかみさんたち」と「濁酒」というモチーフを媒介して接続する「濁酒の乾杯」(一九四八年)や「番地のない部落」(一九四九年)などを参照しながら、敗戦後の日本という空間が在日朝鮮人の生活にとってどのような場所だったかを考える。

また繰り返しではあるが、これらの小説が提出された時期はヨーロッパで既に始まっていたアメリカ対ソ連の「冷戦」が、東アジアを舞台に「熱戦」へ——中国における国共内戦の状況の変化と中華人民共和国の誕生、そして「六・二五」朝鮮戦争へと展開する時期である。そして、この国際情勢がGHQと日本政府の在日朝鮮人に対する態度(検閲と取り締まり政策)を硬化させていくことは、本章の分析で重要な歴史的背景となるため、これについても詳述する。

2 「四斗樽の婆さん」と「前夜の章」への検閲

「四斗樽の婆さん」は、金達寿が一九四九年十月の東京・板橋にある朝鮮新制高等学校と横須賀の朝鮮人小学校の閉鎖勧告にあたって彼の経験を題材にして書いた短篇小説である。この小説は未発表のものであり、八〇年の『金達寿小説全集』に収録されるまで日の目を見ないものだったが、その内容と検閲状況から考えて四九年末には既に書いていたと予想できる。[4] この小説に関して、まずもって考えたいのは、次のような「まえがき」から小説が始まることである。

これはルポルタージュ風な小説で、ここに登場する人物は私をはじめ、一部の迷惑となるであろうとも思われるもの以外はほとんど全部、実名であり、実在の人物であります。したがって題材の事件もほとんど事実であり、技術的なことで止むをえない場合のほかは虚構は用いないつもりです。「事実は小説よりも奇なり」という言葉がありますが、どれほど「奇」であるのか、読みすすめてみていただきたいと思います。[5]（傍点は引用者）

金達寿はこの小説の冒頭でこのように「ルポルタージュ風」であるとわざわざ断りを入れているのだが、実のところ「四斗樽の婆さん」に描かれた出来事がすべて事実だったかについては、自伝や同時期のエッセーなどでうかがい知ることはできない。一部小説と重なる出来事（例えば主人公「私」の移動経路など）はあるものの、のちに詳述する「母の負傷」という重要な出来事に関して作品外の記述は認められない。[6]このように創作の可能性があるものを「ルポルタージュ」や「事実」という言葉をあえて使ってまで発表しようとした作家の意図は何だったのか。それはこの小説の内容、つまり朝鮮学校の閉鎖という事態がメディア上でどのような扱いを受けてきたかということと深く関係する。

それは、この一九四九年の学校閉鎖に先立つ前年四月の大阪と神戸で起きた朝鮮学校弾圧とそれに対抗する闘争、いわゆる阪神教育闘争に対してＧＨＱの厳しい検閲が施され、これについて詳しく書くことが不可能になっていた。例えば、金達寿が編集していた「民主朝鮮」では、一九四八年六月号に阪神教育闘争特集を組んでおり、金達寿もこの号のために特派員として現地に赴いていた。しかしながら、それらの記事はすべて民間検閲（CCD：Civil Censorship Detachment）によって掲載不可となり、雑誌自体も発刊できない状況となった。具体的には、「現地報告」という枠で掲載される予定だった次の三本の報告が「SUPPRESS」の判を押されている。

金元基「神戸・大阪事件の眞相」
朴永泰「挑發者は誰か？日・鮮反動連合の正体をばくろ」
朴元俊「（獄中報告）検擧と拳銃と棍棒」[7]

この記者のうちの一人「朴永泰」とは金達寿が「民主朝鮮」でしばしば用いたペンネームなので、この報告が金達寿のものであることがわかる。[8]
一方で、当時の警察や新聞報道ではこの教育闘争を「暴動」としてだけ報じており、在日朝鮮人の発行媒体である「解放新聞」や共産党機関新聞「アカハタ」などの左派言論メディア[9]以外では、朝鮮人の民族教育を守るための闘争が「事実」として承認されない状況だった。例を挙げると、一九四八年四月二十七日付「朝日新聞」では、「神戸の学校問題に米司令官声明　不法朝鮮人を逮捕集団暴行容認し得ず」という見出しで、朝鮮人の抗議活動を報じている。この記事では第八軍司令官ロバート・アイゲルバーガーの声明全文とともに、「共産党の扇動」であるとする司令官の断定を無批判に掲載しており、朝鮮人側の言い分に言及することは皆無だった。[10]さらに、「南朝鮮で米機に発砲」という小見出しのもとに、済州島四・三事件から引き続くパルチザン闘争を「不穏分子による暴動」として島民側の被害を一切明らかにしないまま記し、阪神教育闘争と一緒に報じることで「共産主義」「朝鮮人」「暴動」という言葉を「不法朝鮮人」というイメージのもとに並べ立てている。[11]

このような経験をしている金達寿が、再度発生した学校閉鎖[12]という事態を描くにあたって、再び一般には報道されないであろうことに鑑みて「ルポルタージュ風」であること――「事実」として伝えることを強調したのは戦略的選択だったのだろう。しかしながらその意図に反して（むしろその意図があったために）、「四斗樽の婆さん」はどの媒体にも掲載されることはなかった。その具体的な理由はのちほど検討するが、この小説には続篇と目される「前夜の章」がある。「前夜の章」は幅広い読者を持つ総合雑誌「中央公論」に発表されたことから、「前夜の章」もまた闘争のありさまをより多くの人々に伝え、事態を公にしようとした「四斗樽の婆さん」の意図を共有したものと考えることができるだろう。

「前夜の章」では、一九四九年十月に横須賀の朝鮮小学校で起きた強制閉鎖とそれへの抗議運動が描かれている。先の「四斗樽の婆さん」は未完の小説だが、最後の横須賀の小学校に向かう場面が「前夜の章」の冒頭部と重なるために、連続した小説としてみることができるのだ。「前夜の章」に関して書誌的な観点から注目すべき点は、金達寿が単行本『前夜の章』の「あとがき」で、小説「前夜の章」に対しても検閲があったことを記していることだろう。

検閲といえば、これは戦後にも決してなくなったわけではなく、このなかにもその検閲に悩まされたものがもう一つある。それは一九五二年にかいた『前夜の章』で、今度は、日本の内務省の警保局にかわってアメリカ占領軍の検閲だが、私はこのなかで当然「アメリカ海軍」とかかなければならないところを、「新しい海軍」などと苦しい書き方をしている。彼らのしたこと、していることにふれることは法度であった。[13]

ＧＨＱの検閲は一九四九年十一月時点で事後検閲も含めて終了しているため、五二年の「前夜の章」発表時点で直接的な検閲があったとは考えがたい。現に検閲資料を収集しているプランゲ文庫にも、一九四九年十二月号以降の「中央公論」は保管されていない。この金達寿の回想が事実であるとすれば、可能性として考えられるのは「前夜の章」発表以前、四九年十月以降に書かれた「四斗樽の婆さん」が検閲終了前にＣＣＤから掲載不可処分を受け、それをあらためて「前夜の章」として五二年に発表したのか、もしくは検閲が終わったにもかかわらずＧＨＱを意識して自己検閲を施したか、のどちらかだろう。

前年に掲載拒否処分を受けた阪神教育闘争のルポルタージュは、その性質上、事件直後に書かれ即処分を受けた（事件の翌月に草稿がＣＣＤに提出され、掲載不可処分を受けている）。「四斗樽の婆さん」もまた、事件を公に訴えようとするものであれば学校閉鎖事件直後に執筆されたのだろうとは予想できる。また現実にどの雑誌にも掲載されていないことに鑑みるならば、前者の可能性が高いかもしれない。いずれにせよ状況論的推察の域を出ないが、ここで重要なのは在日朝鮮人の民族教育に対してGHQが過敏に反応しており、日本における検閲が終わる一九四九年十一月の直前まで、民族教育弾圧をめぐる議論や描写が削除の対象になっているという事実の確認だろう[14]。次節では、なぜこのような検閲がおこなわれたのかを検討するために、GHQと日本政府が在日朝鮮人の民族教育に対してどのような態度をとってきたかを、在日朝鮮人の法的位置づけの変遷とともに概括したい。

3 民族教育の展開と阪神教育闘争

一九四五年八月の日本敗戦時点で在日する朝鮮人の人口は約二百二十万人とされ、日本政府がGHQの指示によって朝鮮人の「送還計画」に着手する四六年四月までの間に、既に百三十万人の朝鮮人が本国に帰還したとされる[15]。このなかの多くが自前で帰還手段を用意することになった。だが、多くの朝鮮人を乗せて釜山に向かった「浮島丸」が四五年八月二十四日にアメリカ軍が敷設した機雷に接触して沈没し、五百二十四人の死者を出すという痛ましい事件が起こった。このように、在留していた多くの朝鮮人が多大な損害を出しながらも帰郷を求めていたが、いざ「送還計画」が実施される段になると、それを利用する朝鮮人の数は約八万人にすぎなかった。これはGHQが朝鮮への引き揚げにあたって、所持金や携行できる物資を制限したため、既に日本に長年居住していくらかの資産を持っていた定住者が帰郷を躊躇したからだった。また、本国の政情不安や経済危機が伝わるにつれて、帰郷の決断ができず、延期せざるをえない人々が続出したのも原因とされている。[16]結果的に、日本にとどまらざるをえない人々の数は約五十六万人に及んだ。

このような状況のなかでも、在日朝鮮人は朝連を中心とした旺盛な民族運動を展開する。その運動の中心的な活動の一つとして、母語教育を基本とした民族教育が挙げられるだろう。「解放」後には在日朝鮮人が居住する地域のほとんどで講習会が実施され、その最初になったのは一九四五年九月に東京・神田の朝鮮ＹＭＣＡで開催されたものだった。翌月からは朝連が統括管理・指導していくことになり、さらに翌年には小学校に加えて、中学校・師範学校も設立される。四六年に開催された朝連第三回全国大会で、日本に在留する朝鮮人が五十万人を超すことが確認されると、民族教育の活動方針はより恒久的に持続するものとして再編された。[17]

一方、当時の在日朝鮮人の法的位置づけは、アメリカ国務省・陸軍・海軍三省調整委員会（ＳＷＮＣＣ）内部の極東小委員会（ＳＦＥ）が一九四五年十一月一日に出した「日本占領及び管理のための連合国最高司令官に対する降伏後における初期基本指令」第八項に規定される。この項目では朝鮮人は「解放人民」として扱うべき、と記されているが、他方、「必要な場合は敵国民として取り扱っても良い」と規定した。この場合、「敵国民」とは「日本国民」のことであり、つまり朝鮮人は「解放人民」と「日本国民」の二重規定の間に置かれたことになる。翌年十二月には在日朝鮮人は日本の「すべての国内法と規定に従う」と日本政府によって修正され、「解放人民」よりも「日本国民」としての規定が強化される。さらに四七年五月の外国人登録では「外国人」と見なされ、入国管理の対象とされる。このように、日本の国内法を強要しながら「外国人」としても管理するダブル・スタンダードな在日朝鮮人政策が確立した[18]。

以上のような在日朝鮮人に対する二重規定が、民族教育弾圧への道程を敷設することになる。そもそも文部省学校教育長は一九四七年四月時点で、朝鮮学校を学校として認めることに差し支えないと各都道府県に対して回答していた。しかし、十月になるとGHQ民間情報局(CIE)は「朝鮮人諸学校は正規の教科の追加科目として朝鮮語を教えることを許されるとの例外を認める外は日本(文部省)のすべての指令に従わしめるよう日本政府に指令する」という通告を出し、朝鮮語教育は課外でおこなわれる以外では、これを許可しなかった。また、そのGHQの方針転換を受けて日本政府は教育基本法・学校教育法の規定によって民族の歴史・文化に関する授業は「政治教育」と見なし、事実上、朝鮮人学校の存在理由を否定することになった。このような否認の論理は、先に見た朝鮮人に対する法的な二重規定によって担保されている。つまり、日本国民として国内法で拘束しながら、民族教育を他国を利する政治教育として管理統制するという構図がここに見いだせるのである。

朝連はこの通告に対して抗議活動を展開しながらも、GHQの教科書検閲を受け入れるかわりに母語教育を正規科目として認めるよう求める妥協案も提示したが、日本の各自治体と警察、そして占領軍軍政部はさらにその弾圧の度合いを強め、ついには朝鮮人学校の閉鎖措置を通告するに至る。朝鮮人による反対運動もこれに対抗して活発化し、日本国内団体へだけでなく、外国の言論機関にも呼びかけをおこなった[19]。

一九四八年四月二十三日以降、大阪と神戸でそれぞれ数万人規模の抗議集会が開かれたが、GH

Qは二十四日に占領下で初めての「非常事態宣言」を発令し、GHQに主導された武装警察は抗議活動への強制鎮圧を試みた。その際、十六歳の金太一少年が警察の発砲した銃弾を頭部に受けて死亡するという事態にまでなった。四八年のこの闘争は、朝鮮人側の多大な犠牲を出しながらも、最終的には日本政府と朝連がそれぞれ民族教育を認め、日本の教育法が定める義務教育をおこなうと双方が歩み寄って決着することになった。しかしながら、翌年の九月には在日朝鮮人の日本での生活権確保のための運動を統括していた朝連自体が解散させられ、さらに十月には朝鮮人学校の強制閉鎖にまで発展した。結果的に五五年に在日本朝鮮人総聯合会（総連）を結成し、学校再建運動を展開する六〇年代になるまでの間、朝鮮人の民族教育体制は大きく後退することになった。

GHQと日本政府の朝鮮人への弾圧を強める動きは、当時の東アジアの政治情勢の変化に対応している。一九四七年の中国における国共内戦の状況は、劣勢だった共産党が五月から六月にかけて国民党に対して反撃を開始し、優劣を逆転させた。このことによって、アメリカがヨーロッパ各国に対して莫大な支援をおこなうことを宣言したマーシャル・プランに不満を抱いていたソ連は、中国共産党の反撃に後押しされながら東アジア領域での態度を強める。そのような米ソ間の緊張の高まりが朝鮮半島では信託統治の方針を決めるための米ソ共同委員会の決裂（十月）という事態へと発展し、それに対するアメリカの反動として翌年の年初には朝鮮アメリカ軍政庁が五月十日に南朝鮮での単独選挙を強行することを宣言した。

朝鮮内部ではこの単独選挙強行に反対する運動が各地で起きたが、アメリカ軍政と李承晩政権は戒厳令を出して鎮圧という名の虐殺をおこなった。済州島の四・三事件はそれらの虐殺のうち最悪のものだった。このようなアメリカ本国のソ連と東アジアでの共産主義に対する警戒が、日本のGHQ内部で既にくすぶっていた初期民主化路線に対する反共主義者たちの反発を助長し、いわゆる「逆コース」という占領政策の路線変更がおこなわれることになった。[20]

このような東アジアでのパワー・バランスの変化と反共産主義の潮流が、日本での在日朝鮮人の民族運動弾圧の政治的背景となった。小林知子は、GHQの民間諜報局が一九四八年以降、それ以前の「不法分子」としての朝鮮人認識から、「共産主義に支配されたもの」としての認識に転じることを明らかにしている。[21] 小林は当時の在日朝鮮人の言論は、単に「極左／極右」では割り切れない輻輳性があるにもかかわらず、南朝鮮単独選挙に反論するものを「共産主義の影響」として決め付ける認識のあり方を指摘している。

前節で見た発刊禁止処分を受けた「民主朝鮮」の一九四八年六月号草稿のなかでも、阪神教育闘争のルポルタージュとともに、「南朝鮮の選擧は無効」というテーマのもとに三本の記事があるが、これらもすべて「SUPPRESS」の判を押されている。そのうちの一つは「民族文化擁護のために」という題の記事（図21）で、在日朝鮮人による民族教育擁護のデモンストレーションが「共産主義者が政治的野望によつて煽動」されたと「逆宣伝」されたことを訴えており、在日朝鮮人の主体的な運動が米ソの対立に利用されることを危惧する趣旨であった。しかしながら検閲者はそうした訴えを無視するようにして、他の部分（「反動どもの弾圧政策」などの言葉）に傍線を引くことで注意をそらしており、占領軍と日本政府への批判として読解しようと努めている形跡が検閲ずみ草族を愛する一心からほとばしり出た熱情でなくなんであろうか。

　われらは、人類は生れながら平等であり一民族が他民族を支配する権利は与えられていないという基本原則の立場において、日本の学校教育法を拒否するものでは[illegible]。われらは日本の教育基本法を承認するが、しかし日本人でない朝鮮児童に朝鮮語をもつて朝鮮の歴史と文化を[illegible]が決して日本法律を無視するものではないことを主張し、「ことを円満に解決するために誠意と努力をもつて[illegible]来たのであつた。がかれらはこれを拒絶し交渉委員を検束したのである。それのみか頑ぜない子供を打ち殺[illegible]に取つて胎児を下ろすという暴虐を敢えてしたのである。こゝに至つて民族の意志を明確に表示する必要に[illegible]トレーションに発展したのである。これに対し反動どもは「朝鮮人は法律を無視し、衆を恃んで暴動を起す」[illegible]、支配と権力と暴力をもつて学校を閉鎖して三千に余る同胞を検束し、拷問、虐殺、投獄、破壊をもつてかた[illegible]た。」その中にはわれらの正当な要求を支持する進歩的な日本人も混つていた。幸か不幸かこれがため、かれ[illegible]取つた如く朝鮮人の少数指導者と共産主義者が政治的野望によつて煽動した、ところ党宣伝にづとめ、かれらの[illegible]すべからざる罪悪の責任を転嫁しようとしている。

　このように教育問題によつて現れた反動どもの[illegible]は[illegible]なる学校教育の問題ではない。民族の滅亡を強制することである。このことは人類の基本権利を蹂躙する反動[illegible]の一貫した政策であり、全朝鮮人民が祖国の国土から外国軍隊を要求し、朝鮮人自身の手による統一民主政府を樹立す[illegible]するのと、在日朝鮮人が解放された民族として自主教育を要求するのと同時に、支配と暴力をもつてこれを[illegible]かれらの一貫した謀略である。常に人民勢力の成長を恐れるかれらは[illegible]民族の民主的提携を阻止し、民主主義的組織を破[illegible]しようとしている。このことはこの度の事件においてかれらの本質がかくすところなく暴露されて、これを国内[illegible]るため日本をして警察国家たらしめんとしていることが現れるのである。であるがゆえに、これは単なる朝鮮[illegible]なく日本人民の問題であり、世界平和に脅威を与える重大な問題である。現に世界の興論は反動支配の謀略[illegible]しい批判を下しつゝあるではないか。われらは反動支配の正体を正確に把握しなければならない。（再録）

—（3）—

図21　「共産主義による暴動」ではないと訴えるも、違う箇所を理由に掲載不可となった記事

稿からも見て取れるのだ。[22]

金達寿の「四斗樽の婆さん」と「前夜の章」は、このようなアメリカとソ連の冷戦構造に巻き込まれて弾圧されていく民族教育の状況を描いたものだった。それでは次節では、作中で民族教育の闘争がどのようにして描き出されているかを検討してみよう。

4 「お内儀(かみ)さん」たちの闘争

「四斗樽の婆さん」が描くのは、阪神教育闘争の翌年の一九四九年十月、再び朝連の解散命令とともに朝鮮学校の閉鎖令が出された際の出来事である。主人公の「私」(「前夜の章」では名前が「安東淳」となっており、三人称の語りとなる)は、板橋の朝鮮高等学校で日本語の教師をしており、学校へ向かう途中、教え子たちに出会う。彼らは、学校を閉鎖しようとする警察の動きを監視していた。学校のなかに入ってみると、教師たちも授業どころではなく、職員室で緊張の面持ちで沈黙していた。その後、警察から通知があり、閉鎖命令は後日状況を見て実施されることになった。まだ時間に猶予があることに安心した主人公は、ひとまず学校を離れ、知人の日本人宅に宿泊することにする。彼は前月の朝連解散以降家計が逼迫し、生活費確保のために小さな書店を横須賀の旧朝連分会事務所だった場所に開店しようとしていた。そこに陳列する書籍を集めるために、東京の出版社や知人を訪ね歩いていたのだった。

翌日、数冊の書籍を持って横須賀に戻ると、横須賀の朝鮮小学校の武装警察による強制撤去が前夜に実行されていたことを「私」は知る。「私」は、母がその強制撤去に対する抵抗運動に参加し、混乱のなかで日本人警官によって「けっぱぐられ」(蹴られ)負傷したことを聞かされる。すぐさま「私」は自宅に戻り、横になっている母親を見つける。幸い母は額を打撲しただけの軽症だったが、「私」はその額の傷が、本当に「けっぱぐられた」ためにできた傷であるのかを母に問いただす。実際には、日本人の警察に頭を蹴られたわけではなく、転倒してけがしたことを確認すると、主人公は「安堵を覚え」落ち着きを取り戻し、あらためて小学校に向かう。

ここまでが「四斗樽の婆さん」の粗筋である。実のところ、題名にもなっている「四斗樽の婆さん」という人物はこの小説のなかには登場しない。小説は「次章に続く」と閉じていることから、「四斗樽の婆さん」は次章以降に登場する予定だったのだろうが、この小説はここで終わってしまう。「四斗樽の婆さん」が登場するのは「前夜の章」の作中であり、そのことからも「前夜の章」が小説「四斗樽の婆さん」の続篇として再構築されたテクストであることがわかる。

「前夜の章」では、既に閉鎖されてしまった横須賀の朝鮮小学校をめぐる闘争を描いている。しかし、この小説が描く闘争は、それ以前まで金達寿の小説で描いていた運動のあり方と様相を異にしている。それまでの小説、例えば同時期に書かれた「後裔の街」のような植民地期の朝鮮での独立運動を描いた中篇や占領期を描いた短篇群などは、主に知識人エリートの朝鮮人男性が主導する民族運動を描いてきた。だがこの小説では、横須賀の朝鮮人部落の「お内儀(かみ)さんたち」が、闘争の主体となっている。もちろんこの小説にも解散した旧朝連の地区の指導者であり、共産党員でもある男性たちが登場し(主人公・安東淳もその一人)、横須賀市役所や警察署との交渉を担っていくのだが、彼らの交渉は一向に進展しない。むしろ、「韓元道」という名のリーダー格の人物が中央の指導部から通達された方針を幹部の男性たち以外には知らせずに交渉を進めていたことに対して、その「人をばかにしたような」態度を指摘されるなど、部落の人々から非難される場面もある。また指導部の男性たちは、日々繰り返される何の進展もない交渉に疲れきっていたが、閉鎖された学校に毎日集まってくる「おかみさんたち」が、交渉相手の役所や警察に対してだけでなく、指導部の交渉委員たちへの圧力ともなっていた。

「おかみさんたち」のこのような行動は、朴正一という養豚・養鶏を生業にする青年が部落を歩いて説いて回ることによって促されていた。朴正一は積極的に抗議活動に参加する青年だったが、年が若いこともあって指導部のメンバーのなかには入っておらず、また純朴な若者として描写されている。役所と警察との交渉が動きだすのは、このような「おかみさんたち」や朴正一といった朝鮮人組織の指導部ではない人々の積極的な行動によるものだった。

強制閉鎖から一カ月がたとうとしたある日、安東淳は大勢の「おかみさんたち」が集まってにぎやかにしているのを見つける。理由を尋ねると、その日の朝「総勢七、八十ものおかみさんたち」と朴正一、そして百人の生徒たちが市庁舎になだれ込んで抗議活動をおこなったことがわかった。抗議の末に、これまで一向に交渉の舞台に立たなかった横須賀市の「堀口市長」を引きずり出し、彼から「皆さんの希望にそうよう、努力する」という約束を取り付けることに成功したのだった。

この際の最後の一押しをおこなったのが、「四斗樽の婆さん」と呼ばれる（そのあだ名が示すところの）大柄の老婆であった。ここにきて、ようやく「四斗樽の婆さん」が登場し、小説「四斗樽の婆さん」から「前夜の章」で扱ってきた教育闘争が、この「四斗樽の婆さん」が活躍する「おかみさんたち」の市庁舎への抗議活動を焦点にしていたことがわかるのである。

小説「四斗樽の婆さん」では、「おかみさんたち」の運動の様子が描いてあるわけではないが、主人公「私」の年老いた母親は抵抗運動に参加してけがをしていた。「私」の母はそれまで、「私」が朝連の指導部としておこなってきた独立運動に対して頭では理解しているものの、自ら積極的に関わることはなかったと作中で語られている。その「母」が日本警察の暴力的な撤去に対して体を張って立ち向かったことに、「私」は感動する。

「前夜の章」での市庁舎への乗り込みも、韓元道や安東淳ら指導部の男性たちには一切事前に知らされず、「おかみさんたち」を中心に、朴正一、鬚（トルボ）（髭の生えた人の意）の金千守といった朝連や共産党とは直接関係がない男性と多数の生徒たちによって抗議活動は独自におこなわれた。その結果、指導部の男たちでは会うことさえもかなわなかった市長から、口約束ではあるが前向きな言葉を引き出すことに成功したのだった。

このように、「四斗樽の婆さん」や「前夜の章」では、朝鮮部落の「おかみさんたち」の抗議活動に焦点を合わせて物語が展開する。だが、実のところ小説のなかだけではなく、現実の朝鮮人の民族教育の擁護運動でも、朝鮮人の女性は大きな役割を担っていた。宋恵媛は、在日本朝鮮民主女性同盟（女盟）に所属する大勢の母親たちや女性教師、そして当事者の少女たちが教育闘争の現場で活躍したことを以下のように論じている。

> 朝連の男性活動家たちが、米軍や日本警察、そして対立する朝鮮建国促進青年同盟（建青）による襲撃のために表立って活動できなかったという事情もあり、女盟は連絡や集会準備、囚われた人々の救援運動のほか、全国的な救援募金や署名活動を全面的に担った。（略）民族教育

をめぐる日本政府との攻防はその後も続くことになる。その過程で女盟活動家、母親たち、小学生から大学生までの女子生徒・学生の作文や手記なども多く生まれた。(23)

このように、民族教育の擁護運動に女性がより積極的に参加した一つの理由として、「解放」後の学習環境の変化を挙げることができるだろう。「解放」以前には、帝国日本が「属人的に」展開した教育制度によって、朝鮮人女性は「〈民族〉〈階級〉〈ジェンダー〉諸要因に規定された」朝鮮人初等教育から締め出され、「常態的不就学」の状況に置かれていた。(24)一九四五年以降、前述したように日本では各地で民族教育が広がり、これまで就学できていなかった朝鮮人女性が教育を受ける機会を得た。(25)しかしながら、ＧＨＱと日本政府による朝鮮人民族教育の弾圧によって、ようやく得られた権利はわずか四年で強奪されようとしていた。

「前夜の章」が描く立ち上がる「おかみさんたち」は、このように日本の植民地政策によって教育を受ける機会を奪われていた女性たちであった。「おかみさんたち」の一人が横須賀助役である木村という人物の「礼儀をわきまえろ！」という怒声に対して、「その礼儀を、わかりもしないものにしたのは誰だ、こんな字一つも知らないぼんくらにしたのはお前たちだ！お前たちじゃないか！」と泣きながら詰め寄る場面がある。これは木村の言葉にたじろいだ彼女が、隣にいた朴正に「その礼儀を知らないようなものにしたのは、誰だ、と言いなさい」という助言を受けたことによって発された言葉だった。しかし、男性の正一に促されたものではあっても、「こんな字一つも知らないぼんくらにしたのはお前たちだ」という言葉は彼女が付け加えた、彼女自身の声である。

「おかみさんたち」にとって教育への通路は、日本敗戦によって得られた「解放」の現実的な内実だったのだ。

この続く場面で、「四斗樽の婆さん」と呼ばれる老婆が、助役の木村に押されて床に倒れてしまうのだが、そのときの彼女は次のように描写される。

「ああ、殺すのか!さあ殺せ!殺せ!」

と倒れれば倒れたで、彼女は仰向けになって両拳で自分の胸をうち叩きながらさけんでいた。外の廊下では、子供たちの「独立の朝」「解放の歌」等々がつづく。

この悲痛な訴えが市長を引き出す一押しとなる。「四斗樽の婆さん」は「学校母の会」という民族教育支援のための女性団体の「副会長」を務めており、「解放」後に主体的に民族教育に参加していた人物として作中で設定されている。彼女にとって民族教育の現場である朝鮮学校がつぶされるということは、「解放」によって得た彼女の権利、教育に参与することによって目指す彼女自身の「独立」のための闘争の場を奪われるということである。それは彼女にとって「殺される」に等しいことであるのだ。

他にも「ガード下部落の姜さんの老妻」は警察に対して次のように叫ぶ。

「わしら（ウリ）が買って、わしらがつくった学校だ、火をつけて燃やして、いっしょに焼け死んだってお前たちには渡すもんか！渡しはしないよ！」

ここにも生命を賭して「わしらの学校（ウリハッキョ）」を守ろうとする老婆の意気込みがある。この老婆たちが帝国日本の教育制度から排除された女性だったと考えれば、彼女らにとって学校は、もう一度自らの生を生き直すための象徴的な場だったと言える。だからこそ小説「四斗樽の婆さん」で、「私」の「母」も、いままでに参加したことがない運動にけがを負ってまで参加したのである。

「前夜の章」は、「おかみさんたち」と子どもたち、そして朴正一といった人々が起こした行動によって市長の言質をとることで「大勝利」を得たかに思った直後に、「軍政部へ、責任者二名、出頭」という電話が入るところで物語は終わる。既に述べたように、この一九四九年十月の朝鮮学校閉鎖は、この後六〇年代になって総連が再び教育運動を起こすまでの間、在日朝鮮人の民族教育が抑圧されることになるという壊滅的な結果を残す。この物語の最後に「軍政部」、つまりＧＨＱからの圧力がかかることを示唆するのは、そのような歴史的事実を踏まえてのことだろう。

しかし、ここで注目したいのは、このルポルタージュ的性質を持った「前夜の章」という小説が、男性知識人では打開できなかった民族教育擁護のための交渉が、「おかみさんたち」の主体的な行動によって前進する瞬間を記録し、事実として伝えようとしている、ということである。阪神教育闘争で「共産主義者の扇動による不法朝鮮人の暴動」として報道・認識され、また在日朝鮮人固有の問題や主体性を訴える主張を無視するような検閲のありさまに対して、この小説では、組織的背景を持つ男性知識人(26)はむしろ、学校に集まる「おかみさんたち」を代表とした部落の人々のプレッシャーによって動かされるような受動性を付与されて描かれている。主人公の安東淳もまた、「おかみさんたち」の行動を傍観したり、伝え聞いたりする存在として、そして読者にそれらの出来事を報告するような存在として位置づけることができるのだ。

それでは、このような「おかみさんたち」の主体性を男性知識人に対置して描くことに、どのようなねらいがあったのか。次節では、「濁酒の乾杯」「番地のない部落」という「四斗樽の婆さん」や「前夜の章」と同時期に書かれ、「在日同胞生活史」の典型とされる作品を参照しながら、これらの「おかみさんたち」の闘いの描写が何に対しての反抗となりうるのかを考えたい。

5 濁酒取り締まりと「第三国人」神話

金達寿の占領期小説のなかで、「おかみさんたち」が日々従事する仕事として「濁酒」(朝鮮式のマッコルリや日本式のどぶろく)造りが登場する。それが最もよく描かれた小説として「濁酒の乾杯」[27]が挙げられるだろう。この小説の時代設定は「解放」以前だが、主人公は「前夜の章」と同じ「安東淳」である。「濁酒の乾杯」の粗筋を以下に示してみよう。朝鮮人部落に「黄山」という憲兵隊の特高(特別高等警察)が視察にやってくる。だが、実はこの「黄山」は「黄(ハング)」という朝鮮人だった。朝鮮語がわかる「黄山」によって「アジモニイ(おかみさん)」たちが密造していた濁酒が発見されてしまい、「もう決して造りません」と誓わせられた後、すべての濁酒を廃棄されてしまう。

これに対して部落の人々は「俺たちからこの濁酒を取り上げられたら、それこそ生きていかれやしねえ」と主人公の安東淳に相談する。その後、安東淳は朝鮮人思想犯の捜査のために訪ねてきた特高の黄山とともに再び部落に入る。そして彼ら二人を食事に誘った江原（崔）という人物が、黄山に「トングチャング（モツ）」の焼き肉とともに濁酒を勧める。黄山は最初しぶっていたが、焼き肉につられて濁酒を口にする。そして黄山は捜索していた思想犯を「いよいよ行方不明というわけですな」と言って諦めるところで物語は閉じられる。

安東淳は、「アジモニイ」たちの濁酒造りを「統制下からこぼれるものをあやふやな才覚でつぎ合わして生きる朝鮮人たちの才覚」として捉え、そしてそれは日本人にとっては「寄生群」だとしても、「寄生群」にとってはそれこそが「たたかい」であると考えている。そのために、黄山が部落に再び入って安東淳に「あんたはこの部落の連中の生活についてどう思いますか」と尋ねられた際、安東淳は部落の人々の「生活」を守るために「彼をここで殴り殺すこと」を考えるのだ。しかし「濁酒の乾杯」で、そのような暴力はおこなわれず、「アジモニイ」たちが作った濁酒自体がその問題を解決することになる。つまり、濁酒造りは部落の人々によっておこなわれる日本人の統制に対する「たたかい」の一形態であり、黄山という日本名を名乗る朝鮮人の特高が濁酒を飲むことは、彼を暴力に頼らずに自分たちの側に取り込むことである。「この部落の連中の生活」とは、そのような「たたかい」が内包された「生活」だった。

小説「番地のない部落」(28)でも濁酒造りは重要な役割を担っている。若い頃から北海道の土木工事現場で働いていた「尹チョムジ」は、朴訥で実直な人物であり、飯場の主人だった「朴一徳」とその「アジモニイ」から下男のように扱われながらも不満の一つも言わず働いていた。「解放」後、朴一家は朝鮮に帰るが、尹チョムジは息子の「太郎」と一緒にいたいがために日本の「Y市」に残り、「豚の谷(ドヤジコルチャク)」と呼ばれる部落に定着する。「番地のない部落」という小説の題名が示すようにその部落は番地登録がされていない、また郵便局員も通わない、「人びとの視野から忘れられた」場所だった。そこで尹チョムジは寡婦で濁酒造りをしている「相乭(サンドル)ネ婆さん」と朝鮮学校に通う息子の「相乭」の家の一間に住むことになる。尹チョムジはこの部落で、「解放」前と同じように人々の手伝いをしながらも「はじめて生活のよろこび」を感じるのだ。彼が「生活のよろこび」を感じるのは、息子の太郎との距離が縮まり、また家の隣の朝連の集会場から聞こえてくる議論や歌声が、意味はよくわからないものの「解放」や「独立」の気分を運んでくれるためだった。そしてそういう生活空間を支えるのが相乭ネ婆さんをはじめとした女性たちの濁酒造りなのである。

尹チョムジのような無口で実直な人物(しばしば老人)は、金達寿の小説のなかで繰り返される人物類型でもある。習作期の一九四二年に書かれた「塵(ごみ)」の「玄八吉(ピョンパルキル)」や「矢の津峠」(一九五〇年)の「お爺い」、朝鮮戦争(「六・二五」)で使われる兵器を運ぶトラックに立ち向かっていった「孫令監(ソンヨンガム)」(同名の小説、一九五一年)、そして「朴達の裁判」(一九五八年)の「朴達(パクタリ)」は、磯貝治良が「ユーモアとしたたかさ、機知と愚鈍を兼ねそなえた」「抵抗的民衆像」と呼ぶように、金達寿作品での一つの系列をなしていることが論じられてきた。[29] 一方、濁酒を造る「お内儀さんたち/アジモニイ」たちも「濁酒の乾杯」から「密航者」[30]までの間にしばしば登場する。これらの女性たちがなぜ四八年以降から頻繁に登場することになるのか、その歴史的背景を考えてみたい。

既に見てきたように、日本敗戦によって「解放」された朝鮮人に待っていたのは貧窮した生活であった。かつての工廠は閉鎖するか軍需産業からの転換を図り、そこで徴用されていた多くの朝鮮人は生活の糧を得る手段を何ら持たないまま解雇され、異郷に投げ出されることになった。数少ない雇用先の一つとして、占領軍の石炭確保のために慢性的に人手が不足していた炭鉱があり、多くの朝鮮人男性が強制徴用から引き続いて炭鉱夫として働かざるをえない状況でもあった。このような状況のなかで、「解放」後の在日朝鮮人の生活が成り立つはずもなく、一九四七年の時点でおよそ九〇パーセントの人々が失業、もしくはかろうじて家計を維持する貧困状態にあったとされている。[31] 朝鮮人女性にはなおのこと働く場所はなく、日々の糊口をしのぐための代表的な家庭内職として濁酒造りがおこなわれていた。そもそも朝鮮では近代以前から自家醸造の酒造りの習慣があり、濁酒はその代表的なものだったが、植民地期と「解放」後の朝鮮人にとっては濁酒にはただ愛飲する酒である以上の意味があった。

李杏理は、朝鮮人による「濁酒」造りを生活の場での抵抗運動としてみる観点[32]から「解放」後の日本政府による濁酒取り締まり政策を論じている。明治期の日清戦争以後から逼迫した財政再建のために酒税法が制定されて密造酒は取り締まられてきたが、特に一九四五年の日本敗戦以降、酒税は経済の「調節自在なバルブ」として利用された。敗戦直後の闇市には、メチルアルコールで作ったいわゆるカストリ焼酎などが流通し、それによる失明や中毒死などが話題になっていたが、それと朝鮮人が直接結び付けられて言及されてきたわけではなかった。しかし、四七年三月と六月に起きた朝鮮人部落に対する密造酒の一斉摘発以降、密造酒と朝鮮人は強く結び付けられて認識され、

それ以降、朝鮮人集落に対する密造酒取り締まりは激化の一途をたどる。(33)

この密造酒としての濁酒取り締まりが、いわゆる「第三国人」神話——闇市の露店の大多数は日本人によって経営・統括されていたにもかかわらず、あたかも不法行為はすべて朝鮮人や台湾人によっておこなわれていたかのようなメディアと政治言説——と密接に結び付いていることは既に諸論によって指摘されている。(34) さらにこれを、先に見た国際情勢の変化に対応して、朝鮮人をまとめて共産主義分子として警戒するGHQと日本政府の態度の変化と結び付けて考えることもできる。現に一九五二年三月には、大阪府多奈川町で軍事基地に反対する朝鮮人住民の集住地が密造酒取り締まりの名目で一斉摘発され、事実上の抗議運動弾圧となった例もある。

濁酒の取り締まりには、「第三国人」神話、つまり朝鮮人を不法で暴力的な存在として位置づけるねらいがあった。取り締まる側の政治的意図を隠蔽し、またそうした理不尽な弾圧に対する抗議活動を「共産主義者による扇動」として冷戦構造に巻き込み、訴え自体をかき消してしまうような暴力をこの取り締まりに見いだすことができるのだ。すなわち「解放」後、特に一九四七年以降の在日朝鮮人コミュニティーで「濁酒」が意味するところは、敗戦後日本という空間のなかで生活するためになくてはならない日々の糧である一方で、「第三国人」というイメージとともに日本人社会から排斥される理由にもなるのだ。

そのために在日朝鮮人コミュニティー内部でも、特に朝連の生活権擁護委員会を中心として濁酒造りを「正しくないもの」であるとし、在日同胞に自粛するように呼びかける動きもあった。(35) 実のところ金達寿自身も、朝連横須賀支部でこれを主張していた人物の一人だったことを語っている。

それまでのわれわれ在日朝鮮人は、密造酒もつくったりして、なりふりかまわず生きて来た。そして私もまたそういう在日朝鮮人の一人であったが、しかし、戦後はそうあってはならない、というのが私の考えだった。これからは独立する朝鮮人であるのだから、そのような密造酒つくりなどのヤミ行為をしてはいけない、そんなことをして朝鮮人としての体面を汚してはならない、というのであった。

私は「朝連」の執行委員会でもそのことを強く主張し、そのようなヤミ行為はわれわれの手で自治的に取締るべきだとした。

このように述べた後、しかし直後でその認識が「センチメンタリズムにほかならなかった」と、自らの行動が間違っていたことを認めて次のように語る。

戦争直後というのは、ひとり在日朝鮮人と限らず、総ヤミ行為の時代だったからである。人々は、そういうヤミ行為がなくては、生きて行くことができないという現実を、私は知らなかったのだった。在日朝鮮人はなおもなりふりかまわず、密造のカストリ焼酎をつくったりしなくてはならなかった。[36]

朝連の指導部として同胞の生活を安定させるために活動していたにもかかわらず、現実に在日朝鮮人の生活が何によって、そして誰によって支えられていたかへの理解が十分でなかったということに、金達寿は自らの「センチメンタリズム」を見いだすのである。在日朝鮮人を経済的にも倫理的にも、そして政治的にも囲い込む「第三国人」神話の論理に、朝連の指導部自体が「民族の体面」にとらわれることで取り込まれてしまう、そのような状況に対する警戒がその「センチメンタリズム」という言葉に込められている。金達寿が濁酒造りに対して態度を変えたように、朝連の生活権擁護委員会もまた、一九四七年十月以降から積極的に濁酒取り締まりに対する抗議運動を展開していった。

金達寿の小説のなかで、民族弾圧が強まる時期以降に「濁酒」造りをおこなう「おかみさんたち」が登場する意味をここに見いだすことができるだろう。「濁酒の乾杯」で、「安東淳」が部落のために暴力的に特高の黄山を排除しようと考えたところに、その暴力を否定するかのように「おかみさんたち」の濁酒が黄山を懐柔する役割を担う。また、「番地のない部落」のなかでも、朝連は「解放」の気分を歌を通して伝えてくれるものの、現実に人々の貧窮した生活を支え、尹チョムジに「自分の生活」を確保させるのは「濁酒」造りを生業とする相乭ネ婆さんなのである。

つまり、これらの小説に登場する「おかみさんたち」の「濁酒」は、「安東淳」のようなエリートや朝連という組織主導による民族運動が、それ自身の論理・教条(ドグマ)によって内部に一枚岩であることを求める際に、内部からの差異を示すことによって運動を補正し、また同時に新しい運動を展開する起点となりうるような代補的実践を提示する。ここで「代補的」というのは、単に民族運動を補助するということではなく、まさに運動がその正当性の確保のために純化/硬化しようとする際に、それを内部から揺るがし、さらに運動を次の段階へと推し進める。このような代補的実践の象徴となるのが、「おかみさんたち」の「濁酒」なのである。女性たちは男性たちの運動を支える受動的な母や妻ではなく、より積極的・主体的な実践をおこなう。「おかみさんたち」の「濁酒」は、彼女たち自身が作り出した運動のエネルギーでもある。

そしてこの形象は、小説「四斗樽の婆さん」という「たたかう」「おかみさんたち」や「前夜の章」に登場する主人公の母や「四斗樽の婆さん」につながるものである。「四斗樽」という二つ名に、この女性の体形だけではなく、そこに詰められているであろう「たたかい」の象徴としての「濁酒」のイメージを読み取ったとしても、あながちとっぴなことでもないだろう。彼女の悲痛の叫びが、「前夜の章」における教育闘争を次の段階へと進めるのは間違いないのだから。

6　母と息子のすれ違い

これまで見てきたように、日本敗戦以後の在日朝鮮人は「解放人民」というように名指されながらも、その実態はGHQのダブルスタンダードによって日本の法の下に支配される「外国人」として位置づけられた。さらに米ソの対立によって緊張感が増すにつれて、在日朝鮮人は共産主義者に先導された集団としての認識がGHQと日本政府のなかで強まってくる。そのような状況が「第二国人」神話をさらに補強し、在日朝鮮人の生活擁護のための主張をかき消していった。

そもそも場当たり的な法の運用で在日朝鮮人を「不法」とし、それへの抗議を「暴動」と呼び、また朝鮮人側からの反論や請願書には「思想的偏向」の烙印を押したうえでその主張を無視する。不条理とも言えるこの状況に対して、どのように在日朝鮮人の側から抵抗するのか。そうした問題への挑戦が、「四斗樽の婆さん」そして「前夜の章」というGHQの検閲との格闘を経た小説に書き込まれているのではないだろうか。ここであらためて「四斗樽の婆さん」における「私」と「母」のやりとりを検討したい。

「四斗樽の婆さん」で、主人公の「私」は、その母が日本人警察の泥靴によって頭を「けっぱぐられた」かいなか、特にその「ぱぐ」という強調表現が意味するところのものに執着する。「けっぱぐられた」という表現は、まだ幼い義弟の元植（ウォンシク）の「無心な子供の言葉」によって「私」に伝えられる。そしてこれは日本語で「私」に伝えられている。というのも、「けっぱぐる」は神奈川の方言で「蹴り飛ばす」の意味だからだ。

「母」が日本人の警官に蹴られたということ、そして元植の「けっぱぐられた」というその光景がありありと浮かぶような口語の表現によって、しかも幼い元植に日本語を使って伝えられたこと（それは端的に在日朝鮮人の継続する植民地的状況を示す）に、「私」は「なおさら怒りを駆り立てられた」。そして、元植が表現したようなことが本当におこなわれたかどうかを母に執拗に問いただすのである。私にとって、それは「民族のたたかいにのぞむため」に受けた「汚辱」を、「個人的なこの憤怒のありか」を、「確かめ」るためだったのだ。しかし実はここに、息子の「私」と「母」との民族教育に向かう意識のすれ違いを見いだせる。

「私」は「母」が「頭」を「足蹴」にされたことを「民族」の「汚辱」として捉え、その「憤怒」を「たたかい」へ駆り立てる衝動としている。一方で、「母」自身は、自分や他の老婆の行動を「皺くちゃ婆さんたちの活劇」と呼んで「涙ぐんだ目を手で拭きながら笑」う。そして「長い間生きてきて昨日のようなことははじめてだった」と、自らの行動を若干の照れとともに、しかし誇らしく語るのだ。「母」がここで「はじめて」経験したのは、「私」が考えるような「民族」の「汚辱」ではないだろう。「民族の汚辱」として「母」の経験を歴史へと昇華してしまうと、「母」の現在の行為主体性(エイジェンシー)は見えなくなってしまう。ここで彼女が初めて経験したのは、彼女自身の「活劇」である。それは「解放」によって得られた「わしらの学校(ウリハッキョ)」を守るための、彼女自身の「解放」後の生活を守るための「たたかい」だったのだ。

もちろん、この「母」そして「おかみさんたち」が、金達寿という男性作家によって、父権的ヒエラルキーを逸脱しない範囲で造形されたものであることは、表象の限界として指摘しなければならないだろう。前章で分析した「八・一五以後」と同様に、彼女たちは「〇〇の母/婆」としてしか名指されず、独立した個人として名が与えられることはない。また、彼女たちが名もない「おかみさん」であることで政治的に漂白された「一民衆」という像を担わされることになり、彼女たちの闘争が政治性に対して排外的に展開してしまうという問題を指摘することもできるかもしれない。[37]さらに言えば、「おかみさんたち」を女性全体として一般化し、男性への対立項としての固定的な図式にはめ込んでしまうような危険性もあるだろう。[38]

そのような危険性があることを認めながらも、それでも本章の分析でことさら強調したいのは、この「おかみさんたち」の「たたかい」から、「民族」や「政治」といった要素を消し去ることはできないということだ。敗戦後の日本で、中年以上の年齢だった朝鮮人女性という歴史的固有性のもとで、この「おかみさんたち」の「たたかい」が発現する。日本の植民地政策によって、それをさらに強化する朝鮮人社会内部の父権主義によって、教育の機会を奪われてきた女性たちが、解放後の日本で男性知識人たちを押しのけて主張することに、この「たたかい」の本質がある。

ここに、「戦後日本」が朝鮮人に対して押し付けた「不法・暴動・偏向」という「第三国人」イメージによる朝鮮人の囲い込みへのこの物語の抵抗を見いだすことができる。「私」の「母」や「四斗樽の婆さん」といった部落の「おかみさんたち」が運動の主体として描かれるとき、知識人男性が主導する純化した「民族」の運動と硬化した「日本」との対立構造を更新し、再びその運動を活性化させ流動させるエネルギーが生まれる。「皺くちゃ婆さんたちの活劇」が継続する植民地主義に立ち向かうさまがこの物語には描かれているのだ。

7 小結――〈異郷〉としての冷戦期日本

本章で明らかにしたかったのは、金達寿の「解放」直後の小説で「おかみさんたち」と「濁酒造り」というモチーフに表象される、生きんがためのたたかいの現場性である。従来の金達寿作家研究では作家の主義主張の変遷を基準に「在日同胞生活史」として分類されてきた小説を、そのまま分類に従ってリアリズムとして理解するのではなく、何に対して、どのように抗う物語空間を提供しているかを、テクストの分析を通してあらためて問い直した。

作品が提出した時空間は、「西洋」で米ソ対立が冷戦として構造化され、それに伴って「東洋」で熱戦が繰り広げられようとする、まさにその渦中で国民国家のはざまに置かれた在日朝鮮人が日々の生活を守り抜くための「たたかい」を展開した現場であった。そしてその現場は、アメリカを中心とした連合国軍GHQ／SCAPによって占領された日本という、在日朝鮮人にとっての異郷でもあったのだ。

このような異郷のなかで無視されてしまう、生きるための訴えをどのようにして再提示するか。朝鮮人に課せられたイメージのくびきをずらすために、自らの運動の単位である「民族」の内部の差異を提示することによって、そしてその差異こそが本来の運動の源であることを示すこと。そのような抵抗と訴えの形象として、この四作品における「おかみさんたち（アジモニドゥル）」と「濁酒」というモチーフが存在する。「たたかい」の本質は、このモチーフを媒介にして捉えることができるのだ。

注

(1) 前掲『海峡に立つ人』一〇ページ。崔孝先はこの二つの系統が混在することも指摘しているが、概して「在日同胞生活史」から「社会主義者闘争史」への発展というベクトルを既定路線として承認している。

(2) 宋恵媛は解放直後の在日朝鮮人発行の新聞・雑誌から女性たちの投書や作品を丹念に調べ上げたが、宋もまたその作業の難しさについて言及している（宋恵媛『「在日朝鮮人文学史」のために――声なき声のポリフォニー』岩波書店、二〇一四年）。

(3) このような視野は金富子氏との対話のなかで獲得されたものであることを記しておく。

(4) 金達寿「四斗樽の婆さん」、前掲『金達寿小説全集』第一巻。以下、本文の引用は同書からおこなう。「改題」には「新神奈川」に「一九四九年三月から十月まで九回連載」と記されているが、国立国会図書館憲政資料室に所蔵されている「新神奈川」の第一号は一九四九年五月発刊であり、最終号の十月号まで金達寿の作品は掲載されていない。物語時間は四九年十月であり、このことからも「新神奈川」の発行状況とすれ違う。またこの小説に対する検閲に関しては後述する。

(5) 前掲「四斗樽の婆さん」二五九ページ

(6) 前掲「わが文学と生活（六）」や金達寿『小説在日朝鮮人史』上（創樹社、一九七五年）に、この時期の作者の行動について記載がある。

(7) 「民主朝鮮」一九四八年六月号草稿、民主朝鮮社、プランゲ文庫所蔵資料

(8) 他にも金達寿は「孫仁章」「金文洙」「白仁」というペンネームを用いて記事を書いていた。前掲「わが文学と生活（六）」三四〇ページ

(9) 竹内栄美子は『中野重治と戦後文化運動――デモクラシーのために』（論創社、二〇一五年）のなかで、日本民主主義文化連盟（文連）を中心とした民主主義陣営（あるいは左派）知識人たちが在日朝鮮人の阪神教育闘争に対して強い関心を持っていたことを明らかにしている。竹内は共産党が主導する（朝連の従属化という問題も含めた）民族対策の限界を指摘しながらも、在日朝鮮人問題を重く見た文連の積極的関与のあり方に意義を見いだす。

(10) 竹内も指摘するように、阪神教育闘争は「「共産党の計画指導」もなく、「暴動事件」でもない」ことが報告されている（金慶海編『在日朝鮮人民族教育擁護闘争資料集――四・二四阪神教育闘争を中心に』第一巻〔明石書店、一九八八年〕に報告書が収録。竹内の指摘は前掲『中野重治と戦後文化運動』二〇四ページ）。

(11) 前掲『解放後在日朝鮮人運動史』二〇二ページでも、「官憲当局や新聞報道などでは、この闘争を「法律を無視した朝鮮人の暴動事件」「共産党が計画的に先導し指導した暴動」などとしているが、これは事実とはまったく異なる誤った見解である」と述べている。

(12) 一九四九年十月の学校閉鎖令を報じる際も、「教育法違反の傾向」という小見出しで、「〝朝鮮色〟の強い教育」が学校教育法違反だとして断じている（「朝日新聞」一九四九年十月二十日付）。

(13) 金達寿「あとがき」『前夜の章』東京書林、一九五五年、三五四―三五五ページ

(14) 検閲をおこなっていたCCDは公安制度の指導監督を担当していたG―2（参謀第二部）の下部組織であり、G―2は「対敵諜報を扱い、在日朝鮮人問題を政治的な関心から認識する性格が強かった」。つまり、この組織編成によってG―2が「在日朝鮮人問題」を認識するとトップダウンで直接的にCCDに指示が伝達される構造になっていることがわかる。前掲「GHQの在日朝鮮人認識に関する一考察」

(15) 西成田豊『在日朝鮮人の「世界」と「帝国」国家』東京大学出版会、一九九七年、三三四ページ

(16) 文京洙『在日朝鮮人問題の起源』クレイン、二〇〇七年、八八ページ。また、これに関しては本書でも第8章で詳しく論じている。

(17) 梁永厚「解放後、民族教育の形成」「季刊三千里」一九八六年九月号、三千里社

(18) 内海愛子が『朝鮮人BC級戦犯の記録』（勁草書房、一九八二年）や『キムはなぜ裁かれたのか

——朝鮮人BC級戦犯の軌跡』(〔朝日選書〕、朝日新聞出版、二〇〇八年)で論じてきたように、まさにこの占領期における日本政府と連合軍の合作による朝鮮人へのダブルスタンダードが朝鮮人BC級戦犯を生み出し、一九五二年のサンフランシスコ平和条約以降も遺族や出所者への対応を遅らせる結果になった。

(19) 朴慶植によれば、朝鮮半島で南朝鮮民主主義民族戦線、民主女性同盟、朝鮮教育者協会などの団体が朝連に呼応して民族教育を支持する声明文を提出し、ソウルでは学生諸団体によって一大デモがおこなわれた(前掲『解放後在日朝鮮人運動史』一九二ページ)。

(20) Andrew Gordon, *A Modern History of Japan From Tokugawa Times to the Present*, Oxford University Press, 2002, p.239.

(21) 前掲「GHQの在日朝鮮人認識に関する一考察」

(22) 小林知子の前掲「GHQによる在日朝鮮人刊行雑誌の検閲」にも「民主朝鮮」の一九四八年六月号の発禁処分に関して、「この年の検閲の象徴」として言及している。

(23) 前掲『「在日朝鮮人文学史」のために』三五ページ

(24) 金富子『植民地期朝鮮の教育とジェンダー——就学・不就学をめぐる権力関係』世織書房、二〇〇五年、二七四—二七八ページ

(25) それでも教育での封建主義的な男性優位の指向が消え去ったわけではなく、朝鮮人家庭内における女子教育への男性の無理解や、朝連における女性の副次的な役割規定——男性の運動を理解し支援するための教育——が朝鮮人女性の識字獲得に大きな障害として立ちはだかったことは留意する必要がある。

(26) 朝連が解散させられた後、ほとんどの朝連幹部はそのまま日本共産党に吸収されることになるため、

この物語で登場する旧朝連幹部は、日本共産党員であることが予想できる。
(27) 初出は昭森社編「思潮」第十三号（昭森社、一九四八年）。
(28) 初出は「世界評論」第四巻第三号（世界評論社、一九四九年）。
(29) 辛基秀編著『金達寿ルネサンス――文学・歴史・民族』解放出版社、二〇〇二年、二七ページ。また同書収録の論考「金達寿文学の時代と作品」のなかで林浩治も、「尹チョムジ」のような「民衆的形象」が「安東淳」のようなインテリと対をなして金達寿作品に存在することを論じている（五六ページ）。また、このような民衆的形象が魯迅の阿Q像から形象されたものだとする指摘も磯貝と林によってなされている。
(30) 「リアリズム」一九六〇年一月号―六三年四月号、リアリズム研究会。途中で雑誌名を「現実と文学」に変更。
(31) 前掲『解放後在日朝鮮人運動史』一一三―一一四ページ
(32) 植民地期と「解放」後における朝鮮人の抵抗運動として濁酒造りを捉える視点は、李がまとめているように、朴慶植（前掲『解放後在日朝鮮人運動史』三〇四―三〇五ページ）や宋連玉（「「在日」女性の戦後史」、藤原書店編「環――歴史・環境・文明」第十一巻所収、藤原書店、二〇〇二年）、板垣竜太（「どぶろくと抵抗」、伊藤亞人先生退職記念論文集編集委員会編『東アジアからの人類学――国家・開発・市民』所収、風響社、二〇〇六年）、樋口雄一（『協和会――戦時下朝鮮人統制組織の研究』〔「天皇制論叢」第五巻〕、社会評論社、一九八六年）などによって提示されている。
(33) 前掲「「解放」直後における在日朝鮮人に対する濁酒取締り行政について」
(34) 前掲「「第三国人」の起源と流布についての考察」、前掲『解放後在日朝鮮人運動史』一一三ページ、前掲「「解放」直後における在日朝鮮人に対する濁酒取締り行政について」

(35) 前掲「「解放」直後における在日朝鮮人に対する濁酒取締り行政について」。李は「生活を合理化せよ〝川崎事件〟から学ぶもの」「朝鮮人生活権擁護委員会ニュース」(一九四七年七月一日付)の記事を取り上げたうえで、「解放された民族として、国際的矜持」や「道義心」を示すためには濁酒造りを自粛すべきという論理が警察の介入を未然に防ぐためだったことに理解を示しながら、濁酒造りの維持が当時の朝鮮人にとっては死活問題だったことを示している。

(36) 前掲「わが文学と生活」三四二ページ

(37) 中谷いずみ『その「民衆」とは誰なのか――ジェンダー・階級・アイデンティティ』青弓社、二〇一三年

(38) 宋連玉は「植民地期の帝国と植民地のインテリ女性は、女性という共通項から出会いを体験したが、内にはらむ齟齬や誤解を解くことはなかった。植民地の新女性は複雑に絡み合った民族・階級・ジェンダーの問題領域からジェンダーだけを取り出し解決を図ろうとし、歴史の手痛い報復を受ける」として、植民地における女性の問題から当時の植民地政策や民族運動の展開などを排除して、安易な「フェミニズムの連帯」を図ろうとする動きに対して警鐘を鳴らす(宋連玉『脱帝国のフェミニズムを求めて――朝鮮女性と植民地主義』有志舎、二〇〇九年、二二七ページ)。

終章

〈焼跡〉の抱擁から離れて

1　闇市から見る占領期日本

戦後日本は〈焼跡〉から始まった。

なるほど、それは確かだろう。なぜなら〈焼跡〉という空間イメージは、そもそも〝はじまり〟の物語を起動させるものであるから。焼跡の都市――焼け落ちた骨組みだけの建物と瓦礫だらけの地面、かつてあった区画を示す道路――こうした光景を俯瞰的に示す白黒の写真が、「戦争の惨禍」を端的に表すものとして戦後空間の素地となる。そして、ここから「われわれ日本人はこの悲惨から立ち直ったのだ」という物語が繰り返し再生産される。

しかし、この〈焼跡〉の物語は無謬の神話などではなく、様々な矛盾を抱え込んでいる。はたして戦後日本はそれ以前の日本から変わったのか。日本人とは誰なのか。悲惨とは、誰にとっての悲惨なのか。立ち直るとはどういうことなのか。東西南北に拡張した帝国日本が崩壊し、新たな世界秩序が形成されつつあるなかで、「日本―日本人」の範疇は曖昧になっていた。敗戦直後という時期は、この曖昧さのなかでどのように「日本」を再定義していくのかが課題であった。帝国的多様性から国民国家的単一性へ。このベクトルに沿って、日本―日本人の中心性を確立していく。その際に選別される〝日本ならざるもの〟――過去の暴力的な植民地経営と侵略戦争を想起させてしまうような「平和国家」にそぐわない異物――は、「戦後日本」の周縁へと押し出されていくことになった。

否、戦後という時代を通して、中央の抑圧的な均一化圧力に対して抵抗する運動があったではないか、それを無視して戦後を語るなかれ――そのような反論があるかもしれない。もちろん、戦後を通してまさにその周縁に押しやられた側からの抵抗があったことは事実であり、本書はその存在をおとしめるものではない。しかし、やはりそのような抵抗を評価する際の、語りの立ち位置をあらためて問い返さずにはいられない。いったいどの目線で評価しているのか、と。

抵抗の言説を確立するためには、図らずも強者としての抑圧者の存在を求めるという皮肉を抱え込んでしまう。「抵抗の正義」を確保するために、立ち向かうべき絶対的で強固な権力を想定してしまうのだ。結果的に、レトリック上に中心―周縁の構図を認めてしまうことになる。こうして周縁に位置づけられた抵抗は、中心が権力体制を整えようとする動きに補完的なはたらきをし、その運動さえ中心の論理に取り込まれてしまう。こうして中心―周縁という二項の関係性はこの取り込みのダイナミズムも含めたうえで構図として固定化し、そのフレームが容易に国家を呼び込んでしまうのだ。そして「戦後日本の多様性」という言説が生まれてくる。

本書が取り上げた闇市という場も、これまで同じように語られてきた。「無秩序な無法地帯」「有象無象が集まる場」「血を血で洗う闘争」「弱肉強食の下克上」「第三国人の暗躍」……。実際にはこうした言葉が当てはまるような状況はほんの一部でしかないにもかかわらず、闇市という語には混沌としたイメージが伴ってきた。そして坂口安吾の「堕落論」よろしく、このネガティブなイメージがそっくりそのまま反転して、「ホンネの砦」「民衆のエネルギー場」「抵抗の拠点」として、敗戦直後の占領期日本はユートピア／ディストピア像が与えられる。まさに中心の〈焼跡〉に対して周縁の〈闇市〉が、対立しながら補完関係をなし、「戦後日本」の原初的風景としての「焼跡闇市時代」という空間的イメージが構成される。

では、どう考えればいいのか。どのような視野であれば、人々の必死の抵抗を、「戦後日本」の周縁性の淵に陥れることなく、語る対象として取り上げられるのか。本書は、そのような問題意識のもとで議論を進めてきた。議論のなかでおこなったことは、占領期日本という空間を語る様々な言説から、〈焼跡〉の物語のほころびを見つけ出すこと、そしてその矛盾をさらすことである。

空襲による都市の破壊、その結果としての焼け野原と瓦礫の街が、それ自体が映し出される際は、語らざるべきものとして当時の映画批評から忌避されたのは第1章で見たとおりである。その惨状を直視することが過去から連続する責任を認識することにつながるにもかかわらず、批評の言葉は記号としての〈焼跡〉を仮構し、現実の空間に認識のベールを被せることで新国家建設の空間として抽象化を施す。

第2章で論じた東京の戦災復興計画は、まさにそのような現実の焼け野原を覆い隠すように進められたと言ってもいいだろう。〈焼跡〉は、新時代の都市を立ち上げるための「千載一遇の機会」であるというのだ。だが実際に、その新時代のための復興計画自体は、かつて日本が植民地で用いた都市計画を継承するものだった。さらに、その復興計画の障害になるようなものには、おしなべて「旧い」というレッテルを貼り付けて非難の対象とした。たとえそれが、農地改革による自作農の独立という敗戦と占領によって作り出された新しい現象だったとしても。

しかし、現実の復興——人々が自分たちの生活を立て直そうとする際、そのような抽象的な〝断絶〟ができるわけではない。既に持っているもの、身の回りにあるものをどうにか回していくことで生活の糧を得ていく。復興とは、真新しく刷新されることではなく、そのような引き継ぎによって成り立っていく。だから、その空間は常に過去を抱え込んだものでしかない。そして当時、現実的に人々の日々の生活を持続可能にし、貧窮のまま都市に流入する人々の受け皿になった空間こそが闇市であった。闇市という空間は、崩壊した帝国の人や物資の移動のターミナルとして機能することで、戦時体制から戦後体制へ移行する社会の矛盾が保存された空間でもあったのだ。そのような闇市で、現在は常に過去に憑依される。映画『野良犬』で見たように、犯罪者を追う警官は過去の兵隊としての身体を取り戻し、裁く者から裁かれる者へと変貌する。闇市が過去と現在の回廊である以上、その空間が表象されるたびに、過去を忘却し「新しさ」で覆い隠そうとする欲望が露呈されるのだ。

第3章で確認したように、日本の各地で拡大していった闇市をめぐる言説をたどっていくと、かつて「帝国臣民」だった朝鮮人や台湾人が、「第三国人」という日本の外部の存在として押しやられていく様子が見えてくる。多民族性を称揚していた帝国日本から国民の単一性を強調する「戦後日本」への改変をスムーズに遂行するための潤滑油として、「第三国人」という言葉が作り出された。統制経済による闇物資の発生と国民生活の逼迫の責任を一挙に「第三国人」に押し付けることが、〝帝国の負の遺産〟を「戦後日本」の外縁へと追いやったとも言えるだろう。そしてGHQもまた冷戦構造に日本を組み込む際に、この民族排撃の構図を利用し、「共産主義者」として在日朝鮮人を弾圧することでワシントンの外交政策への〝貢献〟を誇ったのだ。こうして、闇市は「戦後日本」を成立させるための外縁として位置づけられることになる。

第4章では文学における闇市表象を扱った。「闇市」という単語に紐付いている「堕落」「戦後日本の起源」というイメージが、現代までのそれぞれの文学作品でどのように相対化されているのかを問い、闇市という空間が常に過去と向き合い、「戦後日本」を問い直す場として表象されてきたことを確認した。闇市を描いた作品は占領期以降も、それぞれが発表された時代の問題、例えばそれは日米安保条約の自動更新であり、高度経済成長期における戦争責任の忘却であり、バブル崩壊後の経済不安であり、「従軍慰安婦」問題の再発見であり、そして現在の偏執的国家主義の狂乱であり、そのような状況と連動しながら提出されてきた。まさに「戦後日本」という歴史認識とその体制についての根源的な問いが必要とされるとき、闇市という表象が繰り返し立ち上がってきたと言えるだろう。

なるほど闇市の表象を具体的に見てみると、〈焼跡〉に代表されるような被害の空間としての「戦後日本」を揺り動かすものとして機能していることがわかる。それではなぜ、これまでの文芸批評のなかでそのような闇市像が注目されず、それどころかむしろ「戦後日本」の〝新規性〟や〝ユニークさ〟を保証するようなものとして語られてきたのか。第2部では、このような疑問に対して、敗戦直後の社会空間を描いた文学作品として半ばカノン化しているもの（「肉体の門」「焼跡のイエス」「播州平野」）を選び、それぞれがどのように論じられてきたかを考察したうえで、従来の読解とは相反する読みを試みた。

第5章で扱った田村泰次郎の「肉体」概念は、〈焼跡〉という記号が提示するイメージと共通している。「官能」を知った女性が「思想」に縛られない真の「肉体」を得るという設定によって「新生」を描き出すことの基本原理は、男性主体の性的欲望を脱歴史的な観念へと昇華することによって、具体的な過去の出来事を後景に押しやることである。天皇の尖兵だった「伊吹」や占領という現在の政治に縛られた「せん」ら少女たちは、「新生」した「戦後日本」に参入する資格を持ちえず、「獣」として取り残されるのだ。そういう「獣」が生きる場こそ闇市なのである。

獣性を持った人間、自然の化現として描かれるのは、「焼跡のイエス」の「少年」や「ムスビ屋の女」もまた同様である。第6章では「日本人の「再生」の物語」として評価された「焼跡のイエス」が、はたして本当に日本人の物語だったのだろうかという問いかけから議論を開始した。従来の解釈では闇市を闊歩する「少年」や「ムスビ屋の女」などの人々が日本人であるという前提のもとで、新時代（つまり「戦後日本」）を牽引する「少年」像や国土の具象としての「ムスビ屋の女の肢体」というような読みがおこなわれてきた。しかし彼／女らが日本人であることは、テクストの本文からも一九四六年夏の上野の闇市という時空間の設定からも保証することはできない。この物語の解釈を「日本」という枠組みのなかに囲い込んできたのは、〈焼跡〉という国民的地景（ナショナル・ランドスケープ）である。それに対してこのテクストで描き出される闇市は、土地へのナショナルな観念を脱臼させる可能性があることを明らかにした。さらに「わたし」の性的欲望が「ムスビ屋の女」だけに向かっているものという前提のうえで国土回復の欲望が読み取られてきたが、むしろ「わたし」の「少年」に対するホモセクシュアルな欲望を読み取ることも可能であり、先の日本人でない可能性とともに考えることで、「日本人の「再生」の物語」には回収されない作品の潜在的可能性を提示した。

第7章では宮本百合子の「播州平野」を分析の対象とした。「播州平野」もまた「戦後民主主義文学」の代表作として第一に挙げられる作品である。しかしその「戦後民主主義」という立場に立つ作家・宮本百合子自身も、「播州平野」を評価した批評言説自体もまた、帝国日本による植民地支配への責任を主体的に引き受けようとする姿勢を保ちえなかったことを提示した。テクストでその「戦後民主主義」の陥穽をあからさまに提示してしまうのが、主人公「ひろ子」の「居たたまれない」人々に対するまなざしである。

苦境に立たされ生きる場を確保しようともがく人々に対してひろ子は同情の目を向けるも、その人々と共有する空間を「居たたまれない」と感じて離れてしまう。そしてその自らの行動を「新しい日本」に向かうものとして正当化するのだ。

この章ではそうしたひろ子の、そして宮本百合子自身の無自覚さを指摘しながらも、一方で大多数の日本人作家によって描き出されることがなかった朝鮮人が「播州平野」で描かれたことの意味をあらためて検討した。そこで持ち出したのが移動という動態である。ひろ子は自らの移動を「新しい日本」に向かうものとして意味づけるが、同時に日本を縦断するその移動によって敗戦後の日本が抱える様々な問題を目にしてしまう。しかもそれは、「新しい日本」という枠組みを瓦解しうる要素でもある。特にひろ子が出会ってしまう朝鮮人たちの「郷」の空間は、日本人の単一性を前提とする「戦後日本」への差異を提示する空間であるのだ。

ここで、これまで論じてきた「戦後日本」の周縁としての闇市という空間イメージが再び重要になる。闇市とは過去と現在をつなぐ回廊でもある。敗戦を迎えた日本という空間は、アメリカの占領によってすぐさまその他の世界から隔絶されたのではなく、帝国の残滓を抱え持った状態で、旧帝国領と密接に接続されていた。その状態が集約して現れる空間が闇市である。闇市は過去の帝国主義と現在の占領状態を結び付ける。そしてそれは過去から断絶され、国際的に隔絶された〈焼跡〉という「戦後日本」の国民的地景（ナショナル・ランドスケープ）では捉えきれない空間であるのだ。

だからこそ、闇市は日本の周縁として囲い込まれた。闇市は「戦後日本」の内部に作られた、外部性の空間として——排除されることによって中心の物語を強化する周縁としての機能を果たす。閉鎖された空間のなかでは、中心は常に周縁に対して優位にある。そのために、中心の側から外部を見るときに、憐憫（「居たたまれなさ」）の感覚を覚え、ときにしてそれを「異種混交性」や「多様性」の空間として逆説的に評価する視点が生まれる。しかしその視点に内在する優位性を保持しているかぎり、あくまで中心の正当性を補完する存在としか認識できないのだ。

だが、しかし、その外部性のなかに自らの生があるとき、中心の物語の閉鎖性と虚構性があらわになる。第8章で在日朝鮮人作家・金達寿の小説「八・一五以後」を扱い、在日朝鮮人にとっての〈異郷〉としての「戦後日本」の空間表象について考察したのは、この中心の物語の虚構が崩れるモメントを捉えるためである。

「解放」を迎えた朝鮮人が故郷へ帰ることは連合国による占領のなかで事実上制限され、朝鮮人は日本にとどまらざるをえなくなる。そのような状況のなかで彼／女らは自分たちの〈郷〉――生活の場――を確保するために、在日本朝鮮人連盟をはじめとする組織を形成して運動を展開していく。しかしその民族主体の運動は、冷戦構造の確立という世界情勢の変化と朝鮮半島での南北対立の発生によって、二者択一的な国家への帰属を強めていくことになった。国民国家を前提とした対立構造に巻き込まれるなかで、朝鮮人たちはより苦境に立たされることになる。

この在日朝鮮人たちが頼らざるをえない場が、「戦後日本」の周縁としての闇市である。しかし、第8章の最後で確認したのは、その外縁化された空間から中央（「戦後日本」）の論理に規定された国民的地景（ナショナル・ランドスケープ）としての〈焼跡〉を見返したときに、〈異郷〉としての「戦後日本」が発見されることである。ここに、閉鎖的な「戦後日本」の均質空間の論理とは別の論理を見ることができる。

第9章では、この「戦後日本」とは別の論理と別の文脈としての冷戦構造をコンテクストとして金達寿の別の作品を論じた。特に注目したのが、アメリカを背後に控えた「戦後日本」という国家体制によって朝鮮人が弾圧にさらされる状況であり、その顕著な例が、民族教育弾圧に抵抗する阪神教育闘争であった。民族教育は〈異郷〉にとどまらざるをえない朝鮮人たちが、それでも自らの民族的アイデンティティ存続のために、つまり朝鮮人として生きるために開始した運動でもあった。そしてまた、そのような生きるための運動を支える「濁酒造り」という経済活動がおこなわれた。この濁酒造りを日本の治安を悪化させる「闇行為」として認定し、これを理由に朝鮮人という民族を「第三国人」として名指した日本警察によって取り締まりがおこなわれたのだ。このような状況を描いたのが「濁酒の乾杯」「番地のない部落」「四斗樽の婆さん」「前夜の章」という金達寿による四つの作品だった。

　在日朝鮮人が自分たちの生活の場、〈郷〉を確保しようとする運動は、その運動自体が民族と国家のくびきを課せられることで硬化していく。その様子は、「八・一五以後」の改稿過程で確認したとおりである。これは「戦後日本」という〈異郷〉で「日本人」と「朝鮮人」の区分けを強化することになり、また弾圧する側の日本政府もこの区分けを積極的に活用した。

　しかし金達寿が占領期に提出した小説は、このように硬化していく運動のありさまを内側から更新する。つまり、エリート男性主体の、民族や国家に縛られた組織活動が頓挫する間隙を縫って、「お内儀（かみ）さんたち」の闘争が事態を進展させるのだ。そしてその「お内儀さんたち」こそ、〈異郷〉で生活を成り立たせるための「濁酒造り」の主体であった。ここで再び闇市が立ち上がる。「濁酒」は在日朝鮮人だけのものではない。闇市で「濁酒」が流通することによって、つまり日本に在住する人々が消費することによって、「お内儀さんたち」の経済活動が成り立つのである。ここにおいて、闇市は生活のための闘争の場としての様相を持つことになるのだ。

2　国民的地景（ナショナル・ランドスケープ）から〈異郷〉へ

〈焼跡〉の物語が瓦解するとき、何が見えてくるのか、あらためてまとめてみたい。

過去との断絶と被害者性を示す〈焼跡〉という記号は、「戦後日本」を構築するうえで使役された国民的地景（ナショナル・ランドスケープ）である。この〈焼跡〉は、帝国日本から「戦後日本」へと国家の形態が変化する過程で、「日本人」という国民の単一性・均一性を仮構することで機能した。そしてそれは、植民地支配や侵略戦争の責任の軽視と、総力戦体制における支配構造の残存という帝国の遺産を清算することなしにおこなわれた。

こうした帝国の残滓は、言説上でいくら覆い隠そうとしても、なくなるものではない。人々の生活は帝国が崩壊しようが、勝者による占領が始まろうが、既成の基盤のうえで引き続きおこなわれる。自分の地位に安住できる人たちにとって、どれだけ居心地がいい「戦後日本」の旋律が奏でられようとも、生活のノイズは聞こえてくる。占領期の日本は、（「焼跡のイエス」の言葉を借りれば）「生態も意識も今日的規定の埒外には一歩も踏み出してゐない」のだ。そのために占領期の空間を描けば、その表象のなかで常に加害者としての過去が立ち上がる。

だからこそ、生活の空間——闇市は、整理されなければならなかった。その整理の方法は、単にまとめておしつぶすのではなく、一方では「日本人の復興のエネルギー」として〈焼跡〉の論理に還元させ、もう一方で「第三国人の脅威」として日本の外周部として追いやるという二重性を持っていた。つまり〈焼跡〉は、闇市を排除しながら囲い込む。

しかしながら、周縁化された空間で生きる者の目から〈焼跡〉を見返すとき、〈焼跡〉の論理の陥穽が現れる。〈焼跡〉の論理、すなわち均一化された日本人の被害者性を歴史の「ゼロ地点」として中心化する運動は、結局のところ自らを「日本人」として同一化できるものたちの精神安定剤でしかない。〈焼跡〉というまやかしが崩れるとき、「戦後日本」が実はただの薄膜でしかなかったことに気づかされる。その背後に、強固な殻としての占領と冷戦があることを実感する。〈焼跡〉が支える「戦後日本」という時代認識は、日本が第二次世界大戦後に確立されていく冷戦構造のただなかにいることを見えにくくする。その盲目性によって帝国の残滓と占領という事実は「見えない領域」と化してきた。この「戦後日本」を、排除された側の者の目から〈異郷〉として見ることで、〈焼跡〉の虚構性をあらわにし、冷戦構造のなかに日本を置き直す視野を獲得することができる。この視野のなかで、〈焼跡〉としての国民的地景（ナショナル・ランドスケープ）は解体され、「戦後日本」は〈異郷〉化し、そして冷戦期日本という別の空間と歴史認識が想起される。

3 「冷戦期日本」の射程

本書では闇市という空間から「戦後日本」を見返すことを通して、冷戦期日本という別の歴史認識を提案することをおこなった。しかしまだ、提案にとどまっているだけであることは否定できない。だから最後に、この冷戦期日本という枠組みで「戦後」を問い直すことはどのような問題を提起するのかを考えてみることで、今後の課題を明確にしておきたい。

まず冷戦期日本という歴史認識は、「戦後日本」が周縁化していった様々な問題を、日本の中心的問題として検討し直す契機となる。第一に挙げられるのは、本書ではほとんど触れることができなかった沖縄の問題だろう。現在でも日本の国土の約一％にすぎない面積の沖縄に、日本に駐留するアメリカ軍関係者約五万三千人（家族や国防省関係者を除いた数）のうち約半数が在住し、軍関係施設の二五％が集中している。[1]一九五二年の日本本土での占領が終了しても、沖縄は七二年まで日本に「返還」されなかった理由が、冷戦にあるのは言うまでもない。しかし「戦後日本」という認識から沖縄の問題は長い間排除され、別個の問題として扱われてきた。九〇年代後半から、文学・文化研究で沖縄論が盛り上がりをみせたが、現在の普天間や辺野古をはじめとした問題に対する本土の無感覚さを目の当たりにすると、「戦後日本」のフィルターはいまだに強固に機能していることを思い知らされる。筆者自身の反省も踏まえて、沖縄での「戦後」の歴史化はただちに取り組まなければならない課題であることを実感している。

もう一つの問題は、日本と核の問題である。二〇〇九年から調査が開始されて一〇年三月に公開された、アメリカ軍が核兵器を沖縄に持ち込むことを日米間で密約したという、いわゆる「日米核持ち込み問題」は、先の沖縄の軍関係の問題と絡みながら、日本がどのようにアメリカの核の傘のなかに戦略的に位置づけられていたかを知る顕著な例である。そしてこの一年後に起こった東日本大震災とそれに伴う福島第一原子力発電所の事故が契機になって、「戦後日本」がアメリカとの共同で「原子力政策」とそれに伴う「安全神話」の構築をどのように進めてきたかが明らかにされてきた。(2)

沖縄と核、これらの問題は本書では考察できなかったが、冷戦期日本という歴史認識を考えるにあたって最重要の二項であることは疑いない。在日朝鮮人問題と並んでこの二項を冷戦期日本の基本的構造として考察することは、朝鮮戦争やベトナム戦争、湾岸戦争、そしてアフガン・イラク戦争までを決して〝対岸の火事〟ではなく、日本がそれらの戦争の渦中にいたという事実に導く。そして、現在の日本、東アジア、環太平洋、そして世界規模で起こっている政治的地殻変動は、突然の出来事ではなく、第二次世界大戦の終結からそれらの点を結んだ延長線上に存在することを私たちに認識させる。

本書が扱うことができた対象は筆者の力量不足ゆえに非常に限定されたものだったが、「戦後日本」から抜け出し「冷戦のなかの日本」を再考するような認識のパラダイム・シフトを促す一端の研究として本書を提出できれば、望外の喜びである。

注

(1) Emma Chanlett-Avery and Ian E. Rinehart, "The U.S. Military Presence in Okinawa and the Futenma Base Controversy," *Congressional Research Service Reports Foreign Policy and Regional*

Affairs, Federation of American Scientists, January 20, 2016.

（2）有馬哲夫『原発と原爆――「日・米・英」核武装の暗闘』（〔文春新書〕、文藝春秋、二〇一二年）や太田昌克『日米〈核〉同盟――原爆、核の傘、フクシマ』（〔岩波新書〕、岩波書店、二〇一四年）など、三・一一以後、冷戦期日本がどのように核と関わり合ったかを考察する著作が頻出している。

初出一覧

各章の初出は以下のとおりである。本書をまとめるにあたって、それぞれ加筆・修正した。

序章：書き下ろし

第1章：「映される焼跡と語られない〈焼跡〉——戦後日本映画批評と焼跡表象」「言語情報科学」第十二号、東京大学大学院総合文化研究科言語情報科学専攻、二〇一四年

第2章：「戦災復興と闇市——『二十年後の東京』と『野良犬』にみる闇市の役割」「言語情報科学」第十三号、東京大学大学院総合文化研究科言語情報科学専攻、二〇一五年

第3章：“Rhetoric of Immorality and Racism in *Yami-ichi* Evictions in Occupied Japan”, Kosei Hatsuda and Akito Sakasai, *The Black Market as City: New Research on Alternative Urban Space in Occupied Japan (1945-52)*, Princeton University, March 7, 2016.

第4章：「物語のなかのヤミ市」、橋本健二／初田香成編著『盛り場はヤミ市から生まれた』所収、青弓社、二〇一三年

第5章：「田村泰次郎「肉体の門」論——「新生」の物語と残余としての身体」、言語態研究会編「言語態」第十一巻、言語態研究会、二〇一一年

第6章：書き下ろし

第7章：「宮本百合子「播州平野」をめぐる〈戦後〉の陥穽——朝鮮人表象、そして〈移動〉」、早稲田大学韓国学研究所編「韓国学のフロンティア」第一号、早稲田大学韓国学研究所、二〇一五年

第8章：「金達寿「八・一五以後」における「異郷」の空間表象」「Juncture――超域的日本文化研究」第五号、名古屋大学大学院文学研究科附属「アジアの中の日本文化」研究センター、二〇一四年

第9章："Fight for the Right to Live: Kim Tal-su's Novels and 'Third Country National' Discourse," *FIND-AS International Conference Series*, 2018.

終章：書き下ろし

おわりに

あるものをないことにしないために

なくても　ある町。
そのままのままで
なくなっている町。
電車はなるたけ　遠くを走り
火葬場だけは　すぐそこに
しつらえてある町。
みんなが知っていて

地図になく
地図にないから
日本でなく

日本でないから
消えててもよく
どうでもいいから
気ままなものよ。

右の詩は、在日朝鮮人詩人である金時鐘『猪飼野詩集』(〔岩波現代文庫〕、岩波書店、二〇一三年)の冒頭の詩「見えない町」の一節である。なぜ猪飼野は〝ある〟のに〝ない〟ことになっているのか。それは、「日本でないから」だ。「戦後日本」にとっては、過去に犯した植民地主義の暴力と現在の無責任を突き付ける在日朝鮮人の存在は、居心地が悪いものである。だから、「火葬場」を置くことで彼岸の存在として疎外する。そして日本の地図に記さずに、なかったことにする、見えないことにする。しかし、詩人は言う、だからといって、日本に入れてあげるよと言われても困る。「どうでもいい」のはお互いさま、だから「気まま」なのだ。それでも詩人は続けて言う。

どうだ、来てみないか?
もちろん　標識ってものはありゃしない。
たぐってくるのが　条件だ。

そう、気になるのであれば、行ってみればいい。自分たちのほうに来させるのではなく、「戦後日本」の一員に取り込もうとするのではなく、自らその薄膜を破って出てこなくちゃいけない。「たぐってくるのが　条件だ」。なじみの眼鏡は捨てて、自分の鼻を使わないといけない。「鼻がきかなきゃ　来りゃあせんよ」。ならばまず、この鼻を、しょうゆの匂いの外に出さなくてはならない。

本書について

本書は、二〇一六年五月に東京大学大学院総合文化研究科に提出した博士論文「焼跡と闇市――国民的地景（ナショナル・ランドスケープ）と占領期の空間表象」に加筆・修正を施したものである。

私が博士論文のアイデアを固めたのは二〇一一年十月頃だから、それから約七年たったことを考えると、もう世界はまったく違うものになってしまったように思える。そのときはアメリカのワシントンDC郊外にある公文書館別館で占領期の資料調査をおこなっていた。東日本大震災と福島第一原発の事故によるショックのただなかで、繰り返されていた「戦後の焼跡」と津波の被害を重ねながら「日本の復興」を訴える言説に違和感を覚え、「焼跡」という語にまとわりつく〝気持ち悪さ〟の正体を探り当てようと考えていた。日本にある資料では飽き足らず、占領期の生の資料に触れたくなって訪れた公文書館で出合ったのが、在日朝鮮人の強制送還をめぐる資料だった（その一部は本書第3章で扱っている）。この資料に出合ったことで、そのときはまだ盤石に見えた日本の「戦後」という時代認識の欺瞞に気がつくことができたように思える。しかしその後、第二次安倍晋三政権が誕生し、あれよあれよというううちに「戦後」の裏に隠されていた本性があらわになってきた。いまや「戦後」という言葉は、風前のともしび状態で、既に何らかの留保なしにはこの言葉を使えないような状況にあるように思える。世の中はこんなにも急速に変わるものなのか。

いや、世界全体を見てみれば、この直近の二年のうちにどれだけ世界が変わったか。博士論文を提出した時期、私は、再びアメリカのボストン・ケンブリッジ界隈に滞在していた。現地では十一月におこなわれる大統領選挙に向けて選挙戦が盛り上がりを見せている頃だった。当時はドナルド・トランプが共和党候補になりそうな流れではあったものの、「トランプ大統領」はいまだジョークの域を出ないように思われていた。それがいまや東アジアにおける最大の冷戦の遺産である朝鮮半島の分断に大きな変化が起きようとしている。バラク・オバマによるキューバとの国交正常化からの流れではあるものの、ここまで急速に事態が展開したのは「トランプ・アメリカ」に対する世界の動揺を抜きにしては考えられない。

大国の意向ばかりではない。植民地時代からの引き継ぎで成り立っていた朴槿恵政権が民衆運動によって倒され、左派の文在寅が大統領になったことで、北の共和国にとっては南と歩み寄る正当性を確保できた。これからどのような展開を迎えるかは、まだ不透明ではあるが、これまで想像さえできなかった変化の波が訪れているのは確実だ。博士論文も、そして本書も、この刻々と変わる政治・社会状況に合わせて、これまでも何度も文章を変更することになったが、おそらくいま現在（二〇一八年六月）から本書が刊行される間にも大きな出来事が起こるにちがいない。

しかし、いずれにせよ世界全体が様々な冷戦のくびきから抜け出し、旧来の国家観の刷新に動きだしているのは確かなことである。そのような潮流のなかで、本書が提示する占領空間のイメージ

――環太平洋、そして東アジアという領域に〝地続き〟(海続き?)の空間としての日本――がはたしてどのような意味を持つのか(持たないのか)、研究者の自分としては楽しみである一方で、この時代に生きる人間としては非常に不安でもある。願わくば、地理的にも政治的にも分断された人々が、お互いの声に真摯に向き合えるような世界が作られることを、そしてその仕事に参加することを望む。

あらためて本書を見返してみると、文学研究や映画研究、さらには都市史や歴史学にまで手を伸ばした私の無節操さが表れたものになった。そのような浮ついた学生に修士の頃から辛抱強くお付き合いいただき、毎度の軌道修正をしてくださった指導教官のエリス俊子先生に、まず心の奥底からの感謝を申し上げたい。公私にわたる数々のアドバイスはもとより、エリス先生から授かったいちばん大事なことは文学を楽しむことだったように思う。そして副指導の小森陽一先生からは、ゼミ生同様に接していただき、多大な影響を受けた。小森先生の頭のなかの広大な世界地図とテクスト読解のひらめきを目の当たりにして、いつも口を開けて呆然とすることしかできなかったような気がする。誠に感謝に堪えない。

修士の頃から見守ってくれた藤井貞和先生、博士課程以後も絶えずお世話になっている十重田裕一先生、サバティカル中にもかかわらずご指導くださった武田将明先生の御三方には最終審査に加わっていただいた。心からの感謝を申し上げたい。それぞれの先生とのエピソードがたくさんあるのだが、ここで紹介できないことを残念に思う。

博士課程の最後の時期にフルブライト奨学金を得てハーバード大学のAndrew Gordon先生のもとで研究できたことは、私にとって宝物のような経験である。博士論文だけでなく、その先のキャリアまで心配していただき、無数のご助言と推薦書をいただいた。心からお礼を申し上げる。また渡米を前後して、松谷基和さん、崔徳孝さん、Chelsea Szendi Schider、Zane D.R. Mackin、Kim Icreverzi、高榮蘭さんには大変お世話になった。

アメリカから帰国後、路頭に迷いそうになっていたところを拾ってくださった李静和先生は、家族の恩人である。数カ月ではあったが、成蹊大学アジア太平洋研究センターで李先生のリーダーシップのもと田浪亜央江さんと上原こずえさんと一緒に研究員として働けたことは重要な経験であり、何より楽しかった。

二〇一七年二月から東京外国語大学に勤務することになったが、本書でも理論的土台となった数々の研究がおこなわれているこの機関に所属できたことは望外の喜びである。様々な国際的舞台で本研究を紹介する機会をくださった岩崎稔さん、研究を評価してくださりご助言をいただいた李孝徳さん、米谷匡史さん、金富子さん、友常勉さん、そして多くの同僚の方々に感謝を申し上げたい。

博士論文執筆の過程では、大学内外の友人たちから大きなご助力をいただいた。支えてくれた全員を記すことはできないが、直接本書にご協力をいただいた方を挙げておきたい。林少陽さん、内藤まりこさん、Pau Pitarch Fernández、村上克尚さん、村上陽子さん、堀井一摩さん、藤田護さん、神子島健さん、木村政樹さん、郭東坤さん、岩崎正太さん、岩川ありささん、金東妍さん、趙秀一さん、追田好章さん、井川理さん、北山敏秀さん、相川拓也さん、Jill Mowbray-Tsutsumi、木村朗子さん、野網摩利子さん、高木信さん、田口麻奈さん、ぱく・きょんみさん、Nate Shockey、Arthur Mitchell。こうした方々からゼミや研究会で貴重なアドバイスをいただいた。

また、二〇一〇年から参加した闇市研究会では、橋本健二先生、初田香成さん、井上健一郎さん、中島和也さん、石榑督和さん、村上しほりさん、青井哲人先生と研究会や〝フィールドワーク〟を通して、建築史、都市計画史、社会調査法など、違う分野の研究手法を教えてもらい、研究の視野を広げてもらった。

早稲田大学国際教養学部で、文学や映画を研究する道を開いてくれた森田典正先生、榊原理智先生、Graham Law 先生、コメントをいただいた布袋敏博先生にもお礼を申し上げたい。

本書の刊行にあたっては、青弓社の矢野未知生さんに大変お世話になった。企画段階からいただいた修正への助言からまず読者を考えるという姿勢を学ぶことができた。多くの良書を出版している青弓社から自分の本を出せることは誠に光栄である。また、平井裕香さんには、本書の校正にご協力いただいた。心からお礼を申し上げる。

なお、本書の刊行にあたっては、東京大学学術成果刊行助成制度の補助を受けた。記して感謝する。

最後に、いつも私を支えて見守ってくれる両親の逆井浩一、逆井さと子、そして義父母の故・金振應、金恩實に感謝したい。そして何より、尊敬する友人であり、同志であり、最高のパートナーである金ヨンロンと二歳の息子の逆井唯と過ごす毎日に、心から感謝したい。

二〇一八年六月、千葉県野田市（しょうゆの街）で

逆井聡人

［著者略歴］
逆井聡人（さかさい・あきと）
1986年、千葉県生まれ
東京大学大学院総合文化研究科言語情報科学専攻博士課程修了。博士（学術）
現在、東京外国語大学世界言語社会教育センター特任講師
専攻は日本近現代文学、比較文学、表象文化論
共著に『盛り場はヤミ市から生まれた』（青弓社）、論文に「原罪に代わるもの――戦後道徳と荒正人」（「言語態」第14号）、“Fight for the Right to Live: Kim Tal-su's Novels and 'Third Country National' Discourse” (Literary Intervention and Political Culture in South Asia) など

〈焼跡〉の戦後空間論

発行――2018年7月31日　第1刷
定価――3400円＋税
著者――逆井聡人
発行者――矢野恵二
発行所――株式会社青弓社
〒101-0061 東京都千代田区神田三崎町3-3-4
電話 03-3265-8548（代）
http://www.seikyusha.co.jp
印刷所――三松堂
製本所――三松堂
©Akito Sakasai, 2018
ISBN978-4-7872-3439-1 C0036

橋本健二／初田香成／石榑督和／逆井聡人 ほか

盛り場はヤミ市から生まれた・増補版

敗戦直後、非公式に流通する食料や雑貨などが集積し、人や金が行き来していたヤミ市が、戦後の都市商業を担う人々を育て、新たな商業地や盛り場を形成したことを明らかにする。　定価3000円＋税

相澤真一／土屋 敦／小山 裕／元森絵里子 ほか

子どもと貧困の戦後史

敗戦直後の戦災孤児、復興期の家庭環境、高度成長期における貧困の脱出と不可視化する経済問題——1950・60年代の調査データと新聞報道などを組み合わせ、当時の実態を照らす。　定価1600円＋税

橋本健二／仁平典宏／元治恵子／佐藤 香 ほか

家族と格差の戦後史

一九六〇年代日本のリアリティ

「昭和30年代」のノスタルジックな消費は定着したといっていい。だが、当時の現実はどのような社会状況だったのだろうか。統計データから、家族や格差の実相を浮き彫りにする。　定価1600円＋税

厚 香苗

テキヤ稼業のフォークロア

路上や寺社の境内で商売をする専業的な露店商＝テキヤとはどのような職業であり、ルールや縄張りなどの慣行をどう作り上げているのか。フィールドワークから迫る貴重な成果。　定価3000円＋税